Edition Beck

DIETRICH WEBER

Theorie der analytischen Erzählung

VERLAG C. H. BECK MÜNCHEN

CIP-Kurztitelaufnahme der Deutschen Bibliothek

Weber, Dietrich
Theorie der analytischen Erzählung.
(Edition Beck)
ISBN 3 406 05990 2

ISBN 3 406 05990 2

Gesamtherstellung: C. H. Beck'sche Buchdruckerei Nördlingen
Printed in Germany

Inhalt

Die vorliegende Abhandlung wurde 1974 von der Philosophischen Fakultät der Universität zu Köln als Habilitationsschrift angenommen. Zu besonderem Dank verpflichtet bin ich meinem verstorbenen Chef Professor Herbert Singer und den Professoren Walter Hinck und Heinz Hillmann für ihr Engagement, mit dem sie meine Arbeit unterstützt haben, meinen Kölner Freunden für ihre mannigfachen Anregungen sowie der Deutschen Forschungsgemeinschaft für die Gewährung eines großzügigen Forschungsstipendiums.

D.W.

Voraussetzungen

Anders als der Begriff „analytisches Drama“ ist der Begriff „analytische Erzählung“ in der Literaturwissenschaft kein eingebürgerter, festumrissener Terminus. Wo immer er gebraucht wird, in Forschung und Kritik oder auch in kommentierenden Passagen innerhalb erzählender Literatur, ist ganz Verschiedenartiges damit gemeint. Er bezieht sich auf die geistige Tätigkeit einer Figur, wenn er im Sinn Edgar Allan Poes verwendet wird, der zu Beginn der ‚Murders in the Rue Morgue‘ den Analytiker („analyst“) und das Analytische („analytical power“) einer grundsätzlichen Erörterung unterzieht.[1] Er bezeichnet das Verfahren des Autors, psychische Zustände seiner Figuren bis ins kleinste freizulegen, wenn der Begriff „roman d'analyse“ gegen den Begriff „roman objectif“ ausgespielt wird, wie Maupassant es in seiner Vorrede zu ‚Pierre et Jean‘ tut,[2] oder auch wenn in bezug auf Poes ‚Gordon Pym‘ von „roman analytique“ die Rede ist.[3] Er meint Haltung und Wirklichkeitsauffassung des Autors, wenn dargelegt wird, Kleist erzähle analytisch, indem er jeden Sachverhalt „in seiner Bedingtheit“ zeige, ihn interessiere „das Phänomen an sich noch nicht sonderlich, sondern in viel stärkerem Maße, wie es dazu kam, wodurch es veranlaßt oder bewirkt wurde“.[4] Er bezeichnet schließlich ein technisches Prinzip, wenn er in Analogie zum analytischen Drama und im Sinn von Otto Ludwigs grundlegender Formel gebraucht wird: „Der Gang der Erzählung muß entweder analytisch oder synthetisch sein. D. h. eine Geschichte liegt entweder ihren Hauptbedingungen nach vor dem Anfang der Erzählung oder so, daß in dieser selbst nur eigentlich die Lösung vorgeht, oder wir sehen aus Gegebnem erst die Verwicklung entstehen und dann sich lösen.“[5]

In der vorliegenden Untersuchung verwende ich den Begriff ausschließlich in dieser technischen Bedeutung; ich begreife analytisches Erzählen in strenger Opposition zu synthetischem Erzählen und ich sehe darin ein Erzählmuster, das gewichtig und komplex genug ist, um eine genauere theoretische Bestimmung zu verdienen, als sie bisher geleistet worden ist.[6] Theorie versteht sich dabei terminologisch nicht als „philosophische“, sondern als „technische Theorie“ (A. W. Schlegel[7]) und sachlich im Zusammenhang mit den erzähltheoretischen Bemühungen der Allgemeinen Literaturwissenschaft. Ziel der Untersuchung ist es demnach, die grundlegenden formalen und funktionalen Eigenschaften analytischen Erzählens in Form von allgemeinen Sätzen zu erfassen und damit einerseits auf einem speziellen Gebiet zur Klärung von Form und Funktionsweise des Erzählens beizutragen und andrerseits ein spezifisches Instrumentarium für die Textinterpretation bereitzustellen. Was die Methode der Untersuchung betrifft, so beziehe ich mich im wesentlichen auf fünf allgemeine Voraussetzungen.

Die erste besteht darin, daß das Erzählen als eine Kommunikationsform in Opposition zu anderen Kommunikationsformen seine Grundcharakteristika bei allem historischen Wandel bewahrt und daß dementsprechend die Theorie des Erzählens, als spezielle Richtung innerhalb der Allgemeinen Literaturwissenschaft, wenn sie ihrem Anspruch, allgemeine Aussagen über das Erzählen zu treffen, genügen will, Formen des Erzählens nicht in der Art zum Gegenstand der Untersuchung zu machen hat, wie sie sich in Verbindung mit bestimmten Inhalten, in bestimmten Gattungen und in bestimmten historischen Situationen konkret darstellen, sondern im Rahmen eines – hypothetisch unterstellten – allgemeinen Systems erzählerischer Möglichkeiten als abstrakte Ordnungsbegriffe, Idealtypen oder Modelle, die nach der empirischen Wirklichkeit konstruiert werden und die dazu dienen sollen, die empirische Wirklichkeit systematisch zu erschließen und die historisch konkreten Erscheinungen allererst vergleichbar und unterscheidbar zu machen.[8]

Analytisches Erzählen, das sich in den verschiedensten Ausprägungen überall beobachten läßt, wo überhaupt erzählt wird – wenn nicht immer durchgängig und textbeherrschend, so doch episodisch allenthalben in Roman, Novelle, Kurzgeschichte und selbst außerhalb der Fiktion –, das bevorzugt in Verbindung mit bestimmten Stoffen und Motiven und demgemäß in spezifischen Erzählgattungen erscheint wie Gespenstergeschichte und Schauerroman, Detektivgeschichte und Detektivroman, das sich in Roman und Novelle der Romantik besonderer Beliebtheit erfreut und das vor allem im Bereich der Trivial- und Unterhaltungsliteratur bis heute ein weit verbreitetes Erzählschema bildet[9] – analytisches Erzählen wird in der vorliegenden Abhandlung dementsprechend als Grundmöglichkeit des Erzählens begriffen, unabhängig sowohl von den jeweiligen Inhalten, mit denen es sich verbindet, wie von den Gattungen, in denen es erscheint, unabhängig davon, ob textbeherrschend oder nur episodisch verwendet, und unabhängig auch von seinen verschiedenen historischen Verwendungen, definiert allein durch seine Opposition zu synthetischem Erzählen – nach dem Grundsatz, daß sich prinzipiell nicht nur jede Geschichte, sondern bereits jede Begebenheit analytisch oder synthetisch erzählen läßt. Analytische Erzählung – oder wie genauer zu formulieren wäre: analytische Erzählkonstruktion – also als systematisch-typologischer Begriff, nicht als historischer Gattungsbegriff; auf einer Ebene mit grundlegenden Erzähltypen wie einsträngige oder mehrsträngige, auktoriale oder personale Erzählung, nicht auf einer Ebene mit historischen Erzählgattungen wie Schauerroman oder Bildungsroman, Detektivgeschichte oder Dorfgeschichte.

Von den Einwänden, denen dieses abstrahierende und systematisierende Verfahren ausgesetzt ist,[10] halte ich den gängigsten, im Namen der Historizität der Texte vorgebrachten, mit dem das Verfahren als grundsätzlich inadäquat, weil unhistorisch abqualifiziert wird, für ein methodologisches Mißverständnis doppelter Art: Mißverständnis einerseits der allgemeinen theoretischen Literaturwissenschaft, als wollte sie mit der historischen Literaturwissenschaft konkurrieren und etwa Textinterpretation durch Systematisierung von Textprinzipien ersetzen, und Mißverständnis andrerseits der historischen Literaturwissenschaft, als käme sie bei ihrer Arbeit ohne ein heuristisches Begriffsinstrumentarium aus, das selber nicht unter die Kategorie des Historischen fällt, und als bedürfte es nicht hier wie überall gerade um der Erfassung der Praxis willen eines gewissen Theorieüberhangs über die Praxis. Mit dem Hinweis auf das lediglich Heuristische des Verfahrens dürfte auch dem naheliegenden Ideologieverdacht gegenüber dieser Methode zu begegnen sein, die zwar leicht in die Gefahr geraten kann, ihre Begriffe zu ontologisieren, die sich aber selbst dadurch definiert, daß sie ihre Begriffe als operationale Leitbegriffe versteht. Gegen den dritten naheliegenden Einwand schließlich, daß mit Hilfe dieses Verfahrens nicht mehr zu erreichen sei als eine allgemeine Übersicht über mögliche Formen, ist vorab nichts zu sagen; ob er zu entkräften ist, hängt davon ab, ob es der gesamten Theorie gelingt, die durch sie gewonnene abstrakte Strukturerkenntnis als praktikables Instrument für konkrete Texterkenntnis zu erweisen.

Die zweite methodische Voraussetzung, von der die vorliegende Untersuchung ausgeht, besteht darin, daß die Erzähltheorie, soweit sie komplexere Formen des Erzählens zum Gegenstand macht, mit den drei grundlegenden Aspekten des Erzählens zugleich zu rechnen hat: dem Rekonstruktionscharakter, dem literarischen Konstruktionscharakter und dem Kommunikationscharakter des Erzählens. Unter dem ersten Aspekt erscheint Erzählen lediglich als Abbilden einer spezifischen – wirklichen oder fiktiven – Handlung; auf dieser Ebene liegt etwa E. M. Forsters ausschließlich sujetbezogene Unterscheidung von Geschichte (story) und Fabel (plot) und weiterhin von einfacher und komplizierterer Fabel.[11] Unter dem zweiten Aspekt eröffnet sich die für das Erzählen nicht weniger konstitutive Dialektik von erzähltem oder dargestelltem Vorgang und Erzähl- oder Darstellungsvorgang; Erzählen erscheint hier als die Tätigkeit des Autors, die Geschichte im Erzählvorgang auf spezifische Weise zu verarbeiten; auf dieser Ebene entwickelt etwa Lämmert seine Lehre von den „Bauformen des Erzählens". Der Übergang zum dritten Aspekt zeichnet sich dabei schon ab, wenn neben solchen rein technischen Mitteln wie Formen der Rückwendung auch ausgesprochen leserbezogene Techniken wie Formen der Vorausdeutung berücksichtigt werden. Erzählen wird damit bereits in der Kommunikation zwischen Autor und Leser gesehen, wobei allerdings der Orientierungspunkt im wesentlichen einseitig der Autor ist: es geht um dessen erzählstrategische Maßnahmen. Vollständig ist der dritte Aspekt erst erfaßt, wenn man die Rechnung zugleich auch von der anderen Seite her aufmacht und – im Übergang von Wirkungsästhetik, die noch eine Komponente der Produktionsästhetik ist, zu Rezeptionsästhetik[12] – Erzählen auch aus der Sicht des Lesers begreift, dessen Aktivitäten während der Lektüre nicht unbedingt die vom Autor „erstrebten Reaktionen“[13] sein müssen, sondern prinzipiell nur als Reaktionen auf den Text vorzustellen sind – unabhängig davon, ob der Autor sie mit der Wahl des Sujets (erster Aspekt) oder mit der Wahl bestimmter Techniken der Sujetverarbeitung (zweiter Aspekt) eigens vorgeplant hat oder nicht.

Analytisches Erzählen wird in der vorliegenden Abhandlung dementsprechend idealtypisch als dreifach spezifizierte Erzählkonstruktion verstanden: als Handlungskonstruktion nach dem Grundschema: Eine Figur in Konfrontation mit rätselhaften Umständen, in der Bemühung um Klärung, im Stadium der Entdeckung; als Darstellungskonstruktion nach dem Muster: Eine Begebenheitsfolge wird nicht in der ihr zugrunde liegenden Chronologie, sondern in Form zeitlicher Umstellung erzählt; als Mitteilungskonstruktion nach dem Schema: Ein Rätsel und seine Lösung.

In der zitierten Definition Otto Ludwigs sind nur die beiden letzten Aspekte berücksichtigt, auch diese allerdings nicht in der erforderlichen Schärfe. Die Erläuterung analytischen Erzählens („eine Geschichte liegt ihren Hauptbedingungen nach vor dem Anfang der Erzählung oder so, daß in dieser selbst nur eigentlich die Lösung vorgeht“) betrifft allein das Arrangement der Geschichte im Erzählvorgang; die Erläuterung synthetischen Erzählens („wir sehen aus Gegebnem erst die Verwicklung entstehen und dann sich lösen“) geht dagegen vom Kommunikationsaspekt aus, der gleichsam rückwirkend auch als Aspekt analytischen Erzählens geltend zu machen ist. Daß Otto Ludwig jedoch bei seinen Überlegungen zu diesem Komplex auch den Handlungsaspekt nicht übersieht, zeigt sein Begriff der „Figur des Forschens“.[14] Der Handlungsaspekt ist allerdings schon deshalb nicht zu übersehen, weil sich der Prozeß, der von „Verwicklung“ zu „Lösung“ abläuft, nur im Zusammenhang mit Figuren in bestimmten Situationen vorstellen läßt.

Die Verflechtung der drei Aspekte macht es verständlich, daß Diskussionsbeiträge zu diesem Thema oft unzureichend ausfallen und daß, auf Kosten der Klarheit, nicht selten auf verschiedenen Ebenen zugleich argumentiert wird. Vermengt wird mit besonderer Hartnäckigkeit die Ebene der Handlung mit der Ebene der Mitteilung, wenn es um Rätselhaftigkeit, Irreführung oder Aufschluß geht. Dabei unterlaufen nicht selten die kuriosesten Satzkonstruktionen; etwa derart, daß der Detektiv „seine Schlüsse und sein Vorgehen erst im Augenblick des dramatischen Dénouement vor den Personen der Handlung und vor dem Leser erklärt“[15] – als wenn der Detektiv keine Person der Handlung wäre und mit dem Leser direkt kommunizieren könnte oder als wäre der Leser selber eine Person der Handlung. Vermengt wird aber auch nicht selten das Erzählprinzip mit dem Prinzip des Erzählten. Ein Beispiel dafür ist Ernst Blochs auf den Detektivroman und allgemein auf die „detektorische Erzählung“, wie er sie nennt, gemünzter Begriff der „Rekonstruktion des Unerzählten“.[16] Rekonstruktion bezieht sich auf die Tätigkeit einer Figur und damit auf ein Moment der Handlung; das Unerzählte gehört dagegen in den Zusammenhang der Verfügung des Autors über die Bestandteile seiner Geschichte. Die methodische Trennung gerade dieser beiden Aspekte, des Erzählprinzips und des Prinzips der erzählten Handlung, ist jedoch, so umständlich sie fürs erste anmuten mag, vor allem deshalb unerläßlich, weil beide jeweils verschiedene weitergehende Fragestellungen nahelegen oder ausschließen. Wer etwa, um wieder nur ein Beispiel anzuführen, den Detektivroman in seiner klassischen Form ausschließlich vom dargestellten Vorgang her begreift, wird in der Gestalt des Detektivs ohne Bedenken den Helden dieses Genres sehen. Wer dagegen, vom Darstellungs- und Mitteilungsvorgang ausgehend, die Detektivgestalt als „reine Funktion“, als „Sachwalter des fragenden Lesers“ auffaßt, kann damit zu der These gelangen, der Detektivroman sei ein Roman ohne Helden.[17]

Es versteht sich indessen, daß die drei Aspekte nur im idealtypischen Sinn allemal gleichzeitig geltend zu machen sind und daß die Textbeschreibung praktisch von Fall zu Fall immer wieder mit dem einen oder anderen Aspekt auskommen kann. Das gilt entsprechend auch für das analytische Drama. ‚König Ödipus‘ oder ‚Der zerbrochne Krug‘ mögen formal hinreichend bestimmt sein, wenn man sie vom Prinzip des dargestellten dramatischen Geschehens her als Enthüllungshandlung, als tragische bzw. komische Analysis, begreift. Ibsens Gesellschaftsdramen dagegen sind angemessener beschrieben, wenn man sie von der Darstellungstechnik her als Heraufbeschwörung komplexer Vergangenheit und deren Vermittlung in einer funktionalen Gegenwartshandlung aufschlüsselt – gemäß Schillers aus dem ‚König Ödipus‘ abgeleiteter Grundformel: „Alles ist schon da, und es wird nur herausgewickelt.“[18] Analytisch gebaute Stücke oder Stücke mit analytischem Einschlag von der Art Charlotte Birch-Pfeiffers[19] und schon gar analytisch angelegte Produkte der modernen Unterhaltungsindustrie schließlich fordern eher dazu auf, von der Rolle, die sie dem Zuschauer anbieten, her betrachtet zu werden. Trotzdem ist auch hier daran festzuhalten, daß alle drei Aspekte implizite Aspekte der analytischen Form sind.

Die dritte Voraussetzung besteht darin, daß die Erzähltheorie jeweils die Bedingungen namhaft zu machen hat, unter denen die von ihr beschriebenen Formen unabhängig von den jeweiligen Inhalten und den besonderen historischen Konkretisierungen praktisch funktionieren. Im Fall des hier zu untersuchenden Erzählmusters sind sie, allgemein formuliert, durch die folgenden, aufs engste miteinander verflochtenen Kategorien bezeichnet: Handlungsdarstellung, Illusionismus, Realismus und Konventionalität.

Analytisches Erzählen kann sich praktisch nur im Rahmen der Darstellung von Handlung in Raum und Zeit entfalten. Es kommt nicht zur Geltung (oder kommt gar nicht erst vor) in Erzählungen, in denen Zustandsdarstellung, beschreibende und reflektierende Passagen über die Handlung dominieren, Erzählungen also, für die die Dimension der erzählten Zeit irrelevant ist. Ebenso verliert es an Wirksamkeit, wenn bereits während der Textrezeption merklich wird, daß die Handlung nur als Mittel symbolischer Darstellung dient.[20]

Eine noch speziellere Bedingung für das praktische Funktionieren analytischen Erzählens ist mit dem Stichwort „Illusionismus" gemeint, nämlich Illusionismus nicht nur im Sinn der Vorspiegelung fiktiven Geschehens als wahren Geschehens, sondern mehr noch im Sinn der Kaschierung des Erzählprozesses zugunsten des erzählten Erlebnisprozesses. Analytisches Erzählen entfaltet sich erst im Rahmen eng perspektivischen Erzählens, sei es in personaler Form oder in der Ichform aus der Sicht des Erlebenden. Sein Mechanismus gerät außer Kurs, wo der Autor die Möglichkeit wahrnimmt, den Leser aus der Sicht des Erzählenden (bzw. Schreibenden), dem die Verfügung über das Erzählte zu Gebot steht, von Fall zu Fall mit den Hintergründen schon vertraut zu machen, die sich in der Sicht des Erlebenden noch rätselhaft ausnehmen. In solchen Fällen ist höchstens von analytischem Gang der Handlung zu sprechen, nicht aber von der spezifisch analytischen Mitteilungsform.

Schließlich hängt die Wirksamkeit analytischen Erzählens unter dem Aspekt der Mitteilungsform davon ab, daß die dargestellte Wirklichkeit (Menschen, Dinge, Verhältnisse in Raum und Zeit) den Bereich dessen, was jeweils konventionellerweise als Realität gilt, nicht (oder zumindest nicht von vornherein) ins Phantastische oder Groteske überschreitet. In phantastischer Literatur mag die analytische Form gelegentlich als Darstellungsform verwendet werden: als Mitteilungsform versagt sie hier in dem Maß, wie Rätselhaftes in diesem Zusammenhang für den Leser nicht mehr unmittelbar als rätselhaft erkennbar und das Ergebnis des analytischen Prozesses nicht mehr erwartbar, geschweige kalkulierbar wird. Wo (aus der Sicht der jeweiligen Alltagsrealität) alles rätselhaft ist, ist nichts mehr rätselhaft. Rätsel, von denen sinnvoll nur als von spezifischen Normabweichungen die Rede sein kann, präsentieren sich hier selber als Bestandteile einer (poetisch gesetzten) Norm.[21]

Die vierte Voraussetzung besteht darin, daß die allgemeine beschreibende Erzähltheorie, wenn sie den Leser in ihre Betrachtung einbezieht, nicht von dem jeweiligen konkreten, historischen oder empirischen Leser ausgehen kann, dem die Freiheit nicht zu nehmen ist, auf den Text zu reagieren und ihn für sich nutzbar zu machen, wie er es will, und daß sie auch nicht mit dem speziellen Begriff des vom Autor jeweils intendierten Lesers arbeiten kann, des „Adressaten", den der Autor beim Schreiben im Sinn hat, sondern daß ihr Bezugspunkt allein der im Text angelegte Komplex von Leserrollen sein muß, die der konkrete Leser – gleichgültig, ob sie vom Autor jeweils eigens intendiert sind oder nicht – potentiell unter bestimmten Bedingungen aktualisiert.[22] Die Spezifizierung der Rollen und der Bedingungen ihrer Aktualisierung ist nur in Auseinandersetzung mit dem einzelnen Text möglich. Allgemein ist in bezug auf die vorliegende Untersuchung nur so viel vorauszuschicken, daß sie sich, da es ihr um die Erfassung von Formen geht, die ihre Wirksamkeit unmittelbar während des Lesens entfalten und die im Verlauf des Lesens bereits verbraucht werden, ausschließlich auf den Leser während der Erstlektüre bezieht (genau genommen auf den Lesenden) und daß dabei, wenn nicht anders vermerkt, die Grundschicht des Lesens gemeint ist: die sukzessive Aufnahme von Informationen und deren kombinatorische Verarbeitung.

Die fünfte Voraussetzung besteht schließlich darin, daß die systematisch beschreibende Erzähltheorie nicht bei der Beschreibung und Typologisierung von Formen stehen zu bleiben braucht, sondern von Fall zu Fall – und zumal wenn sie es nur mit Ausschnitten aus dem Repertoire der Formen zu tun hat – weiter gehen kann zur Beschreibung und Typologisierung von Funktionen. Das gilt auf jeden Fall für solche Funktionen, die mit den Formen schon verbunden sind; es gilt aber auch für solche, die den Formen in Verbindung mit bestimmten Inhalten zukommen, soweit die Inhalte nur hinreichend variabel und damit ihrerseits typologischer Erfassung zugänglich sind.

Nach den ersten drei Kapiteln, die – unter den Aspekten der Handlungs-, Darstellungs- und Mitteilungskonstruktion – der Formbestimmung analytischen Erzählens gelten und jeweils in eine formale Typenreihe münden, geht die Abhandlung dementsprechend in den anschließenden Kapiteln zur Sichtung von Funktionen analytischen Erzählens über. Damit wird die Grundfragestellung der Untersuchung – die Frage nach den allgemeinen Eigenschaften analytischen Erzählens – zwar beibehalten, doch bilden die Antworten darauf nunmehr nicht wie in den Kapiteln zur Formbestimmung ein in sich geschlossenes System, sondern eine offene Reihe. Zur Diskussion stehen nicht mehr konstitutive, sondern typische Aspekte analytischen Erzählens. Methodisch bedeutet das zweierlei: zum einen, daß nur solche Funktionen in Betracht gezogen werden, die durch möglichst viele Fälle gedeckt sind; zum andern, daß es sich dabei um Funktionen handelt, die auf ganz verschiedenen Ebenen liegen und die sich deshalb auf ganz verschiedene Weise anordnen lassen. Das in der vorliegenden Untersuchung gewählte Anordnungsprinzip ist im wesentlichen das des Fortschritts vom Einfachen zum Komplizierten und vom Allgemeinen zum Speziellen. Untersucht werden zunächst generelle gegenstandsunabhängige Funktionen (Kapitel 4–8: Ökonomie, Motivationsersparnis, Spannung, Überraschung, Mehrdeutigkeit), dann gegenstandsgebundene Funktionen, die bereits als spezielle Funktionen zu gelten haben, wegen der Variabilität der Gegenstände, mit denen sie verbunden sind, aber noch nicht als individuelle Funktionen gelten müssen (Kapitel 9–12: Affektion, Distanzierung, Beglaubigung, Desillusionierung). Berücksichtigt werden im einzelnen organisatorisch-technische Funktionen (wie z. B. Ökonomie), rezeptionsbezogene (wie z. B. Spannung) sowie Artikulationsfunktionen (wie z. B. Distanzierung) und Argumentationsfunktionen (wie z. B. Desillusionierung). Das methodische Prinzip zur Ermittlung der Funktionen ist in jedem Fall der Vergleich der gegebenen analytischen Version eines Erzählsubstrats mit ihrer Opposition, gegen die sie sich absetzt, mit der hypothetisch anzunehmenden synthetischen Version desselben Substrats – ein arbeitspraktisches Verfahren, das sich mit einem Wort als Oppositions-Konfrontations-Methode bezeichnen läßt. Um der Übersichtlichkeit der Darstellung willen wird das Ergebnis der einzelnen Kapitel jeweils zu Beginn in Form einer allgemeinen These vorweggenommen, die dann an verschiedenen Textbeispielen demonstriert wird. Die Grenze der Abhandlung ist erreicht, wo sich allgemeine Thesen nicht mehr formulieren lassen. Es ist allgemein die Grenze, die dem typologischen, quasi naturwissenschaftlichen Verfahren innerhalb der Literaturwissenschaft gesetzt ist, und speziell die Grenze, an der die erzähltheoretische Frage, was analytisches Erzählen generell ist und was es in der Regel leistet, abzulösen ist durch die nur im Rahmen der Textinterpretation zu erörternde Frage, was analytisches Erzählen im jeweils zur Diskussion stehenden Text bedeutet und wodurch sich die Verwendung der Form erklärt.

Die Auswahl der Textbeispiele beschränkt sich einerseits auf den Zeitraum vom 18. bis zum 20. Jahrhundert, in dem die analytische Erzählweise bevorzugt verwendet wird, berücksichtigt dabei aber andrerseits die verschiedensten Textarten: Roman, Novelle, Kurzgeschichte unterschiedlichsten Inhalts und Ranges sowie gelegentlich nichtliterarische Texte. Zur Demonstration der Thesen, die die Ausbreitung detaillierten Materials erfordern, werden aus arbeitstechnischen Gründen kürzere Erzählungen bzw. Abschnitte aus größeren Erzählwerken bevorzugt. Herangezogen werden in der Hauptsache Texte aus der deutschsprachigen Literatur, und zwar Texte von Wieland, Goethe, Brentano, Tieck, E. T. A. Hoffmann, Eichendorff, Hauff, Grillparzer, Stifter, Hebbel, Mörike, O. Ludwig, F. Th. Vischer, Fontane, M. L. Kaschnitz, G. Wohmann, H. Kant, F. Hohler. Dabei versteht es sich, daß die Beispiele, deren Auswahl in den einzelnen Kapiteln näher begründet wird, prinzipiell nicht nur beliebig vermehrbar, sondern auch beliebig auswechselbar sind. Kriterium ist hier nur die Sinnfälligkeit.[23]

1. Kapitel

Handlungskonstruktion

1

In seinem Roman ‚Der Zeitplan' (‚L'Emploi du Temps') stellt Michel Butor die Erzählweise des analytischen Kriminalromans als ganz „natürliche" Form des Erzählens hin. Er läßt einen Verfasser von Kriminalromanen erklären, „daß im Kriminalroman der Bericht gegen den Strom erfolge, da er mit dem Verbrechen einsetze, dem Ende der Tragödien, die der Detektiv langsam zu rekonstruieren habe, was in vielerlei Hinsicht viel natürlicher sei als einfach ohne Rückwendung in die Vergangenheit zunächst den ersten, dann den zweiten Tag der Geschichte zu erzählen, sodann die nächsten Tage in der Reihenfolge des Kalenders, ... daß im Kriminalroman der Bericht allmählich die Ereignisse durchdringe, die vor dem Geschehnis liegen, das an seinem Anfang steht, wodurch zwar mancher verwirrt werde, was aber völlig natürlich sei, denn in Wirklichkeit sei es so, daß wir immer erst nach dem Kennenlernen eines Menschen wissen möchten, was er getan hat, und daß wir erst nach Ausbruch des unser Leben verwirrenden Unglücks aufgeschreckt nach dessen Ursachen suchen."[1]

Analytisches Erzählen kann tatsächlich in vielen Fällen, nicht nur in dem hier gemeinten speziellen Fall des klassischen Detektivromans, als ganz „natürliches" Erzählen erscheinen, und auf jeden Fall erscheint es so, wenn man sich zum Zweck der Formbestimmung in erster Annäherung allein auf das bezieht, was in analytischen Erzählungen erzählt wird, auf den erzählten Vorgang oder den pragmatischen Aspekt („pragma" im aristotelischen Sinn). Die analytische Erzählkonstruktion ist, so gesehen, nichts weiter Besonderes als der erzählerische Nachvollzug einer spezifischen Handlung: reale oder fiktive Rekonstruktion eines außerliterarischen Erfahrungsmusters. Der Formbestimmung fällt dementsprechend zunächst nur die Aufgabe zu, die konstitutiven und typischen Elemente der analytischen Handlung zu sondieren und zu benennen. Dazu gehören in erster Linie Handlungssubstanz, Handlungsträger und Handlungsverlauf.

Die Handlungssubstanz läßt sich pauschal als „Geschichte einer Erfahrung" bezeichnen: erzählt wird – schriftlich oder mündlich, in Ich- oder in Er-Form – ein in Wirklichkeit vorgefallener oder in Anlehnung an die Wirklichkeit fingierter Erfahrungsprozeß. – Den Handlungsträger – die analytische

Erzählung kommt in ihrer einfachsten Form mit einer einzigen Figur aus – hat Otto Ludwig mit einem charakteristischen und zweifellos auf die weitaus meisten Fälle analytischen Erzählens auch zutreffenden Ausdruck als „Figur des Forschens"[2] bezeichnet; um jedoch prinzipiell allen Spielarten gerecht zu werden, empfiehlt es sich, wie mir scheint, den weniger charakteristischen, dafür aber umfassenderen Terminus „Betrachterfigur" zu benutzen. – Der Handlungsverlauf setzt sich, zum Modell abgekürzt, aus drei konstitutiven Momenten zusammen, in deren Reihe in aller Regel zwei weitere nicht konstitutive, wohl aber typische Momente eingeschaltet sind. Die drei konstitutiven möchte ich als „Wahrnehmungs- und Unbestimmtheitsmoment" (1), „analytisches Moment" (3) und „Klärungsmoment" (5) bezeichnen, und die beiden typischen als „Reflexmoment" (2) und als „Widerstandsmoment" (4). Zur Illustration wähle ich, um die Gemeinsamkeit der Konstruktionselemente bei allen Unterschieden der Gattung, der historischen Konkretisierung und der inhaltlichen Realisierung zu zeigen, möglichst unterschiedliche Textbeispiele: eine romantische Erzählung (E. T. A. Hoffmanns ‚Das öde Haus'), eine realistische Rahmennovelle (Grillparzers ‚Der arme Spielmann'), eine Komponente aus einem Roman (Fontanes ‚Cécile') und eine Tagebuchaufzeichnung (aus Canettis ‚Alle vergeudete Verehrung').

2

Das „Wahrnehmungs- und Unbestimmtheitsmoment" verlangt diese doppelte Bezeichnung, weil sich die Gebundenheit des Wahrgenommenen an die Betrachterfigur (das Erfahrungssubjekt) und der besondere Charakter des Wahrgenommenen (das Erfahrungsobjekt) nicht mit einem Wort artikulieren lassen. Gegenstand der Wahrnehmung ist im Maximalfall eine in der Sicht der Betrachterfigur unerklärlich anmutende, rätselhafte oder geheimnisvolle Erscheinung, im Minimalfall eine nichts weiter als ungeklärte Erscheinung, jedenfalls aber eine derart unbestimmte, daß sie der Betrachterfigur als bestimmungsbedürftig erscheint. Die erzählte Situation, die diesem Moment entspricht, läßt sich summarisch auf die Formel bringen: „Eine Figur steht vor einem Rätsel." Es ist die Ausgangssituation und zugleich die Grundsituation der analytischen Erzählung.

In Hoffmanns Erzählung „fällt" Theodor „eines Tages plötzlich" das „öde Haus" Unter den Linden „ins Auge" und es erscheint ihm als rätselhaft.[3] Grillparzers Erzähler, der beim Volksfest auf der Brigittenau Gelegenheit nimmt, „das seitwärts am Wege befindliche zu betrachten", richtet bald seine „ganze Aufmerksamkeit" auf die sonderbare, ungewöhnliche und für ihn rätselhafte Gestalt des „armen Spielmanns".[4] Gordon in Fontanes ‚Cécile' „beobachtet" im Hotel Zehnpfund in Thale das distinguierte Paar St. Arnaud, das ihm zunehmend zum Rätsel wird.[5] Canetti sieht sich, wie er in seinen Aufzeichnungen berichtet, vor ein Rätsel gestellt, als er in Orange bei einem Spaziergang zu später Stunde durch die verlassenen Straßen „plötzlich, sehr plötzlich, ... einen dichten Schwarm von Menschen, Männer, Frauen, Kinder, ganz kleine Kinder" „gewahrt" und nicht „begreift", „woher sie, besonders die Kinder, um diese Zeit kamen".[6]

3

Das „Reflexmoment" ist als ein reaktives Moment vorzustellen. Wie das Wahrnehmungsmoment an die Betrachterfigur gebunden, zeigt es deren unmittelbare Reaktion, den Reflex auf das Wahrgenommene. Es hat seinen Ort meist zwischen dem mehr passiven Wahrnehmungsmoment und dem mehr aktiven analytischen Moment. Es ist Ausdruck des Erstaunens, der Verwunderung und Verwirrung, im Extremfall der Bestürzung und des Entsetzens der Betrachterfigur angesichts der wahrgenommenen rätselhaften Erscheinung. Nicht konstitutiv für den Mechanismus analytischen Erzählens, kommt es in analytischen Erzählungen doch häufig genug vor, um als typisch gelten zu können. Die Formel für die erzählte Situation in diesem Stadium lautet: „Die Figur erstaunt."

Theodors Erstaunen beim Anblick des öden Hauses, das „auf ganz wunderliche seltsame Weise von allen übrigen abstach",[7] findet seinen Ausdruck vor allem in dem Ausruf: „Ein unbewohntes Haus in dieser Gegend der Stadt! Eine wunderliche Erscheinung ..."[8] Grillparzers Erzähler ist „voll Erstaunen, den Mann von den höchsten Stufen der Kunst sprechen zu hören, der nicht im Stande war, den leichtesten Walzer faßbar wiederzugeben",[9] und er ist weiterhin sogar betroffen von „Entsetzen", als er unter den Vorlagen des unbeholfenen Musikanten die schwierigsten Kompositionen berühmter Meister erblickt.[10] In ‚Cécile' ist das Reflexmoment entsprechend der nur geringen Ausprägung des Rätsel, um das es hier geht, nicht ausgeprägt, doch fehlt auch hier das Element der Verwunderung nicht ganz: Gordon sinniert über die „etwas sonderbare und überraschende Ehe" der St. Arnauds („Er ist über zwanzig Jahre älter als sie").[11] Bei Canetti ist das Erstaunen nur implizit (durch die Betonung der Plötzlichkeit) ausgedrückt.

4

Das „analytische Moment" kann aus einem einzigen Erzählglied bestehen, etwa aus einer Frage, die die Betrachterfigur sich selbst oder einer anderen Figur stellt, oder aus einer Mutmaßung darüber, was es mit der wahrgenommenen rätselhaften Erscheinung auf sich habe; es kann aber auch mehrfach in sich gegliedert sein. Analyse des Wahrgenommenen, Zerlegung in seine Bestandteile, Aufstellung und Kombination von Deutungshypothesen, Ausschluß von Gegenargumenten und Präzisierung des Deutungsentwurfs, Überprüfung der eigenen Wahrnehmung und Einbeziehung möglicher Täuschung, Erkundigung und Ermittlung weiterer Fakten: alle diese Tätigkeiten möchte ich, um den Geltungsbereich der Theorie nicht unnötig einzuschränken, im Begriff des analytischen Moments bzw. in der Formel „Die Figur analysiert" zusammenfassen. Charakteristisch für dieses Stadium, in dem die Betrachterfigur erst eigentlich zur Figur des Forschens wird, ist die Vorläufigkeit der Analyse; der Sachverhalt wird hier noch nicht endgültig geklärt.

In Hoffmanns Erzählung ist das analytische Moment bereits zum Prozeß ausgeformt, der in immer neuen Wahrnehmungen immer neue Nahrung findet. Theodor kommt nach „näherer Betrachtung" zu einer Schlußfolgerung („Ich wurde überzeugt, daß dieses Haus ganz unbewohnt sein müsse").[12] Er fragt sich nach Ursachen und stellt Vermutungen dazu an („... und doch findet das Ding vielleicht darin seinen natürlichen einfachen Grund, daß der Besitzer auf einer lange dauernden Reise begriffen oder auf fernen Gütern hausend, dies Grundstück weder vermieten noch veräußern mag, um, nach **n zurückkehrend, augenblicklich seine Wohnung dort aufschlagen zu können").[13] Er unternimmt Erkundigungsversuche oder läßt sich durch andere informieren (zunächst durch Graf P., dem gleich ihm das Geheimnisvolle des Hauses aufgefallen ist, was die später wieder aufgehobene „prosaische Aufklärung" ergibt, „daß das verödete Haus nichts anders enthalte, als die Zuckerbäckerei des Konditors, dessen prachtvoll eingerichteter Laden dicht anstieß";[14] dann durch den Konditor selbst, wobei er mehr dunkle Gerüchte als hiebfeste Tatsachen erfährt; weiterhin durch den Hausverwalter, von dem er wiederum nur dürftige und zusammenhanglose Einzelheiten zu hören bekommt; schließlich durch Dr. K., der ihm die geheimnisvolle Geschichte des öden Hauses anvertraut). Er legt sich Rechenschaft über das inzwischen Erfahrene ab (so z. B. nach dem Besuch beim Konditor: „So viel stand nun fest, daß die Nachrichten des Grafen P. über das Eigentum und die Benutzung des Hauses falsch waren").[15] Er fügt in scharfsinniger Kombination zusammen, was offenbar zusammengehört und sich doch nicht zusammenreimen läßt (so stellt er die rhetorische Frage: „Mußte ich denn nicht die Erzählung von dem seltsamen, schauerlichen Gesange mit dem Erscheinen des schönen Arms am Fenster in Verbindung setzen?" und beantwortet sie mit einem Satz, der allen Ansprüchen gerecht wird, die an ein Rätsel zu stellen sind: „Der Arm saß nicht, konnte nicht sitzen an dem Leibe eines alten verschrumpften Weibes, der Gesang nach des Konditors Beschreibung nicht aus der Kehle des jungen blühenden Mädchens kommen").[16] Er betreibt schließlich Selbstanalyse; bei aller Neigung zum Phantastischen skeptisch gegenüber seinen Erfahrungen, versucht er so genau wie möglich zu trennen, was der objektiven Wirklichkeit und was der subjektiven Vorstellung angehört.

Auch bei Grillparzer ist die analytische Tätigkeit scharf ausgeprägt. Der Erzähler faßt das Beobachtete in einer Reihe von Antithesen zusammen, fügt eine Mutmaßung hinzu und zieht daraus das Fazit, das die weitere Handlung dann bestimmt: „Das ganze Wesen des alten Mannes war eigentlich wie gemacht, um meinen anthropologischen Heißhunger aufs Äußerste zu reizen. Die dürftige und doch edle Gestalt, seine unbesiegbare Heiterkeit, so viel Kunsteifer bei so viel Unbeholfenheit; daß er gerade zu einer Zeit heimkehrte, wo für andere seines Gleichen erst die eigentliche Ernte anging; endlich die wenigen, aber mit der richtigsten Betonung, mit völliger Geläufigkeit gesprochenen lateinischen Worte. Der Mann hatte also eine sorgfältigere Erziehung genossen, sich Kenntnisse eigen gemacht, und nun – ein Bettelmusikant! Ich zitterte vor Begierde nach dem Zusammenhange."[17] Auf dieses erste analytische Moment folgt im weiteren Verlauf der Erzählung eine Reihe von direkten Ausforschungen. Der Erzähler befragt sein Gegenüber, zunächst um Einzelheiten, dann um die ganze Lebensgeschichte. So etwa bittet er den Spielmann im Gespräch um eine Erklärung dafür, warum er das Fest vorzeitig verlassen habe. Er erinnert ihn: „Das Fest dauert, wissen Sie wohl, die ganze Nacht, und Sie können da leicht mehr gewinnen als an acht gewöhnlichen Tagen", und er schließt mit der für die analytische Erzählung bis in den Wortlaut hinein typischen Frage: „Wie soll ich mir das erklären?" Nicht weniger typisch ist es, wenn der Spielmann daraufhin verspricht, die „Ursachen angeben" zu wollen, und wenn nach der Antwort von einem „verratenen Geheimnis seines Innern" die Rede ist.[18]

Ähnlich verläuft der Prozeß in ‚Cécile'. Gordon ergeht sich einerseits im Selbstgespräch in Betrachtungen, Fragen und Mutmaßungen und gibt seine Fragen andrerseits im Brief an seine Schwester Klothilde weiter. Dabei stellt er alles, was er von Cécile und St. Arnaud aus der Anschauung weiß, analysierend zusammen, und dabei gebraucht er die für die analytische Erzählung allgemein typische Formel: „Ich stehe vor einem Rätsel oder doch mindestens vor etwas Unbestimmtem und Unklarem, das ich aufgeklärt sehen möchte."[19]

Bei Canetti besteht das analytische Moment nur aus dem flüchtigen Gedanken, daß die wahrgenommene rätselhafte Erscheinung vielleicht gar nicht objektiv existiere, sondern nur eine subjektive Vorstellung sei: „da ich nicht begriff, woher sie, besonders die Kinder, um diese Zeit kamen, schien es mir alles wie eine Ausgeburt meiner Erwartung".

5

Das „Widerstandsmoment“ ist ebenso wie das Reflexmoment nicht konstitutiv, wohl aber typisch. „Die Betrachterfigur“, so läßt sich für den Regelfall formulieren, „stößt bei ihren Klärungsversuchen immer wieder auf Hindernisse.“ In seiner Stellung im gesamten Handlungsverlauf ist das Widerstandsmoment prinzipiell frei, es kann in allen Stadien Platz finden, und es kann sich beliebig oft wiederholen.[20] Mit Vorliebe erscheint es unmittelbar vor der endgültigen Klärung plaziert, die damit für einen spannungsträchtigen Augenblick hinausgezögert wird.

Hindernisse für Theodor ergeben sich vor allem dadurch, daß seine Gewährsleute, die er befragt, entweder keine erschöpfende Auskunft erteilen können (so Graf P. und der Konditor) oder aber keine erteilen wollen (so der Hausverwalter). Grillparzers Erzähler stößt sowohl auf äußeren wie inneren Widerstand: zu Beginn verliert er den Spielmann im Gedränge aus den Augen („schon befand sich ein dichter Menschenwall zwischen mir und ihm“);[21] später versucht der Spielmann in aller Bescheidenheit mit allerlei Ausflüchten einen Besuch bei sich zu verhindern. Gordon erhält die Auskunft, um die er seine Schwester Klothilde gebeten hatte, mit beträchtlicher Verspätung (sein Brief aus Thale war Klothilde zuerst nach Johannisbad, dann nach Partenkirchen nachgesandt und schließlich nach Liegnitz zurückgeschickt worden, wo er zwei Monate gelagert hatte).[22] Im Beispiel Canettis läßt sich wegen der Kürze des Textes verständlicherweise kein Widerstandsmoment ausmachen.

6

Das „Klärungsmoment“ bildet den Abschluß der analytischen Sequenz. Es enthält die Aufdeckung dessen, was von Beginn an als Geheimnis galt, die Lösung vorgängiger Rätsel, die Klärung des bis dahin Ungeklärten. Die Klärung kann Ergebnis angestrengter Ermittlungstätigkeit sein, wie es beispielsweise im Detektivroman der Fall ist; sie kann aber auch der Betrachterfigur mehr oder weniger unwillkürlich zufallen. Auf jeden Fall ist das Klärungsmoment, idealtypische Realisierung des Schemas vorausgesetzt, wie das Wahrnehmungsmoment und das analytische Moment an die Betrachterfigur gebunden. Die erzählte Situation, die diesem Moment entspricht, läßt sich auf die Formel bringen: „Da erfuhr ich (oder er) ...“

Theodor erfährt die Geschichte Angelikas, der Bewohnerin des öden Hauses, schließlich von Dr. K. (wodurch sich allerdings keine restlose Klärung ergibt). Grillparzers Erzähler erfährt auf sein Drängen („Daß ich nach Ihrer Geschichte lüstern bin“) nach einiger Verzögerung („Ich habe keine Geschichte. Heute wie gestern, und morgen wie heute") die „früheren Schicksale" des armen Spielmanns, „wie es sich fügte", daß er „unter die Musikleute kam", von diesem selbst.[23] Gordon erfährt die „St. Arnaud-Geschichte" durch Klothildes Antwortbrief. Bei Canetti ergibt sich die Klärung ohne besondere Anstrengungen durch einen weiteren Erfahrungsschritt, der nur formal und durch besondere Emphase abgehoben wird: „Aber dann gelangte ich an einen großen Platz, – da stand ein Zirkus, die Zeltwand war zurückgeschlagen, es war zu Ende, die Menschen strömten heraus ... die ganze Stadt ging familienweise nach Haus ..."

7

Wahrnehmung (von etwas Unbestimmtem), Analyse, Klärung: wo immer diese drei konstitutiven Momente, gebunden an eine Figur, in einer Erzählung zusammenkommen, ist wenn nicht immer von analytischem Erzählen, so doch zumindest von analytischem Gang der Handlung zu sprechen. Vorausgesetzt ist lediglich eine gewisse Mindestspanne der Erzählung; gleichgültig ist, ob es sich um Erzählung wirklicher oder fiktiver Begebenheiten handelt, und hier wiederum, ob um Roman, Novelle oder Kurzgeschichte und ob durchgängig oder nur episodisch. Analytische Erzählung in nuce im Bereich außerhalb der Fiktion ist Canettis Tagebuchaufzeichnung, an der sich, wenn auch nur in minimaler Ausprägung, die konstitutiven Momente schon ablesen lassen; ein Beispiel aus dem Bereich der Fiktion, das, wiederum auf engstem Raum, zugleich auch die nicht konstitutiven, aber gleichermaßen typischen Momente aufweist, ist die folgende kleine Episode aus Friedrich Theodor Vischers Roman ‚Auch Einer', in der der Titelheld ein skurriles Exempel für die Dämonie des tückischen Objekts zum besten gibt:

1. *Wahrnehmungs- und Unbestimmtheitsmoment*	*A. E. war inzwischen daran, sich reisefertig zu machen, wurde über einem Hinderniß, das sich an der Rückseite seiner Beinkleider zu befinden schien, noch einmal sichtlich aufgeregt, trat plötzlich hart vor mich, machte straff wie ein Soldat Rechtsumkehrt und schrie sehr laut und schroff: „Hier!"*
2. *Reflexmoment*	*Ganz verdutzt, als ich nun so breit seinen Rücken vor mir hatte,*
3. *Analytisches Moment*	*dachte ich, ob denn dieß der Anfang des versprochenen Bildungsunterrichts sein solle;*
4. *Widerstandsmoment*	*er ließ mir ziemlich Zeit zur Betrachtung,*

5. Klärungsmoment

bis der Aufschluß kam: „Sehen Sie die Lappen am Hüftgurt? sind fünfmal, sage fünfmal beim Schneider gewesen vor der Abreise; zuerst zu lang oder zu weit, dann wieder zu kurz oder zu eng, dann Beides noch einmal so – nun? wie steht's mit der Theologie?"

Ich verstand jetzt, daß ich sehen sollte, wie die Lappen einander zu nah angenäht waren, die Gürtung also nicht genug angezogen werden konnte; er war zufrieden, als ich mein Verständniß kund gab, und nun schien der Sturm ausgetobt zu haben.[24]

8

Es versteht sich, daß die skizzierten konstitutiven und typischen Momente für die mannigfachsten Variationen nicht nur in inhaltlicher, sondern auch in formaler Hinsicht offen sind. Nicht selten ist, wie bereits in einigen der Beispieltexte, die Wiederholung der Sequenz von Wahrnehmung und Analyse, ehe sich die Klärung einstellt; ebenso häufig gehen Wahrnehmung und Analyse derart enge Verbindungen ein, daß praktisch von integralen Wahrnehmungs- und Unbestimmtheitsmomenten zu sprechen ist; prinzipiell stellt der ganze Komplex aus Wahrnehmung und Analyse bis unmittelbar vor Eintritt des Klärungsmoments ein solches integrales Moment dar. Bemerkenswert ist insbesondere, daß die Unbestimmtheit des anfänglich Wahrgenommenen in vielen Fällen durch die Analyse nicht etwa sogleich abgebaut wird, sondern umgekehrt gerade im Vollzug der Analyse noch zunimmt und solchermaßen oft erst zur Rätselhaftigkeit gerät.

Bei Hoffmann ist dieser typische Zug besonders deutlich an der angeführten Stelle, als Theodor nach dem Besuch beim Konditor gerade durch die scharfsinnige Kombination der erfahrenen Seltsamkeiten zur Formulierung des Rätsels gelangt. Auf dieselbe Art wird bei Grillparzer Unbestimmtheit zu Rätselhaftigkeit gesteigert. Erscheint der Spielmann anfangs nur sonderbar, ein Mann offenbar höherer gesellschaftlicher Abkunft, der zum Bettelmusikanten herabgekommen ist, so erweist er sich erst eigentlich als (psychologisches) Rätsel, wenn er die Frage des Erzählers, warum er das Fest gerade zu dem Zeitpunkt verlasse, wo für die Bettler die eigentliche Ernte erst angehe, mit seinem pedantisch geregelten Lebenswandel beantwortet und überdies mit dem Hinweis, daß die Abendstunden ihm allein und seiner „Kunst" gehören – während er doch in seinem Spiel nach allem, was der Erzähler davon hat hören können, von aller Kunst weit entfernt ist.

9

Weiterhin versteht es sich, daß die analytische Erzählung insgesamt als Abbildung einer spezifischen Handlung für die Anreicherung mit weiterem Personal offen ist. Die Rolle der Betrachterfigur, die für die analytische Erzählung allein konstitutiv ist und mit der die Erzählung in ihrer einfachsten Form auch auskommt, kann auf mehrere Personen verteilt und in sich abgestuft sein, und die Rolle des Erfahrungsobjekts kann ihrerseits von einer Person oder auch von mehreren Personen besetzt sein. Sobald die analytische Form auch nur einigermaßen komplex realisiert ist, ist die „Gegenfigur", wie sie hier genannt werden soll, nicht weniger konstitutiv als die Betrachterfigur. Es ist die Figur, die mitsamt ihrer Geschichte für die Betrachterfigur ein Rätsel ist, die deren Erfahrungs- und Erforschungsobjekt bildet oder die das zentrale Geheimnis, um dessen Aufdeckung es geht, verwahrt.

Theodor und Angelika, Grillparzers Erzähler und der arme Spielmann, Gordon und Cécile sind bereits deutliche Beispiele für die wechselseitige Zuordnung von Betrachterfigur und Gegenfigur. Die geläufigste Form zeigt der klassische Detektivroman. Wie aber diese Gattung nur ein Spezialfall analytischen Erzählens ist, so ist auch das Verhältnis zwischen dem enträtselnden Detektiv und dem sich und sein Tun verrätselnden Täter[25] nur ein Spezialfall, und überdies keineswegs der einzige. Nicht weniger typisiert ist die Konfiguration im Geheimbundroman wie im analytisch erzählten Schauerroman oder in der analytisch angelegten Intrigengeschichte. William Lovell auf der einen, Waterloo alias Andrea Cosimo auf der anderen Seite bei Tieck; der Prinz und der Armenier in Schillers ‚Geisterseher'; Medardus und Francesko der Maler in Hoffmanns ‚Elixieren des Teufels'; die Söhne Osmandyas und Klodion als Intrigenopfer und ihre Väter Kalasiris und Taranes als Intriganten in Wielands heiterer Erzählung ‚Die Salamandrin und die Bildsäule', um nur einige Beispiele zu nennen. Aber auch da, wo nicht gleich die schon in der Romantik zum Klischee erstarrte Gestalt des Unheimlichen und Geheimnisvollen, sondern einfach nur ein Fremder, ein Unbekannter, sofern er nur durch sein Verhalten dazu Anlaß gibt, Mutmaßungen über seine Geschichte anzustellen oder sogar Erkundigungen über ihn einzuholen, einem Beobachter gegenübertritt, scheint die Grundkonfiguration immer wieder durch und setzt den immer wieder unverkennbaren Mechanismus analytischen Erzählens in Bewegung. Brigitta oder der Pfarrer vom Kar in ‚Kalkstein' bei Stifter jeweils gegenüber dem Erzähler; der Karrenschieber von Grisselsbrunn gegenüber Baurat Oldermann, dem Erzähler in Fontanes Novellette; der „sonderbare Herr" in Thomas Manns ‚Enttäuschung' oder der „fremde Mann" in Marie Luise Kaschnitz' ‚Die chinesische Cinelle' jeweils in Konfrontation mit dem Gesprächspartner.

Die Betrachterfigur und die Gegenfigur bilden aber natürlich nur die Extreme einer Skala, die für weitere Figuren unterschiedlichster Art und Funktion Platz läßt. Mindestens eine weitere, zwar nicht konstitutive, aber aufgrund der Vielzahl der Fälle als typisch zu bezeichnende Rolle läßt sich dabei ausmachen: die der „Mittlerfigur". Sie ist bald mit der Betrachterfigur gemeinsam am Klärungsprozeß beteiligt, bald zusammen mit der Gegenfigur Objekt der Erforschung. In Tiecks ‚William Lovell' spielt Rosa diese typische Rolle: als Andreas Gewährsmann ist er in die geheimen Pläne der Intrige eingeweiht, die Andrea gegenüber Lovell anzettelt; doch ist er zugleich unvertraut mit der wahren Identität Andreas und rätselt daher gelegentlich selbst, wie Lovell, über die undurchdringliche und unheimliche Gestalt seines Meisters. Im ‚Öden Haus' ist die Mittlerrolle, ein nicht seltener Fall, auf mehrere Figuren verteilt: Graf P., der Konditor, der Hausverwalter und endlich Dr. K.; für Gordon spielt Klothilde diese Rolle.

10

Die Möglichkeit einer ersten, grundlegenden typologischen Differenzierung der analytischen Erzählung wurde inzwischen schon berührt. Nach dem Kriterium der Komplexität des Erfahrungsobjekts sind zwei Grundtypen der analytischen Erzählung zu unterscheiden: die „einfache analytische Erzählung", in der Wahrnehmung, Analyse und Klärung nur Sachverhalten gelten, und die „komplexe analytische Erzählung", in der eine Gegenfigur, und das heißt grundsätzlich: eine Geschichte, den Gegenstand des analytischen Prozesses bildet. Ist die einfache Variante lediglich als „Geschichte einer Erfahrung" aufzufassen, so die komplexe als „Geschichte der Erfahrung einer Geschichte". Beide Grundformen, von denen die letztere die ungleich wichtigere ist und zudem weitaus häufiger vorkommt, sind als Extreme einer Skala vorzustellen, in deren Mitte solche Erzählungen zu plazieren wären, in denen sich das Erfahrungsobjekt sowohl als „Sachverhalt im Zusammenhang mit Personen" wie als „Stadium in der Geschichte von Personen" klassifizieren läßt und bei denen nicht mit Sicherheit zu entscheiden ist, ob sie mehr auf die Klärung des einen oder des anderen angelegt sind. Die einfache analytische Erzählung ist unter den bisher angeführten Beispielen durch Canettis Erlebnis in Orange vertreten; ein entsprechendes Beispiel aus der Fiktion ist Brentanos ‚Erzählung von den Hexen auf dem Austerfelsen', auf die im einzelnen noch zurückzukommen sein wird. Alle übrigen bisher herangezogenen Textbeispiele sind komplexe analytische Erzählungen. Ein Beispiel, das vorübergehend etwa in der Mitte der Skala zu lokalisieren wäre, ist die Hoffmannsche Erzählung, soweit es in ihr um die Klärung der Bewandtnis des öden Hauses selbst geht. Methodisch relevant wird diese erste Typenreihe, die hier zunächst einmal nur konstatiert sei, erst im Zusammenhang mit den im folgenden unter anderen Aspekten vorzunehmenden Typologisierungen.

2. Kapitel

Darstellungskonstruktion

1

Analytisches Erzählen als ganz „natürliches" Erzählen: diese Auffassung mag bestätigt werden durch die einfache Variante, in der die analytische Erzählkonstruktion in einer Erfahrungsgeschichte aufgeht und damit alle weitere Diskussion zu ihrer Formbestimmung erübrigt. Sie läßt sich jedoch nicht aufrechterhalten, sobald man die komplexe Variante näher ins Auge faßt, in der die analytische Erzählkonstruktion in vielen Fällen gerade durch ihre Künstlichkeit gekennzeichnet ist. Nicht einfach als Rekonstruktion eines außerliterarischen Erfahrungsmusters, sondern als spezifisch literarische Konstruktion erscheint die analytische Erzählung jedenfalls, wenn man sie unter poetologischem Aspekt betrachtet: nicht in ihrer Gegebenheit, sondern in ihrer Gemachtheit; nicht von dem in ihr erzählten Vorgang ausgehend, sondern von dem in ihr angewendeten Erzählvorgang; nicht an ihren stofflichen Bestandteilen orientiert, sondern an dem Verfahren, dessen sich der Autor im Umgang mit dem stofflichen Substrat seiner Erzählung bedient. Erst unter diesem Aspekt wird analytisches Erzählen als Opposition zu synthetischem Erzählen faßbar und damit erst als besondere Erzählweise.

Ausgenommen allein die extremen und zudem seltenen Fälle der einfachen Variante, die übrigens in dem Maß seltener werden, wie die analytische Erzählkonstruktion an Umfang zunimmt, legen sämtliche analytischen Erzählungen eine solche ergänzende Betrachtung nicht nur nahe, sondern fordern sie oft genug geradezu heraus. Als Grundsatz läßt sich unter diesem Aspekt formulieren: Anstatt eine Geschichte in der Form vorzutragen, wie sie sich in Wirklichkeit oder der Fiktion nach begeben hat und wie sie sich in ihren objektiven zeitlichen und kausalen Zusammenhängen darstellt, erzählt der Autor sie in der Form, wie eine Figur sie erfährt. Das erst heißt: Anstatt synthetisch zu erzählen, erzählt der Autor analytisch. Und die unter pragmatischem Aspekt aufgestellte, an der Handlung orientierte und gegenüber dem Darstellungsverfahren neutrale Formel, in der (komplexen) analytischen Erzählung erzähle der Autor die „Geschichte der Erfahrung einer Geschichte", ist dementsprechend unter poetologischem Aspekt zu der ausgesprochenen Konstruktionsformel zu modifizieren, der Autor erzähle hier eine „Geschichte im Medium ihrer Erfahrung" – wie immer der Erfahrungsprozeß seinerseits auch zu einer eigenen Geschichte ausgestaltet sein mag. Sichtbar wird der literarische Konstruktionscharakter analytischen Erzählens vor allem an drei Kriterien: an der Komposition, an der Rolle, die die Betrachterfigur im Ganzen der Erzählung spielt, und an der Art, wie das Klärungsmoment in den analytischen Prozeß integriert ist.

2

Die Komposition der analytischen Erzählung ist unter pragmatischem Aspekt nur als lineare Reihenkomposition von Begebenheiten in zeitlicher Folge zu kennzeichnen: erzählt wird, was die Betrachterfigur erfährt, in der Folge, wie sie es erfährt; Kompositionsprinzip ist die Orientierung an der Chronologie der Erfahrung. Unter poetologischem Aspekt dagegen ist von einer Kompositionsform zu sprechen, die auf dem Prinzip der zeitlichen Umstellung von Begebenheiten im Erzählvorgang beruht; die Komposition erscheint als Hysteron-Proteron-Konstruktion: im Begebenheitszusammenhang Früheres wird im Erzählzusammenhang später vermittelt und umgekehrt. Besonders greifbar wird dieses umwegige Verfahren, wenn die Geschichte der Gegenfigur durch Wahrnehmung und Analyse der Betrachterfigur nicht Zug um Zug aufgehellt wird, sondern der Betrachterfigur nach nur sporadischer Wahrnehmung und nur punktueller Analyse in einem umfassenden Klärungsmoment zur Kenntnis gelangt. In solchen Fällen zeichnet sich das für die komplexe analytische Erzählung konstitutive Kompositionsschema als Folge von Gegenwart (hysteron) und Vergangenheit (proteron) deutlich ab, in der Terminologie von Lämmerts ‚Bauformen des Erzählens': als Folge von Gegenwartshandlung und Vorzeithandlung.[1] Nicht konstitutiv, aber typisch ist es, daß am Ende noch eine Erzählphase hinzukommt, in der die durch die Einschaltung der Vorzeithandlung unterbrochene Gegenwartshandlung wiederaufgenommen wird, so daß sich in der Regel ein dreiteiliges Kompositionsmuster ergibt: Gegenwartshandlung, Vorzeithandlung, Nachzeithandlung.

Die Ausgestaltung der drei Phasen und ihr Verhältnis zueinander ist weitgehend beliebig. Die Gegenwartshandlung kann ebenso die Hauptsache sein wie die Vorzeithandlung. Das erstere ist in der durchgängigen analytischen Erzählung die Regel, das letztere in der Rahmenerzählung mit analytischer Eingangsphase wie z. B. im ‚Armen Spielmann'. Wo die Gegenwartshandlung die Hauptsache ist, wird die Vorzeithandlung nicht selten nur in geraffter Form berichtet. Außerdem kann es dabei als Regel gelten, daß die Gegenwartshandlung auf der längsten Strecke der Erzählung die kürzeste Zeitstrecke der gesamten erzählten Begebenheiten durchläuft und umgekehrt die Vorzeithandlung auf der kürzesten Erzählstrecke die längste Zeitstrecke. Gegenwartshandlung und Vorzeithandlung können aber auch gleichmäßig akzentuiert sein. Ein Beispiel für den wechselseitigen Ausgleich der einleitenden Funktion einer weitgehend selbständigen analytischen Rahmenhandlung und der klärenden Funktion einer weitgehend selbständigen Binnenerzählung und damit für den Ausgleich von analytischer Erzählung und Rahmenerzählung überhaupt ist Hoffmanns ‚Jesuiterkirche in G.'. Die Geschichte des Malers Berthold ist eingelagert in die Erlebnisgeschichte eines reisenden Kunstfreundes; dieser spielt die Rolle der Betrachterfigur, jener die der Gegenfigur; beide Geschichten halten sich, was ihren Umfang betrifft, die Waage.[2]

Die Nachzeithandlung besteht oft nur aus einer gerafften Ausleitung, die für die analytische Sequenz nicht mehr von Bedeutung ist; sie kann aber auch durch Zusammenführung der Gegenwartshandlung und der Vorzeithandlung erst das endgültige Klärungsmoment bringen, und sie kann schließlich auch, wie es immer dann der Fall ist, wenn die Erzählung nur teilweise analytisch strukturiert ist, durch eine Erzählphase ersetzt sein, mit der die analytische Sequenz in einer umfassenderen Handlung aufgeht. Das letztere gilt etwa für ‚Cécile': der Roman erreicht erst nach der Enthüllung der Vorgeschichte und durch sie das Konfliktstadium, das dann geradewegs (in synthetischer Erzählung) zur Katastrophe führt.

Im ‚Öden Haus' scheint die Komposition auf den ersten Blick durch die Reihe von Theodors Abenteuern vorgegeben. Theodor erzählt seinen Freunden, was er erlebt hat, in der Folge, wie er es erlebt hat. Die Abenteuererzählung setzt sich aus vierzehn zeitlich aufeinanderfolgenden Szenen zusammen.[3] Die Tatsache aber, daß die Erzählung in der dreizehnten Szene in die Vergangenheit zurückgeht, erlaubt auch jene andere Ansicht der Komposition: Gegenwartshandlung (Theodors Abenteuer, Szene 1–12), Vorzeithandlung (Vorgeschichte Angelikas, vermittelt durch Dr. K. in Szene 13), Nachzeithandlung (Szene 14). Gegenwartshandlung und Vorzeithandlung verteilen sich im Verhältnis von ungefähr fünf zu eins auf die Erzählung. Die Gegenwartshandlung erstreckt sich im wesentlichen über Tage, allenfalls Wochen, die Vorzeithandlung über Jahre. Die Gegenwartshandlung wird durchweg szenisch erzählt; die Vorzeithandlung wird in einem geschlossenen Block nachgetragen, ihre Form ist im wesentlichen der geraffte Bericht, in dem allerdings einige Stationen als Kulminationspunkte der Handlung durch szenische Ausführung herausgehoben sind.[4] Die letzte Station der Vorzeithandlung verläuft bereits synchron mit der Gegenwartshandlung (um nach dem Tod des Vaters Familienangelegenheiten zu ordnen, besucht Gabriele mit Edmonde, ihrer oder Angelikas Tochter – die Identität bleibt fraglich –, das Haus ihrer Schwester; „heute morgen", so heißt es in der zwölften Szene der Gegenwartshandlung, hat dieser Besuch stattgefunden).[5] Die Nachzeithandlung ist kaum zur Szene entfaltet; immerhin bringt sie ein nicht ganz unwichtiges Handlungsdetail bei, nämlich die Vermutung Theodors über den Zeitpunkt von Angelikas Tod.

Die Reihe der gesamten erzählten Begebenheiten erstreckt sich zwischen diesem Datum und dem Zeitpunkt der Werbung des Grafen von S. um Angelika, mit der die Vorzeithandlung eröffnet wird. Es ist, wie sich am Lebensalter Edmondes ablesen läßt, eine Zeitspanne von ungefähr zwanzig Jahren. Orientiert man sich an diesem Begebenheitskomplex als dem Substrat der Erzählung, das dem Erzähler bereits überschaubar vor Augen steht, ehe er zu erzählen beginnt,[6] so erscheint die Form, in der er das Substrat bewältigt, keineswegs als „natürliche" und nicht weiter zu befragende Form des Erzählens, sondern nur als eine unter anderen Möglichkeiten, dieselbe Geschichte zu erzählen. Die gegebene Form erscheint als gewählte Form, die mit der Feststellung, Theodor erzähle, was er erlebt hat, und er erzähle es in der Folge, wie er es erlebt hat, noch nicht erschöpft ist. Die Tatsache, daß der Vorzeithandlung, die immerhin die gesamte Zeitspanne von ungefähr zwanzig Jahren fast zur Gänze durchmißt, nur wenige Seiten gewidmet werden und umgekehrt der Gegenwartshandlung, die demgegenüber nur einen Bruchteil an erzählter Zeit verbraucht, die ausführlichste Darstellung zugebilligt wird, ist ebenso als erzählerische Maßnahme zu würdigen wie, worum es hier vor allem geht, die Plazierung der Vorzeithandlung im Ganzen der Erzählung. Daß die Vorzeithandlung der Gegenwartshandlung, der sie in der Reihe der erzählten Begebenheiten des Substrats vorausgeht, in der Erzählung folgt, macht den Kunstgriff der zeitlichen Umstellung erzählter Vorgänge im Erzählvorgang unübersehbar. Sie hätte durchaus auch an anderer Stelle der Erzählung Platz finden können – am zwanglosesten am Anfang, als erster exponierender Teil, dem dann mit Theodors Abenteuer der Hauptteil folgen würde, was der Erzählung die Form der synthetischen Erzählung gegeben hätte. Gegen diese setzt sie sich als analytische Erzählung ab, und in Konfrontation mit dieser ihrer Opposition stellt sich zwangsläufig die Frage nach ihrer Funktion. Hier, wo es nur um Formbeschreibung geht, soll vorerst lediglich festgehalten werden, daß die vorliegende analytische Version gegenüber der möglichen synthetischen Version die technisch kompliziertere Form ist.

Einen anschaulichen Beleg dafür, wenn auch unfreiwillig, bietet Walther Harich in seiner Hoffmann-Biographie. Während er bei seinen Inhaltsangaben der Hoffmannschen Erzählungen meist Schritt für Schritt dem Handlungsablauf folgt – selbst bei ebenfalls analytisch angelegten Erzählungen wie beim ‚Majorat', bei den ‚Irrungen', beim ‚Unheimlichen Gast' –, orientiert er sich beim ‚Öden Haus' am Substrat – offenbar weil dies die technisch einfachere Darstellung verspricht. Er referiert zuerst, was der Fiktion nach und zugleich in Abbildung der Realität zuerst geschehen ist, also die Geschichte Angelikas („Graf S. lernt auf einem Berliner Hoffest Angelika, Gräfin v. Z., kennen und verliebt sich in sie . . ."),[7] und geht dann zur Nacherzählung von Theodors zeitlich späterem, bei Hoffmann zuerst erzähltem Abenteuer über („Inzwischen hat das öde Haus mit seinen seltsamen Einwohnern in Berlin einiges

Aufsehen erregt. Theodor ... wird von dem geheimnisvollen Bau aufs lebhafteste angezogen und verweilt oft stundenlang in der Allee, um das Haus zu beobachten ...").[8] Es versteht sich, daß eine solche Wiedergabe von sich aus, ohne zusätzlichen Kommentar, nicht imstande ist, das Erzählverfahren, das Hoffmann hier anwendet, sichtbar zu machen. Dadurch, daß Harich die Vorgeschichte vorwegnimmt und beim Referat der Szene, in der Theodor die Vorgeschichte erfährt, lediglich die Aufklärung über den mit der Gegenwartshandlung synchron verlaufenden Besuch Gabrieles und Edmondes im öden Haus berücksichtigt,[9] wird das Bild, wie Hoffmann die Begebenheiten im Erzählvorgang arrangiert, sogar verfälscht.

Die Künstlichkeit analytischen Erzählens wird um so auffälliger, je mehr das kompositorische Grundmuster in untergeordnete oder nebengeordnete Phasen aufgefächert ist. Was sporadisch schon im ‚Öden Haus' zu beobachten ist, daß nämlich eine Rückwendung innerhalb der laufenden Vorzeithandlung (Angelikas – zweifelhafte – Enthüllung der Identität Edmondes) ihrerseits ein Stück übersprungene Vorzeithandlung einholt, gehört im ‚Majorat' zum bestimmenden Kompositionsprinzip. Diese in der Reihe der ‚Nachtstücke' auf ‚Das öde Haus' folgende Erzählung, pragmatisch gesehen wiederum eine Erlebniserzählung Theodors, gliedert sich nicht nur im ganzen nach dem Schema Gegenwartshandlung, Vorzeithandlung, Nachzeithandlung, sondern die Vorzeithandlung ist hier auf komplizierte Weise mehrfach nach demselben Schema untergliedert: sie beginnt zu einem Zeitpunkt, mit dem noch frühere Begebenheiten zurückgelassen werden, und holt sie später erst ein, und sie übergeht während ihres Verlaufs eine Reihe von Begebenheiten, die damit zur Vergangenheit werden und ebenfalls später erst als Nachtrag in der Erzählung Platz finden. Überdies enthält die Erzählung außer dem Nachspiel am Ende eine weitere Nachzeithandlung, die an der Umschaltstelle zwischen Gegenwartshandlung und Vorzeithandlung angedeutet und nach Eröffnung der Vorzeithandlung enthüllt wird.

Die Gegenwartshandlung besteht aus den Abenteuern, die Theodor auf dem Majorat R ... sitten erlebt, wohin er seinen Großonkel, den Justitiarius V., auf dessen Inspektionsreise begleitet: eine Spukgeschichte, eine Künstlergeschichte und eine romantische Liebesgeschichte. Die Vorzeithandlung, von V. erzählt, ist eine tief in die Vergangenheit zurückreichende Familiengeschichte: die Geschichte des Majorats im Zeichen von Fluch und Brüderfeindschaft, Mord und Spuk. Die erste Nachzeithandlung gilt den sonderbaren Umständen, durch die Seraphine, Gemahlin des jetzigen Majoratsherrn, zu Tode kommt, nachdem Theodor und V. abgereist sind; die zweite Nachzeithandlung gilt dem Spuk, den man noch nach Jahren in den Ruinen des verfallenen Schlosses wahrnehmen will. Was den Umfang betrifft, halten sich Gegenwartshandlung und Vorzeithandlung im ganzen die Waage, während innerhalb der Vorzeithandlung die relative Gegenwartsebene das entschiedene

Übergewicht über die Vergangenheitsebene hat; die Nachzeithandlungen füllen jeweils nur wenige Seiten.[10] Analytische Komponenten bestimmen sowohl die Gegenwartshandlung wie die Vorzeithandlung: dort ist Theodor, der sich, wenn auch nicht konsequent, um die Aufklärung des Spuks bemüht, die Betrachterfigur; hier ist es der Justitiarius V., der die Aufdeckung von Daniels Verbrechen und die Klärung der undurchsichtigen Erbschaftsverhältnisse betreibt.

Der erzählte Vorgang soll hier nicht im ganzen gegen den Erzählvorgang aufgerechnet werden. Um den Konstruktionscharakter der Erzählung anhand der zeitlichen Umstellung erzählter Vorgänge im Erzählvorgang zu verdeutlichen, mag es genügen, auf die Daniel-Szenen hinzuweisen, die in unterschiedlichen Abständen die ganze Erzählung durchziehen.

Auf seine wichtigsten Bestandteile reduziert, besteht dieser Erzählstrang aus neun Begebenheiten:[11] Daniel, im Bund mit dem durch die Majoratsstiftung des alten Roderich benachteiligten Hubert, ermordet aus Rache für eine Beleidigung dessen Bruder, den Majoratsherrn Wolfgang von R. (1); seine Untat läßt ihn in Somnambulismus verfallen, nachtwandelnd wiederholt er zwanghaft die äußeren Umstände der Mordszene (2); er kommt zu Tode, als er nachtwandelnd von Wolfgangs Sohn, dem jungen Roderich und jetzigen Majoratsherrn, angerufen wird (3). Nach seinem Tod geht er, wie zuerst der Hausverwalter Franz erfährt, als Gespenst um (4). Das Gespenst erscheint Theodor später bei dessen Aufenthalt auf R . . . sitten (5) und gleichzeitig dem Justitiarius V. im Traum (6); der Spuk wird in der nächsten Nacht von V. mit demselben Ruf, den Wolfgang vor seinem Tod und den auch der junge Roderich ausgestoßen hatte, gebannt (7). Wenig später kommt Seraphine bei einer Schlittenfahrt durch einen Unfall ums Leben, bei dem das durch Daniel verkörperte dämonische Prinzip zumindest psychologisch mitwirkt (8). Der Spuk macht sich schließlich, wie ein alter Bauer versichert, noch Jahre nach dem Verfall des Schlosses in den Ruinen bemerkbar (9).

Die Begebenheiten werden nicht in dieser am Zeitkontinuum des Erzählsubstrats orientierten Reihenfolge synthetisch erzählt, sondern demgegenüber diskontinuierlich gemäß dem Zeitkontinuum der Erfahrung von Begebenheiten und der in Gegenwartshandlung, Vorzeithandlung und Nachzeithandlung gegliederten analytischen Erzählung. In der Gegenwartshandlung werden die Begebenheiten 5, 6 und 7 in einer ihrerseits kontinuierlichen Szenenfolge mit Theodor als Betrachterfigur erzählt: Theodor erlebt eine Spukerscheinung (5); der Justitiarius bestätigt ihm sein Erlebnis, indem er von seinem Traum erzählt (6); in Gegenwart Theodors wird der Spuk in der folgenden Nacht durch V. gebannt (7). In der Vorzeithandlung, in der V. für die längste Strecke die Rolle der Betrachterfigur spielt, werden dann die ersten vier Begebenheiten vermittelt, und zwar, wenn man davon absieht, daß Begebenheit 1 vor der Ausführung von Begebenheit 2 bruchstückweise zu Wort kommt,[12] in der Abfolge 2,

3, 1, 4: Der Justitiarius V. beobachtet den nachtwandelnden Daniel (2); er ist Zeuge, als Daniel durch Roderichs Anruf zu Tode kommt (3); er eröffnet dem jungen Freiherrn das ihm durch verschiedene Papiere bekanntgewordene Geheimnis, daß Daniel aus Rache für eine Beleidigung Wolfgang von R. ermordet hat (1); er hört davon, daß Daniel nach seinem Tod als Gespenst umgehe (4). In der Nachzeithandlung werden schließlich die Begebenheiten 8 und 9 erzählt, von denen die achte wiederum vorher – zwischen Gegenwartshandlung und Vorzeithandlung – bereits angedeutet worden ist.[13]

In bezug auf die Momente des analytischen Vorgangs ist zu vermerken, daß die Gegenwartshandlung mit den Begebenheiten 5, 6, 7 ein integrales Wahrnehmungs- und Unbestimmtheitsmoment bildet, dem die Vorzeithandlung mit den Begebenheiten 1, 2, 3, 4 als integrales Klärungsmoment gegenübersteht, und daß innerhalb der Vorzeithandlung die Begebenheiten 2, 3, 4 zu Begebenheit 1 ihrerseits im Verhältnis von Wahrnehmungs- und Unbestimmtheitsmoment zu Klärungsmoment stehen. In bezug auf das Verhältnis von Erzählvorgang und erzähltem Vorgang ist festzuhalten, daß die Erzählung nach anfänglicher Umstellung erzählter Vorgänge im Erzählvorgang am Ende die Synchronisation von Erzählvorgang und erzähltem Vorgang erreicht. Im übrigen bleibt anzumerken, daß Hoffmann mit der Überkomplizierung in der Anlage dieser Erzählung nicht ganz zurechtkommt. Einerseits offenbar um die Erzählung nicht mit zwei Icherzählern zu belasten, Theodor als Erzähler der Gegenwartshandlung und V. als Erzähler der Vorzeithandlung, was beim Leser an manchen Stellen einige Verwirrung darüber anstiften würde, wer denn nun gerade der Sprecher der Erzählung ist, andrerseits sicherlich aber auch um die Nachteile der perspektivisch beschränkten Icherzählung zu vermeiden, greift er zu dem sonderbaren Hilfsmittel, die Vorgeschichte, die der Justitiarius V. seinem Großneffen eröffnet, in Er-Form erzählen zu lassen: „er sprach von sich selbst in der dritten Person", heißt es, nicht eben glaubwürdig, in Parenthese, als Theodor zum Referat dessen, was V. ihm erzählt hat, übergeht.[14] Immerhin ist diese Unwahrscheinlichkeit gerade ein Indiz für die Künstlichkeit des ganzen hier angewendeten Erzählverfahrens.

3

Ebenso wie an der Komposition läßt sich der Konstruktionscharakter an der Rolle demonstrieren, die die Betrachterfigur im Ganzen der Erzählung spielt. Unter pragmatischem Aspekt ist sie Handlungsträger im vollen Sinn: erzählt wird ihre Erfahrungsgeschichte; unter poetologischem Aspekt ist sie nur Vehikel: der Autor erzählt mit ihrer Hilfe die Geschichte der Gegenfigur.

Im ‚Öden Haus' ist Theodor die ganze Erzählung hindurch beides zugleich: Handlungsträger in bezug auf seine Abenteuer und Mittel in bezug auf die

Erzählung der Geschichte Angelikas. Im ‚Majorat' verliert er die Rolle des Handlungsträgers, die er anfangs auch hier spielt, je mehr der Akzent auf die Geschichte des Majorats rückt, bei deren Vermittlung der Autor den Justitiarius V. seinerseits als Vehikel einsetzt und Theodor nur noch die Rolle des Hörers auf der Szene zuordnet. Vollends rückt der Akzent auf den literarischen Konstruktionscharakter, wenn die Betrachterfigur nur die untergeordnete Rolle einer Nebenfigur spielt. In solchen Fällen kann von „Geschichte der Erfahrung einer Geschichte" nicht mehr die Rede sein; die analytische Erzählung erscheint hier vielmehr ausgesprochen als „Geschichte im Medium der Erfahrung". Instruktive Beispiele sind Stifters ‚Brigitta' und Mörikes ‚Lucie Gelmeroth'.

Erleben und Erforschen: in diesem Zeichen scheint Stifters ‚Brigitta' nach den einleitenden Bemerkungen des Erzählers in der Studienfassung zu stehen. Nach der allgemeinen Vorbemerkung, die die Thematik der Erzählung reflektiert, heißt es: „Zu diesen Bemerkungen bin ich durch eine Begebenheit veranlaßt worden, die ich einmal in sehr jungen Jahren auf dem Gute eines alten Majors erlebte, da ich noch eine sehr große Wanderlust hatte, die mich bald hier bald dort ein Stück in die Welt hinein trieb, weil ich noch weiß Gott was zu erleben und zu erforschen verhoffte."[15] Im Blick auf das Ganze dominiert jedoch die „Begebenheit" über das „Erlebnis". Auch in der Studienfassung geht es in der Hauptsache gerade so um die vom Erzähler erfahrene Begebenheit, wie es in der Vorbemerkung zur Urfassung explizit ausgedrückt wird. Der entsprechende Passus lautet dort: „Wir wollen hier abbrechen, und eine Begebenheit erzählen, die uns zu all den obigen Bemerkungen führte, eine Begebenheit, die sich einmal auf dem Gute eines alten Majors zugetragen, und einen so sonderbaren und seltsamen Eindruck auf mich gemacht hatte, daß ich sie gar nicht mehr vergessen konnte."[16] Die Geschichte, deren Höhepunkt diese „Begebenheit" bildet, ist die Geschichte Brigittas und des Majors: ihrer Ehe, ihrer Scheidung, ihres Nebeneinanderherlebens, ihres tätigen Wirkens, ihrer Wiedervereinigung. Sie wird durch das Medium des teils aus der Erlebnisperspektive, teils aus der Rückschau berichtenden Erzählers dargestellt, und zwar im einzelnen: im Medium der Erinnerung (Rückschau auf früher Erfahrenes innerhalb der Gegenwartshandlung im ersten Kapitel – ‚Steppenwanderung'), im Medium unmittelbarer Erfahrung (Gegenwartshandlung in den ersten beiden Kapiteln – ‚Steppenwanderung' und ‚Steppenhaus' – sowie im Schlußkapitel – ‚Steppengegenwart') und im Medium des summarischen Erfahrungsberichts (drittes Kapitel – ‚Steppenvergangenheit').

Musterhaft im Sinn analytischer Erzählung als Rekonstruktion eines Erfahrungsprozesses ist die Gegenwartshandlung in den ersten beiden Kapiteln ausgeführt. So etwa porträtiert der Erzähler die Titelheldin, der er auf seiner Wanderung begegnet, nach seinem ersten Eindruck, ohne dabei ihren Namen, den er erst später erfährt, zu erwähnen. So erzählt er, wie er, ohne sogleich die

Verwandtschaftsverhältnisse zu durchschauen, Gustav, den Sohn Brigittas und des Majors, kennenlernt (bei der ersten Begegnung ist lediglich von einem Fremden die Rede, bei der zweiten wird Gustav als Brigittas Sohn identifiziert, und erst im Schlußkapitel kommt heraus, daß er der Ehe des Majors mit Brigitta entstammt). Weiterhin entspricht es dem analytischen Handlungsschema, daß der Erzähler mitteilt, was er im Umgang mit dem Major an verstreuten Indizien zu dessen Vergangenheit erfährt, daß er Mutmaßungen über ihn anstellt und daß er weitergibt, was ihm durch Gömör als Mittlerfigur an Details sowohl zur Geschichte Brigittas wie zu dem gegenwärtigen Verhältnis zwischen Brigitta und dem Major bekannt geworden ist.

Mit dem dritten Kapitel jedoch weicht der Erzähler von dieser Darstellungsweise ab. Er greift seinen Erfahrungen vor und in der Geschichte Brigittas zurück, und er begründet diesen Schritt eigens in einer Regiebemerkung: „Ehe ich entwickle, wie wir nach Maroshely geritten sind, wie ich Brigitta kennen gelernt habe, und wie ich noch recht oft auf ihrem Gute gewesen bin, ist es nötig, daß ich einen Teil ihres früheren Lebens erzähle, ohne dem das Folgende nicht verständlich wäre. Wie ich zu so tief gehender Kenntnis der Zustände, die hier geschildert werden, gelangen konnte, wird sich aus meinen Verhältnissen zu dem Major und zu Brigitta ergeben, und am Ende dieser Geschichte von selbst klar werden, ohne daß ich nötig hätte, vor der Zeit zu enthüllen, was ich auch nicht vor der Zeit, sondern durch die natürliche Entwicklung der Dinge erfuhr."[17] Auf die Problematik dieser Regiebemerkung wird im Zusammenhang mit der Rhetorik der Erzählung noch einzugehen sein; hier mag sie nur als ein Zeichen gelten, an dem der Konstruktionscharakter der Erzählung sichtbar zu Tage tritt.

Auch in Mörikes ‚Lucie Gelmeroth' steht der Erzähler (als Betrachterfigur und Träger der Gegenwartshandlung) der Titelfigur (als Gegenfigur und Träger der Vorzeithandlung) gegenüber; die Geschichte Lucies hat jedoch dermaßen das Übergewicht, daß nicht nur der Betrachterfigur kaum mehr als mediale Funktion zuzusprechen ist, sondern daß auch der Gegenwartshandlung nur technische Bedeutung beizumessen ist. Der Erzähler kommt just zum richtigen Zeitpunkt in seine Heimatstadt, als die dunkle Affäre um Lucie Gelmeroth kurz vor ihrer Aufklärung steht: noch – am Tag seiner Ankunft – erregt die Selbstbezichtigung der Unbescholtenen als Mörderin das höchste Aufsehen, schon – wie sich am folgenden Tag herausstellt – hat das Gericht den wahren Täter ermittelt. In drei Schüben wird Lucies Geschichte erzählt: zuerst der Fall, wie er sich vor aller Augen und dabei als durchaus rätselhaft darstellt, in Form des zusammenfassenden Berichts, für den der Erzähler in erster Linie den Prediger S. zum Informanten hat, in dem er aber auch, wie er ausdrücklich bemerkt, „anderweitige Eröffnungen ... aus unmittelbarer Quelle" verwertet;[18] dann in Form der Erinnerung eine Episode aus ihrer Jugend; schließlich in Form des referierten Geständnisses, das Lucie vor dem

Erzähler abgelegt hat, der Tathergang aus ihrer Sicht und die Erklärung von Lucies Verhalten, die sich deshalb dem Gericht gestellt hat, weil sie sich als „Mörderin im eigentlichen Sinn" betrachtet.[19] Der Konstruktionscharakter ist unübersehbar. Die Komposition der Erzählmasse und die funktionale Konstitution der Betrachterfigur zeigen gleichermaßen, daß sich diese Erzählung nicht so sehr vom Prinzip der dargestellten Handlung als vielmehr vom Darstellungsprinzip her aufschlüsselt: nicht Geschichte der Erfahrung einer Geschichte, sondern Geschichte im Medium ihrer Erfahrung.

4

Wie die Komposition der analytischen Erzählung in einer Hinsicht als lineare Reihenkomposition, in anderer Hinsicht als Hysteron-Proteron-Komposition erscheint und wie die Betrachterfigur unter jenem Aspekt als Handlungsträger, unter diesem Aspekt als mediales Instrument aufzufassen ist, so ist prinzipiell jede Stelle der analytischen Erzählung auf doppelte Weise zu betrachten. Eine charakteristische Stelle sei hier herausgehoben: die Integration des Klärungsmoments in den analytischen Prozeß bzw. die Integration der Vorzeithandlung in die Gegenwartshandlung. Was unter pragmatischem Aspekt eine erzählte Situation wie jede andere ist, die Situation, in der die Betrachterfigur die Klärung des bis dahin Ungeklärten erfährt, ist unter poetologischem Aspekt der besondere Punkt, an dem der Autor von der Erzählung der Gegenwartshandlung auf den Nachtrag der Vorzeithandlung umschaltet.[20]

Typische Formen, in denen die Vorzeithandlung nachgetragen wird, sind: Bericht eines Dritten gegenüber der Betrachterfigur (Dr. K. zu Theodor im ‚Öden Haus'; Justitiarius V. zu Theodor im ‚Majorat'; Prediger S. – in leichter Abwandlung des Schemas – zum Erzähler in ‚Lucie Gelmeroth'), Selbsteröffnung der Gegenfigur gegenüber der Betrachterfigur (Lucie Gelmeroth am Ende; der arme Spielmann; Cöleste gegenüber Hugo in Stifters ‚Altem Siegel'), aufschlußgebende Briefe (Klothilde an Gordon in Fontanes ‚Cécile'; der „fremde Herr" an die Grünwieseler in Hauffs ‚Der Affe als Mensch') und Dokumente verschiedenster Art (die testamentarischen Papiere Andrea Cosimos im ‚William Lovell'; das „Pergamentblatt des alten Malers" in den ‚Elixieren des Teufels'; die „schwarze Mappe" im ‚Majorat').[21]

Konstitutiv für die analytische Erzählung als Rekonstruktion eines außerliterarischen Erfahrungsmusters ist, daß sich der Übergang als Schritt im Erfahrungsprozeß der Betrachterfigur vollzieht. So wird an der Umschaltstelle nicht selten die Erfahrungssituation betont. Justitiarius V. bemerkt, als er Theodor in die Geschichte des Majorats einweiht: „Jetzt ist es an der Zeit, daß du alles erfahren mußt", und entsprechend, als er den jungen Roderich aufklärt: „Es ist nun wohl an der Zeit, Ihnen das gräßliche Geheimnis zu enthüllen . . ."[22]

Andrea Cosimo leitet seine Papiere mit der Wendung ein: „Ich erwarte Deine Zurückkunft, Lovell, und bis dahin will ich für Dich diese Aufsätze schreiben, damit Du endlich die so sehnlich gewünschte Erklärung erhältst", und Lovell beginnt seinen Brief an Rosa, dem er das Paket übersendet, mit der korrespondierenden Wendung: „Was sagen Sie nun zu Andreas grausamen Erklärungen?"[23] Klothilde verwendet in ihrem aufklärenden Brief an Gordon den lapidaren Satz: „Da hast Du die St. Arnaud-Geschichte",[24] und Lucie Gelmeroth beginnt ihr Geständnis mit der Formel: „Sie sollen alles wissen!"[25] und spricht damit zu ihrem heimlichen Liebhaber nicht anders als Cöleste zu ihrem Geliebten in Stifters ‚Altem Siegel', wenn sie ihm verheißt: „ich werde Dir alles sagen", und: „Ach, Hugo, ich will Dir alles, alles sagen".[26]

Die Vorzeithandlung ist damit als Klärungsmoment jeweils mehr oder weniger zwingend in die vom analytischen Prozeß bestimmte Gegenwartshandlung integriert. Die Erzählung erscheint nach wie vor als Erlebniserzählung, der Erzählvorgang als ganz „natürlich" im Sinn Butors. Musterbeispiel für eine derart „natürliche" Integration sogar zweier Vorzeithandlungen im Rahmen einer auf die kürzeste Zeit zusammengedrängten Gegenwartshandlung ist Marie Luise Kaschnitz' Kurzgeschichte ‚Eines Mittags, Mitte Juni'.[27] Zu ein und demselben Zeitpunkt, nicht nur ungefähr eines Mittags, Mitte Juni, sondern, wie der Text präzisiert, am Dienstag, dem 17. Juni, von etwa zwölf bis zwölf Uhr zwanzig ereignen sich an verschiedenen Orten zwei offenbar aufeinander bezogene Begebenheiten. Die eine vor der Küste am Cap der Circe, wo Frau Kaschnitz, wie die Erzählerin im Text geradewegs genannt wird, mit ihrer Tochter Costanza ihre Ferien verbringt; die andere in ihrer Heimatstadt in dem Mietshaus, in dem sie wohnt. Die erste Begebenheit besteht darin, daß Frau Kaschnitz, als sie sich, weit ins Meer hinausschwimmend, treiben läßt, in Lebensgefahr gerät, in der höchsten Gefahr aber von einer geheimnisvollen Flötenstimme, deren Herkunft sie sich nicht erklären kann, zur Umkehr bewegt und gleichsam ins Leben zurückgerufen wird (wobei es von Bedeutung ist, daß ihre Tochter Flöte spielt, daß sie das Instrument jedoch zu diesem Zeitpunkt nachweislich nicht benutzt hat). Die zweite Begebenheit besteht darin, daß eine fremde Frau den Hausbewohnern unvermittelt den Tod ihrer Nachbarin meldet und, ohne sich auszuweisen, lediglich mit der Behauptung, daß sie ermächtigt sei und daß Frau Kaschnitz niemanden auf der Welt mehr gehabt habe, mit aller Entschiedenheit die Wohnungsschlüssel fordert, dann aber ebenso plötzlich verschwindet, wie sie aufgetaucht ist, als einer der skeptischen Hausbewohner die Tochter der angeblich Verstorbenen erwähnt.

Die beiden Begebenheiten werden nicht einfach nacheinander erzählt, sondern als Vorzeithandlungen innerhalb einer Gegenwartshandlung enthüllt, wobei die zuerst enthüllte Begebenheit, der Vorfall im Mietshaus, durch die zuletzt enthüllte Begebenheit, den Vorfall im Meer, erzählerisch erklärt wird.

Die Gegenwartshandlung erstreckt sich über wenige Stunden vom Nachmittag nach der Rückkehr von der Reise bis zum späten Abend. In ihr wird das Schema der analytischen Handlung voll ausgeschöpft: Erfahrung (bruchstückweise), Rekonstruktion (aufgrund eingeholter Zeugenaussagen), Analyse des Vorfalls im Mietshaus (in mehreren Ansätzen), Suche (nach der fremden Frau, die mutmaßlich eine Zeitschriftenverkäuferin ist), Erinnerung an das mittlerweile verdrängte Erlebnis vor der Küste am Cap der Circe (mit Hilfe von Tagebucheintragungen) und schließlich Überprüfung (die Erzählerin vergewissert sich bei ihrer Nachbarin, woraufhin die fremde Frau das Haus verlassen hat).

Die beiden Vorzeithandlungen sind plausibel in die Gegenwartshandlung integriert; die zuerst eröffnete, indem zwanglos der Erfahrungsprozeß erzählt wird, den die Erzählerin nach ihrer Rückkunft durchmacht, die zuletzt eröffnete, indem veranschaulicht wird, wie sie sich in einem unmittelbar gegenwärtigen Akt das verdrängte Erlebnis bewußt macht. Die ganze Erzählung gibt sich als Erzählung eines Erfahrungsprozesses. Der Anfangssatz lautet: „Ich kam von der Reise und wußte von nichts“, und am Ende geht die Erzählerin bei ihrer Überprüfung dem noch ungewissen Detail mit der Bemerkung nach: „Das mußte ich noch wissen“.[28] Mit alledem erscheint die Art, wie hier erzählt wird, ganz im Sinn von Butors Argumentation als die „natürlichste“ Form des Erzählens. Die poetologische Betrachtung ist damit jedoch nicht zum Schweigen zu bringen. Selbst die „natürlichste“ Integration kann nicht darüber hinwegtäuschen, daß hier wie überall in der analytischen Erzählung Vorzeithandlungen durchaus auch im Rahmen synthetischer Erzählung vor der Gegenwartshandlung hätten vermittelt werden können, daß Begebenheiten keineswegs notwendigerweise dazu drängen, in der Folge ihrer Erfahrung statt in ihrer eigenen Folge erzählt zu werden. Unter poetologischem Aspekt erscheint die Umschaltung von Gegenwartshandlung auf Vorzeithandlung allemal als Kunstgriff und die Integration in einer erzählten Situation ihrerseits als Kunstgriff, der den ersten weniger aufhebt als vielmehr illusionistisch kaschiert: Kunstgriff der Umsetzung des Kunstgriffes der zeitlichen Umstellung in erzählte Handlung. Begreift man dementsprechend in der Kurzgeschichte von Marie Luise Kaschnitz den Anfangssatz als den alles weitere entscheidenden Kunstgriff literarisch-technischer Art, so bleibt der Blick auf die Künstlichkeit des Erzählverfahrens auch dann noch offen, wenn man ihr zu bescheinigen hat, daß sie sich verbirgt, wobei nur zu ergänzen wäre, daß sie sich gerade auf die künstlichste Weise verbirgt.

In bezug auf die übrigen zitierten Stellen ist unter poetologischem Aspekt festzuhalten: So sehr sie jeweils auf den Erfahrungsprozeß der Betrachterfigur gemünzt sind, so sehr weisen sie zugleich auf den Darstellungsprozeß hin – als Anzeichen für das umwegige Verfahren des Autors, frühere Teile des Erzählsubstrats im Erzählzusammenhang später zu vermitteln. Die Modellformel des erzählten Vorgangs an dieser Stelle: „Da erfuhr ich (oder er) . . ." verdeckt, so gesehen, nur die Modellformel des Erzählvorgangs: „Jetzt erzähle ich (oder wir), was sich vorher begab . . .". In Hoffmanns Erzählung ‚Die Doppeltgänger', die allerdings keine analytische Erzählung, wohl aber dieser in der Komposition vergleichbar ist, wechseln Varianten beider Formeln einander ab: ein Teil der von Beginn an fraglichen Vorgeschichte wird am Schluß mit dem Satz eingeleitet: „Das, was der Graf von Törny der Versammlung jetzt vortrug, bestand in folgendem: . . .",[29] womit auf die erzählte Situation immerhin noch angespielt wird; ein anderer Teil dagegen gibt sich geradewegs als auktorialer Nachtrag zu erkennen durch den Einleitungssatz: „Es möchte hier der Ort sein, dem geneigten Leser zu sagen, wie sich alles begab am Hofe des Fürsten Remigius".[30] Auch in Stifters ‚Brigitta' werden beide Techniken nebeneinander angewendet. In der Regiebemerkung zu Beginn des Kapitels ‚Steppenvergangenheit', das Vorzeithandlung beibringt, aber noch nicht das eigentliche Klärungsmoment bildet, macht der Erzähler ausdrücklich auf den Erzählvorgang aufmerksam und mit dem Kapitel greift er auch tatsächlich seinen Erfahrungen vor, doch verspricht er zugleich, daß er die Geschichte im übrigen so erzähle, wie er sie „durch die natürliche Entwicklung der Dinge erfuhr", was dann im Schlußkapitel eingelöst wird. Auch und gerade hier kann freilich der Hinweis auf die „natürliche Entwicklung der Dinge" nicht darüber hinwegtäuschen, daß sich ebenso, wie im dritten Kapitel „ein Teil" der Vorgeschichte Brigittas eingeschaltet wird, auch die ganze Vorgeschichte Brigittas und des Majors hätte einschalten oder vorschalten lassen können.

5

Die analytische Erzählung nicht als Rekonstruktion eines außerliterarischen Erfahrungsmusters, sondern als spezifisch literarische Konstruktion wurde am deutlichsten, wo sie sich als Erzählung einer Geschichte im Medium der Erfahrung klassifizieren läßt. Mit dieser Klassifizierung ist eine weitere Möglichkeit, den Bereich der analytischen Erzählung typologisch zu differenzieren, bereits wahrgenommen. Wie unter pragmatischem Aspekt eine Skala zwischen einfacher und komplexer analytischer Erzählung angenommen wurde, so läßt sich unter poetologischem Aspekt eine Skala zwischen „sujetbedingter" und „technisch bedingter" analytischer Erzählung annehmen. In jenem Fall wäre die analytische Erzählkonstruktion mit dem Sujet „Erfahrungsgeschichte" schon gegeben, in diesem entstünde sie erst bei der technischen Verarbeitung des Sujets „Erfahrene Geschichte", und in der Mitte der Skala würden solche Erzählungen rangieren, in denen der Akzent gleichmäßig auf die Erfahrungsgeschichte und die erfahrene Geschichte verteilt ist, Erzählungen, in denen zwei gleichgewichtige Geschichten einander durchdringen.

Die Extreme der Skala sind natürlich nur theoretisch von Bedeutung. Die Praxis ist jeweils durch ein Mehr oder Minder bestimmt. Beispiele, in denen der Akzent nahezu ausschließlich auf der Erfahrungsgeschichte liegt, dürfte es nur im Bereich der einfachen Variante der analytischen Erzählung geben (wie sie etwa durch Canettis Aufzeichnung oder Brentanos ‚Austerfelsen' repräsentiert ist). Beispiele umgekehrt, in denen es nahezu ausschließlich um die erfahrene Geschichte geht, gibt es nur im Bereich der komplexen Form (‚Lucie Gelmeroth', ‚Brigitta').

Im Bereich der komplexen analytischen Erzählung, die durch die wechselseitige Beziehung von Betrachterfigur und Gegenfigur gekennzeichnet ist und allemal ein Aggregat aus den beiden Elementen der Erfahrungsgeschichte und der erfahrenen Geschichte darstellt, läßt sich die Rechnung prinzipiell in jedem Fall von beiden Seiten her aufmachen. Die Erfahrungsgeschichte klassiert die erfahrene Geschichte als ihr Objekt und damit als materialen Bestandteil des Sujets „Erfahrungsgeschichte"; die erfahrene Geschichte klassiert die Erfahrungsgeschichte als ihr Medium und damit als technisches Instrument zur Aufbereitung des Sujets „Erfahrene Geschichte". Typen sondern sich dementsprechend nur nach dem Gewicht, das der einen oder anderen Geschichte zukommt. Im ‚Öden Haus' ist das Verhältnis zwischen Erfahrungsgeschichte und erfahrener Geschichte ausgewogen; beide sind integrale Bestandteile des Sujets. Im ‚Rat Krespel' dominiert die erfahrene Geschichte sichtlich über die Erfahrungsgeschichte; jene ist Sujet, diese ist technisches Instrument. In der ‚Jesuiterkirche in G.' ist das Verhältnis zwischen Erfahrungsgeschichte und erfahrener Geschichte nicht eindeutig bestimmbar; diese gehört zweifellos zum Sujet, jene läßt sich sowohl als Bestandteil des Sujets wie als technisches Instrument auffassen. Im ‚Ritter Gluck' wird die Dialektik von Erfahrungsgeschichte und erfahrener Geschichte wie die Dialektik von Technik und Sujet in dem Maß irrelevant, wie das Erfahrene nicht zu einer Geschichte gerinnt. Die Beispiele sollten gezeigt haben, daß ebenso wie bei der ersten Typenreihe (einfache und komplexe analytische Erzählung) auch bei der zweiten (sujetbedingte und technisch bedingte analytische Erzählung) grundsätzlich mit einer gleitenden Skala zu rechnen ist. Den Extremen kommen lediglich solche Fälle nahe, in denen das in der Regel gleitende Spiel wechselseitiger Funktionsklassierung gleichsam auf der einen oder anderen Seite zum Stillstand kommt.

Diese Relativierung ist um so sachgerechter, als sich im konkreten Einzelfall verständlicherweise, da der Erfindungs- und Verarbeitungsvorgang literarischer Gebilde im nachhinein nur in den seltensten Fällen voll auszuleuchten ist, nicht immer mit Sicherheit entscheiden läßt, was nun – Henne und Ei – primär der Fassung des Sujets angehört, und was sekundär bei der technischen Aufbereitung des Sujets hinzugekommen ist. Daß die Unterscheidung trotzdem keineswegs müßig ist, bezeugen nicht nur hinreichend viele und hinreichend deutliche Beispiele, über deren bald technische, bald sujetbedingte

Konstitution keinerlei Zweifel aufkommen kann, sondern ergibt sich auch aus der Überlegung, daß ohne diese Unterscheidung überhaupt nicht von analytischer Technik als einem Darstellungsverfahren die Rede sein könnte, daß vielmehr alle hierher gehörigen Erscheinungen lediglich einem stofflich bestimmten System erzählter Handlungen zuzuweisen wären, und daß man sich damit, was wichtiger ist, grundsätzlich der Möglichkeit begeben würde, analytisches Erzählen, das freilich kein Selbstzweck ist, auf seine Funktionen hin zu befragen.

3. Kapitel

Mitteilungskonstruktion

1

„Eine Figur steht vor einem Rätsel": auf diese Formel ist die Ausgangssituation der analytischen Erzählung in allen ihren Spielarten zurückzuführen, wenn man sich damit begnügt, sie unter pragmatischem Aspekt als Phase der erzählten Handlung zu betrachten. „Der Autor erzählt von einer Figur und einem Umstand, der sich in der Sicht dieser Figur rätselhaft ausnimmt": auf diese Weise ist die Formel zu modifizieren, wenn man die Ausgangssituation unter poetologischem Aspekt in den Zusammenhang des Darstellungsverfahrens stellt, dessen sich der Autor im Umgang mit dem Substrat seiner Erzählung bedient. „Der Autor stellt damit mittelbar den Leser vor ein Rätsel": um diesen Zusatz ist die Formel zu erweitern, wenn man die Ausgangssituation unter kommunikativem Aspekt als Phase im Mitteilungskontinuum der Erzählung begreift. Dasselbe gilt entsprechend für die Schlußsituation. Als Handlungsphase betrachtet, ist sie der Moment, in dem eine Figur die Lösung des Rätsels findet; als Darstellungsphase betrachtet, ist sie der Moment, in dem der Autor die Figur mit den bis dahin zurückgestellten Umständen bekannt werden läßt und in dem er die Synchronisation von Erzählvorgang und erzähltem Vorgang erreicht; als Mitteilungsphase aufgefaßt, ist sie der Moment, in dem der Autor den Leser mittelbar durch die Aufklärung der Figur mit der Lösung des Rätsels bekannt macht. Präsentiert sich die analytische Erzählung insgesamt unter pragmatischem Aspekt als Prozeß von Wahrnehmung über Analyse zur Klärung und unter poetologischem Aspekt als Kompositionsgebilde nach dem Prinzip des Hysteron proteron, so erscheint sie unter kommunikativem Aspekt als Mitteilungsprozeß nach dem Schema „Ein Rätsel und seine Lösung".

Zur Veranschaulichung der letzteren Spezifizierung und ihrer Problematik ist es nötig, weiter auszuholen und eine Typologie der Rätsel-Lösungs-Konstruktionen wenigstens in Umrissen zu skizzieren, und dazu ist es zunächst erforderlich, den Begriff Rätsel genauer zu bestimmen. Er wurde bisher zum einen in seinem weitesten und zugleich populären Sinn verstanden: nicht als regelrechte Rätselaufgabe, die von jemandem, der die Lösung kennt, einem anderen, der sie nicht kennt, mit der Aufforderung sie zu suchen gestellt wird, sondern, wie das Grimmsche Wörterbuch die weitere Bedeutung formuliert, als „alles, was dem geiste dunkel erscheint und ihn zum nachdenken und zum streben darüber klar zu werden, auffordert".[1] Er wurde zum andern grundsätzlich textimmanent auf die erzählte Situation bezogen: als das Bündel von Fragen, die sich der Betrachterfigur angesichts einer für sie undurchsichtigen Person, Sache oder Begebenheit stellen. Der arme Spielmann war dem Erzähler bei Grillparzer ein Rätsel, das öde Haus dem Betrachter bei Hoffmann, der Umstand, daß unter den Stadtbewohnern von Lucie Gelmeroth als einer Missetäterin die Rede ist, dem Erzähler bei Mörike. Die Situation des Lesers blieb dabei außer Betracht. Im folgenden wird der Begriff einerseits weiterhin in seinem umfassenden Sinn verwendet, andrerseits aber grundsätzlich auf den Leser bezogen. Der Leser, nicht die Betrachterfigur soll als Rätselempfänger gelten und entsprechend der Autor in letzter Instanz als Rätselgeber. Dabei ist zu unterscheiden, ob der Leser unmittelbarer oder mittelbarer Rätselempfänger ist. In der analytischen Erzählung, idealtypische Realisierung vorausgesetzt, wird der Leser stets mittelbar mit Rätseln konfrontiert; unmittelbarer Rätselempfänger ist hier die Betrachterfigur; der Leser wird zum Rätselempfänger erst dadurch, daß die Gegenstände, die sich für die Betrachterfigur rätselhaft ausnehmen, aus der Perspektive der Betrachterfigur dargestellt werden. Das ist aber schon der kompliziertere Fall. Der einfachere Fall liegt vor, wenn der Leser unmittelbar mit Rätseln konfrontiert wird, nicht durch die Darstellung von rätselhaften Dingen, sondern durch rätselhafte Darstellung, nicht durch die erzählte Sache, sondern durch die erzählende Rede, die in diesem Fall, populär ausgedrückt, Rede in Rätseln ist und die man in Analogie zur rhetorischen Frage als „rhetorisches Rätsel" bezeichnen kann: Der Sprecher des Textes stellt es, gibt es dem Hörer implizit durch den Kontext oder explizit durch eigens gesetzte Rätselsignale als Rätsel zu erkennen und gibt dabei zugleich zu verstehen, daß er es früher oder später durch weiteren Text lösen wird.

Das rhetorische Rätsel ist keine spezifisch erzählerische Erscheinung und nicht einmal eine der geschriebenen oder gesprochenen Rede, sondern Element einer allgemeinen Informationsstruktur. Es ist überall zu beobachten, wo einerseits die Voraussetzung sukzessiver Informationsvermittlung gegeben ist, also auch in Bildfolgen und Bild-Text-Sequenzen, und wo andrerseits appellierende Informationsweise nicht verschmäht wird, wo mit einem Ausdruck aus Lessings Theorie des Epigramms „Erwartung" erregt und durch „Aufschluß" befriedigt wird.[2] Bestimmbarkeit und Wirksamkeit des rhetorischen Rätsels sind im übrigen an vier allgemeine Bedingungen geknüpft.

Die erste besteht darin, daß die Kommunikationsform, in der es angewendet wird, aufs Ganze gesehen dem Gesetz der zureichenden Information gehorcht, da anders das rhetorische Rätsel, das sich allemal als vorgängige, meist spielerische Abweichung davon präsentiert, nicht erkennbar und damit auch keine Lösung als Wiederherstellung der Norm erwartbar wäre.

Als zweite Bedingung ist anzunehmen, daß die Informationsmenge, die den Komplex aus Rätsel und Lösung bildet, von hinreichender Größe ist. Ist sie zu klein, etwa wenn die Struktur sich nur über eine Spanne von Satz zu Satz oder sogar innerhalb eines Satzes erstreckt, so kommt das Rätsel nicht zur Geltung; es schließt sich vielmehr als bloß vorinformierendes Unbestimmtheitsmoment während der Rezeption automatisch mit der Lösung als bloß nachinformierendem Erklärungsmoment zu einer einzigen Informationseinheit zusammen, deren spezifische Gliederung in zwei miteinander korrespondierende Teile allenfalls theoretisch von Interesse ist, praktisch in der Kommunikation aber keine Rolle spielt.

Die dritte Bedingung ist damit schon angedeutet. Sie besteht darin, daß die Informationsmenge, die das Rätsel bildet, als formal abgrenzbare Informationseinheit von gewisser Selbständigkeit in Erscheinung tritt, mit anderen Worten: daß die innere Strukturgrenze, die Rätsel und Lösung voneinander trennt, während der Rezeption bemerkbar wird. Wird sie nicht bemerkt, so verfließt die Struktur, das Rätsel wird nicht als Rätsel greifbar und der Text stellt sich wie jeder beliebige Text als widerstandslos und fraglos von Unbestimmtheit zu Bestimmtheit verlaufender Determinationsprozeß dar.[3]

Als vierte Bedingung ist schließlich für das praktische Funktionieren der Struktur geltend zu machen, daß die Spannung zwischen Rätsel und Lösung aufrechterhalten und nicht durch zu große Mengen zwischengeschalteter, im Hinblick auf die Struktur irrelevanter Informationen zerrissen wird. Die Struktur büßt ihre Wirksamkeit ein, wenn das Rätsel nicht stark genug ausgeprägt ist, um die auf die Lösung gerichtete Erwartung für längere Strecken wachzuhalten, oder wenn die zwischengeschalteten Informationen ihrerseits so viel Interesse in Anspruch nehmen, daß das Rätsel darüber in Vergessenheit gerät.

Von den zahlreichen Formen, in denen das rhetorische Rätsel vorkommt und die sich auf die unterschiedlichste Weise gruppieren lassen, sollen im folgenden vier typische Varianten unterschieden und an Textbeispielen erläutert werden: der „unstimmige“ und der „chiffrierte“, der „voraussetzungsvolle“ und der „lückenhafte Informationskomplex“. Im Zusammenhang mit der Erläuterung dieser eindeutig rhetorischen Formen (Rätsel unmittelbar und ausschließlich für den Leser) soll jeweils der Übergang zur Grundsituation der analytischen Erzählung (Rätsel unmittelbar für die Betrachterfigur, mittelbar für den Leser) gezeigt werden. Das Zwischenglied bildet der „perspektivierte Informationskomplex“. Da die Abschätzung dessen, was als Rätsel gelten soll, von semantischen Konventionen abhängt, die dem historischen Wandel unterliegen, werden bei der Erläuterung jeweils Beispiele zugrunde gelegt, über deren Rätselcharakter sich am ehesten Übereinkunft erzielen läßt: zeitgenössische Beispiele aus nichtfiktionalem Bereich (Zeitung, Essay) bzw. zeitgenössische oder historische Beispiele aus dem Bereich der Erzählung, in denen das

Verrätselungs-Enträtselungs-Prinzip vom Autor explizit namhaft gemacht wird.

2

Das rhetorische Rätsel als unstimmiger Informationskomplex ist besonders sinnfällig. Es besteht in dieser Variante aus einer in sich begrenzten Texteinheit, die durch semantische Inkongruenz mindestens zweier ihrer Elemente gekennzeichnet ist und zugleich die Aufhebung der Unstimmigkeit durch weiteren Text in Aussicht stellt. Zur Illustration zunächst ein Beispiel, in dem diese Form nicht nur verwendet wird, sondern zugleich Gegenstand spielerischer Reflexion ist.

Hermann Kant erzählt unter dem Titel ‚Gold' eine Geschichte, die sich zu Beginn wie die Geschichte eines Goldsuchers liest. „Als mein Vater das Gold gefunden hatte, freuten wir uns alle sehr",[4] lautet der gespielt-naive Anfangssatz, der, im weiteren mehrfach wiederholt und auch als Schlußsatz verwendet, den faktischen Kern der Story bezeichnet. Danach ist pathetisch-ironisch von Größe die Rede, von Heroismus, von „sauer verdientem Fund nach zermürbend langem Wünschelrutengang", wobei Sisyphus und Kolumbus zitiert werden.[5] Mit der ironischen Formel „Kolumbus hat Indien gefunden und mein Vater Gold" schließt der Passus ab.[6] So unverkennbar ironisch der Text sich darstellt, so wenig gibt er dem Leser eine Handhabe, aus dem Erzählten etwas anderes herauszulesen als das Bild eines Goldsuchers. Gerade dies aber wird vom weiteren Text zunächst in Frage gestellt, dann abgewiesen und schließlich sogar dem Leser als dessen eigene irrige Zutat angelastet: „Habe ich etwa gesagt, mein Vater sei in mexikanischen Wüsten oder sibirischen Bergen herumgeirrt? Kein Wort davon. In diese Landstriche ist der Leser abgewandert, kaum daß von Goldsuchen die Rede gewesen ist. Die Phantasie ist mit ihm durchgegangen".[7]

Das Moment, das die Unstimmigkeit des Textes sichtbar macht und damit den Text zum Rätsel werden läßt, wird folgendermaßen vorbereitet: Der Erzähler konstatiert, wie er vorgibt, mit einem überprüfenden Blick auf das bis dahin Geschriebene, daß der Leser daraus entnehmen könnte, sein Vater „habe vom Antritt seiner Reise bis zu ihrem glückhaften Ende" „von nichts anderem als von der Hoffnung gelebt", und er möchte diesen „möglichen Ansatzpunkt zu einer Legende" sogleich ausräumen: „Hoffnung, sage ich daher, Hoffnung kann treiben, spornen, ja peitschen, aber satt macht sie nicht. Satt machten meinen Vater und uns seine gelegentlichen Funde an Blei, Zink, Kupfer und Messing und sein fester Wochenlohn ...".[8] Die Wörter „Messing" und „Wochenlohn" nehmen sich in diesem Zusammenhang rätselhaft aus. Sie passen nicht zu dem Bild des Goldsuchers, das der Text bis dahin suggeriert hat, und für den Leser stellt sich damit die Frage, wie sie zu verstehen sind oder wie das vorher nahegelegte Bild des Goldsuchers zu verstehen ist. So oder so zeigt der Text mit den beiden Wörtern, daß er (im Sinn der ersten Bedingung) gegen die Norm der zureichenden Information verstößt und daß er einer Ergänzung bedarf, die die Unstimmigkeit beseitigt. Der Erzähler stellt diese Reflexion im Namen des Lesers selber an. Zu dem einen Stichwort bemerkt er: „Hatte man denn in der Geschichte eines Goldsuchers die Erwähnung so ordentlich-langweiliger Dinge wie Wochenlöhne erwarten können?“[9] Und zu dem anderen erklärt er, daß Messing, wie jedermann wisse, ein Kunstprodukt sei und nicht in der Natur vorkomme: „Goldsucher können auf Blei und Kupfer und alles mögliche stoßen, nicht aber auf Messing“.[10]

Die Lösung des Rätsels, die Antwort auf die Frage, was für eine Art „Goldsucher“ hier gemeint ist, stellt sich eine weitere Seite später implizit ein, wenn der Erzähler schildert, wo sein Vater das Gold gefunden hat, nämlich auf dem Abfallplatz. Auch dieser Umstand wird allerdings nur umschrieben. Der Erzähler nennt den Fundort nicht beim Namen, sondern zählt auf, was es da sonst noch zu sehen und zu finden gibt, beispielsweise leere Flaschen: „Wo Messing ist, da sind auch leere Flaschen. Ebensogut könnte ich sagen: Wo Messing ist, da sind auch tote Kanarienvögel, verbrannte Krawatten, fabrikneue Stilleben, jahrgangweise gebündelte Kirchenanzeiger, gläserne Augen mit zerkratzten Pupillen, Emailschilder, auf denen ‚Vor dem Hunde wird gewarnt!!!‘ steht oder ‚Hier werden Ohrlöcher gestochen!‘, und knebellose Wasserhähne.“[11]

Zwischen Rätsel und Lösung ist eine allgemeine Reflexion eingeschaltet. Sie nimmt die Funktion eines expliziten Rätselsignals wahr und markiert zugleich (im Sinn der dritten Bedingung) die innere Strukturgrenze zwischen Rätsel und Lösung, geht aber dabei weit über den Anlaß der Behebung einer Unstimmigkeit hinaus. Sie entfaltet sich zu einer kleinen Theorie des Erzählens und des Lesens. Unmittelbar nachdem die Stichworte „Messing“ und „Wochenlohn“ gefallen sind, heißt es: „Niemand, dem es über dem letzten Satz die Augenbrauen hochzieht, braucht sich dessen zu schämen, bestätigt diese Skepsis andeutende Muskelbewegung doch nur, daß er kein sklavisch dem Buchstaben ausgelieferter Worteschlucker, sondern ein idealer und das heißt ein hellwacher Leser von Urteil ist. Er ist der Mann, mit dem man rechnen muß, wenn man eine Geschichte erzählt, ja eigentlich ist er es allein, dem man sie erzählt. Und wenn man das Gefühl hat, ihm werde eine, die man vortragen wollte, nicht ein einziges Mal die Augenbraue hochtreiben, dann soll man es aufgeben und sich, wenn nicht gleich nach einem anderen Beruf, so doch wenigstens nach einer anderen Geschichte umsehen.“[12] Und noch allgemeiner: „Ich neige zu der immer mehr um sich greifenden Auffassung, daß zur Unterhaltung Aufgeschriebenes oder auf Bühnen Vorgeführtes stutzen machen, glauben machen soll, man habe nicht recht gehört oder gesehen. Literatur – und ich bin mir der Unbescheidenheit meiner Wortwahl in diesem Zusammenhang durchaus bewußt –, Literatur muß sich auf den ersten Blick wie ein Druckfehler ausnehmen."[13] Worauf dann das Stichwort „Wochenlohn" wiederaufgenommen wird: „Und nahm sich nicht zumindest das Wort ‚Wochenlohn' in jenem in drei Pünktchen auslaufenden Satz, hinter dem sich der Zeigefinger der Theorie erhob, wie ein Druckfehler aus?"[14]

Die ganze Passage ist, wie die ganze Erzählung, ein vielfach gebrochenes ironisches Spiel. Nicht nur, daß sich innerhalb der Reflexion eine Reflexion gegen das Reflektieren in der Erzählung richtet, und nicht nur, daß die Reflexion den Gang der Erzählung retardiert und damit die Antwort auf die Rätselfrage hinauszögert: vor allem besteht die Ironie darin, daß es überhaupt erst die Betrachtung des Erzählers ist, was den Leser, der ohne zu stutzen über die beiden Stichworte hinweggelesen hat, auf das Rätsel aufmerksam werden läßt, und nicht weniger ironisch in Tristram Shandys Manier gibt sich schließlich, nachdem die Lösung des Rätsels implizit schon gegeben worden ist, der Abschnitt, mit dem diese Episode endet: „Der Leser, mit dem ich rechnete, als ich diese Geschichte anfing, der intelligente Leser also, wird inzwischen längst wissen, wo mein Vater Gold gefunden hat, und er wird beleidigt sein, wenn ich das Überflüssige ausspreche. Aber er möge bedenken, daß stets auch ein paar andere mitlesen, solche, denen man immer sagen muß, was man sagen will. Denen sage ich (die anderen können bis zum nächsten Absatz pausieren): Mein Vater . . . aber nein, es geht wirklich nicht; ich setze den Fuß wieder nieder, den Fuß, der schon angehoben war zum Schritt hinüber ins platte Land, ins Land der Plattheiten; ich habe mich entschieden, es mit den Kennern zu halten und den Zorn jener nicht zu fürchten, die fortan mit einem weiteren Rätsel werden leben müssen. Doch den letzteren zum Trost sei gesagt, daß der größte Spaß auf dieser Welt von ihren Rätseln herkommt. Wo und was wären wir denn, wenn wir nichts zu raten hätten?"[15]

Einen anschaulichen Begriff für das rhetorische Rätsel allgemein liefert Hermann Kant im weiteren Verlauf seiner Erzählung selbst. Anläßlich des Diebstahls einer Ziege, die, wie der Erzähler unumwunden mitteilt, ein Arbeitskollege des Vaters entwendet hat, heißt es: „Wäre ich auf eine Kriminalgeschichte aus, so hätte ich mit diesem Bescheid die Pointe verschossen; da ich aber vom Künstlertum meines Vaters sagen will, räumte ich mit meiner Enthüllung nur ein *irritierendes Fragezeichen* aus dem epischen Flusse, der uns weiter tragen soll als in das Röhricht eines stümperhaften Eigentumsdeliktes."[16]

Dasselbe Verfahren benutzt Hoffmann zu Beginn des ‚Meister Floh'. Der Untertitel des Ersten Abenteuers verspricht zwar, daß „der geneigte Leser" in der Einleitung „so viel aus dem Leben des Herrn Peregrinus Tyß erfährt, als ihm zu wissen nötig",[17] der Text aber löst dieses Versprechen erst auf Umwegen ein. Nach einigen allgemeinen Bemerkungen über das Anfangen einer

Geschichte, wie Hoffmann sie liebt,[18] führt die Erzählung in medias res: Peregrinus Tyß in freudiger Erregung am Weihnachtsabend. Die Situation ist mit allen Mitteln des Detailrealismus ausgemalt. Peregrinus ist erstaunt und entzückt beim Anblick der reichen Gaben, gibt seiner Begeisterung Ausdruck („O meine lieben Eltern! – o meine gute Aline!"),[19] probiert ein Steckenpferd aus, mustert seine Geschenke. Das Bild, das sich für den Leser aus den erzählten Details herstellt, läßt zunächst an Klarheit, Bestimmtheit und Eindeutigkeit nichts zu wünschen übrig. Es wird in seiner Eindeutigkeit auch dann noch nicht beeinträchtigt, wenn es heißt: „Mit Verdruß gewahrte er jetzt, daß nur eine Hasen- und Fuchsjagd vorhanden, die Hirschjagd so wie die wilde Schweinsjagd aber durchaus fehlte",[20] denn dieser Satz läßt den Leser, ohne ihm besonderen Scharfsinn abzuverlangen, den einfachen Schluß ziehen, daß Peregrinus offenbar etwas vermißt, was er sich gewünscht und unter den Weihnachtsgaben zu finden gehofft hatte. Das Bild verliert jedoch seine Eindeutigkeit, wenn die Erzählung fortfährt: „Auch diese Jagd mußte ja dasein, keiner konnte das besser wissen als Peregrinus, der alles selbst mit unsäglicher Mühe und Sorgfalt eingekauft".[21] Der Text gerät damit zum Rätsel. Wie sich bei Hermann Kant der Umstand, daß der Vater einen festen Wochenlohn bezieht, nicht ohne weiteres mit dem vorher entworfenen Bild des Goldsuchers verträgt, so läßt sich hier der Umstand, daß Peregrinus alle seine Geschenke selbst eingekauft hat, nicht ohne weiteres vereinbaren mit den vorher erzählten Umständen, aus denen der Leser nichts anderes entnehmen kann, als daß Peregrinus ein Kind ist, und wie bei Hermann Kant sieht sich der Leser damit vor eine Rätselfrage gestellt, deren Beantwortung er vom weiteren Text erwarten darf. Hoffmann kostet die Situation, in die er den Leser versetzt hat, nicht anders als Hermann Kant auf ebenso spielerische wie ironische Weise aus. Er schaltet sich zunächst mit einem Kommentar ein, berichtet dann summarisch über die Vorgeschichte seines Helden und führt die Erzählung schließlich zu der Ausgangssituation zurück. Der Kommentar lautet: „Doch! – höchst nötig scheint es, den günstigen Leser vor den ärgsten Mißverständnissen zu bewahren, in die er geraten könnte, wenn der Autor ins Gelag hinein weitererzählte, ohne daran zu denken, daß er wohl weiß, was es mit der ganzen Weihnachts-Ausstellung, von der gesprochen wird, für ein Bewandtnis hat, nicht aber der gütige Leser, der eben erfahren will, was er nicht weiß."[22] Und in einem eigenen Absatz, der die vom bisherigen Text suggerierte Leservorstellung aufnimmt, heißt es weiter: „Sehr irren würde jeder, welcher glauben sollte, daß Peregrinus Tyß ein Kind sei, dem die gütige Mutter oder sonst ein ihm zugewandtes weibliches Wesen, romantischer Weise Aline geheißen, den Heiligen Christ beschert. – Nichts weniger als das! –"[23] Der Bericht setzt dann mit der pointierten Erklärung ein: „Herr Peregrinus Tyß hatte sechsunddreißig Jahre erreicht und daher beinahe die besten",[24] kommt erst allmählich auf Peregrinus' besondere „Gemütsart"[25] zu sprechen und eröffnet erst nach einigen Seiten, daß Peregrinus, zusammen mit seiner Haushälterin Aline, regelmäßig fiktive Familienfeste veranstaltet, bei denen er sich in die Rolle des Kindes versetzt und in der Phantasie den Umgang mit seinen verstorbenen Eltern genießt.[26] Damit erst ist das Rätsel gelöst, die provozierende Unstimmigkeit beseitigt, das von Anfang an falsche, aber erst im Lauf der Erzählung als trügerisch sichtbar gemachte Bild korrigiert.

3

Beispiele für rhetorische Rätsel in nuce liefert alltäglich die Zeitung, zumal die Boulevardpresse und hier zumal in Schlagzeilenüberschrift und Eingangsphase einzelner Artikel. Die Schlagzeile[27] präsentiert sich allgemein als rhetorisches Rätsel immer dann, wenn sie ihre Funktion, zusammenfassend und vorläufig eine Kurznachricht zu übermitteln, nicht voll erfüllt, wenn die Unbestimmtheit, die mit ihrer Kürze automatisch gegeben ist, ein so hohes Maß erreicht, daß der Leser sie von sich aus ohne Vorkenntnis nicht beseitigen kann. Beispiele, in denen die Unbestimmtheit sich speziell als Unstimmigkeit (semantische Inkongruenz) niederschlägt, sind etwa die folgenden: „Aschenbecher öffnete die Tür",[28] „Eisbombe fiel vom Himmel",[29] „Die Milch kommt auf leisen Sohlen".[30] In solchen Fällen lassen sich die Faktoren, die die Unbestimmtheit verursachen, kaum mehr durch Fragen lokalisieren. Der Leser, der rätselnd über den Satz „Aschenbecher öffnete die Tür" auf die Suche nach dem Textelement geht, das die Störung der semantischen Kongruenz verursacht, und sich dabei entscheidet, in dem Wort „Aschenbecher" die Metapher zu sehen, wird ebenso genarrt wie der Leser, der das Wort „Tür" für den metaphorischen Ausdruck hält, denn der entschlüsselnde Text erweist ausgerechnet das Wörtchen „öffnete" als den fraglichen Ausdruck:[31] „öffnete" steht für „war Anlaß für Öffnung"; der Kurzsatz verklausuliert die im Text dann ausgebreitete Tatsache, daß eine Gangsterbande, um sich den Zugang zu einem Gebäude zu verschaffen, den Öffnungsmechanismus einer Tür mit einem schweren Aschenbecher blockiert hatte. Schlagzeilen dieser Art, die natürlich immer nur kuriosen Nachrichten auf den Unterhaltungsseiten der Zeitung gelten, sind, wenn man sie für sich betrachtet, nichts als Unsinnssätze, da sie aber im Hinblick auf den anschließenden Text betrachtet werden müssen, nichts als spielerische Rätselsätze: sie geben dem Leser ein Rätsel auf, das allerdings ebensowenig wie das rhetorische Rätsel in der Erzählung dazu bestimmt ist, vom Leser gelöst zu werden, sondern als „Aufhänger" oder „Anreißer" nur darauf angelegt ist, ihn zur Lektüre des ausführenden Textes zu reizen.

Anders als im Regelfall des rhetorischen Rätsels in der Erzählung (und deshalb dieser Exkurs) sind bei der rätselhaften Schlagzeile Zweifel an der

Erfüllung der angegebenen Strukturbedingungen so weit wie möglich ausgeschlossen. Kein Zweifel an der Erfüllung der ersten Bedingung: mit dem Kontext der Zeitung ist eine Norm gesetzt, die jedes Übermaß an Unbestimmtheit von vornherein als zu beseitigenden Störungsfaktor ausweist. Kein Zweifel an der Erfüllung der zweiten Bedingung: die Schlagzeile enthält, da sie üblicherweise der Übersichtsinformation dient, eine Informationsmenge von hinreichender Größe, um der Struktur das nötige Rückgrat zu geben. Kein Zweifel an der Erfüllung der dritten Bedingung: die innere Strukturgrenze zwischen Rätsel und Lösung ist durch das typographische Arrangement sogar äußerlich sichtbar gemacht. Kein Zweifel schließlich im Hinblick auf die vierte Bedingung: die rätselhafte Schlagzeile bleibt wie jede Schlagzeile während der Lektüre des Nachrichtentextes ständig im Blickfeld, so daß ihre Rätselhaftigkeit nicht in Vergessenheit geraten kann.

Zweifel allerdings von Fall zu Fall aufs neue, bei der rätselhaften Schlagzeile nicht anders als beim rhetorischen Rätsel in der Erzählung und bei allen Informationseinheiten dieser Art, an der grundsätzlichen Möglichkeit, Rätselhaftigkeit als Übermaß an Unbestimmtheit überhaupt dingfest zu machen, da Unbestimmtheit allemal nur als ein Mehr oder Minder greifbar wird und allemal vom Hörer abgeschätzt werden muß. Gegenüber zeitgenössischen und nichtliterarischen Texten gewährt die Berufung auf Plausibilität und Konvention zwar immer wieder ein hinreichendes Maß an Sicherheit für die Entscheidung, und zudem ergibt sich hier jedesmal die Möglichkeit der Kontrolle durch nachträgliche Gegenprobe, so daß etwa in bezug auf die Zeitungsnachricht: „Die Milch wird künftig in 10-Liter-Kunststoffbehältern ausgeliefert" füglich gesagt werden darf, daß sie jedermann verständlicher ist als ihre Verschlüsselung in der Schlagzeile: „Die Milch kommt auf leisen Sohlen". Gegenüber historischen und fiktiven Texten dagegen bedarf es von Fall zu Fall der Darlegung umfangreicheren Materials, ehe eine auch nur halbwegs stichhaltige Entscheidung darüber gefällt werden kann, ob und wieweit ein Textabschnitt als rhetorisches Rätsel gelten kann oder ob er nur dem heutigen Leser als solches erscheint. Immerhin ist diese Unsicherheit ein Problem, das nicht nur angesichts der hier diskutierten Form eine Rolle spielt. Ebenso sind beispielsweise Ironie, Lüge, Metapher, zumal in historischen Texten, nur im Rahmen semantischer Konventionen bestimmbar.[32]

Die Frage der mehr oder weniger exakten Bestimmbarkeit des rhetorischen Rätsels kann nun allerdings als eine rein klassifikatorische Frage müßig erscheinen. Sie ist aber zumindest insofern nicht bedeutungslos, als sie nur die andere Seite dessen darstellt, was der Leser im Vollzug der Rezeption mit einiger Wahrscheinlichkeit vom folgenden Text berechtigterweise erwarten darf, wobei zu berücksichtigen ist, daß eben diese Erwartung den Rezeptionsprozeß vorgängig schon mitbestimmt. Wo immer das rhetorische Rätsel als solches registriert wird, wird auch schon seine Lösung erwartet, zumindest eine spezielle Erwartungsrichtung festgelegt. Die Möglichkeit, daß der Text diese Erwartung dann enttäuscht, ist natürlich nicht ausgeschlossen, doch ist gegenüber solchen Fällen geltend zu machen, daß dann eben auch die Erwartungsenttäuschung registriert wird.

4

Das rhetorische Rätsel als unstimmiger Informationskomplex, die Lösung als Aufhebung der Unstimmigkeit durch einen erklärenden Nachtrag: die Beispiele von Hermann Kant und E. T. A. Hoffmann zeigen diese Variante der Rätselstruktur im auktorialen Erzählbereich und damit unmittelbar in der Kommunikation zwischen Autor und Leser. Dieselbe Rhetorik ist aber unschwer auch in der Kommunikation von Figuren untereinander und erst mittelbar in der Kommunikation zwischen Autor und Leser vorstellbar. Wie der Sprecher des Textes den Hörer, so kann eine Sprecherfigur im Text eine Hörerfigur vorerst mit einem Rätsel konfrontieren und es dann lösen, und damit dieses Rätsel auch für den Leser zum Rätsel wird, braucht der Autor lediglich im vorangehenden Text die Voraussetzungen, die die Sprecherfigur in ihre Rede impliziert, auszusparen und die Rede selbst unkommentiert wiederzugeben. Dabei ist allerdings zu berücksichtigen, daß die rätselhafte Rede im Figurendialog nicht nur, wie die rätselhafte Rede des Autors oder des auktorialen Erzählers, ein rhetorisches, sondern zugleich ein Handlungselement ist.[33] Sie ist eingelagert in eine erzählte Situation, zu der als weiterer konstitutiver Bestandteil die Reaktion der Hörerfigur und dann erst die Erklärung der Sprecherfigur gehört. Läßt man die Möglichkeit außer Betracht, daß der Autor sich mit einem für den Leser klärenden Kommentar in die Dialoghandlung einschaltet (womit das Rätsel-Lösungs-Schema sozusagen voreilig erfüllt würde und was allerdings nicht eben im Sinn dieses meist auf Spannung und Überraschung abzielenden Schemas wäre), so ist demnach die Folgeinformation, die der Leser im Anschluß an die rätselhafte Rede der Sprecherfigur zu erwarten hat, gerade nicht unverzüglich die Lösung, sondern konform den Gesetzen der Handlungsdarstellung zunächst einmal eine Information darüber, wie sich die Hörerfigur, an die die Rede unmittelbar gerichtet ist, daraufhin verhält. In der Kommunikation zwischen Autor und Leser fungiert diese Information dann als implizites Rätselsignal. Der Eindruck der Rätselhaftigkeit, den der Leser aus der Rede der Sprecherfigur gewonnen hat, wird ihm durch die Reaktion der verwundert sich fragenden oder sogleich zurückfragenden Hörerfigur bestätigt.

Ein instruktives Beispiel dafür bietet Goethes Novelle ‚Wer ist der Verräter?'. Gegen Ende dieser Einlage in den ‚Wanderjahren' bedient sich Julie im Gespräch mit Lucidor, offensichtlich zitierend, einiger charakteristischer Ausdrücke, die ihr in der Sicht des Lesers, dem sie aus einem der vorangegangenen geheimen Selbstgespräche Lucidors bekannt sind, nicht bekannt sein können. Der eifersüchtige Lucidor hatte bei sich seinen Nebenbuhler Antoni wegen dessen Reiselust abfällig einen „Anton Reiser" und „ewigen Juden" genannt, der zu dem „zappligen Quecksilber" Julie besser passe als zu der häuslichen Lucinde: „Was will denn der Anton Reiser mit Lucinden, die für das Haus geboren ist, um glücklich zu sein und Glück zu schaffen? hefte sich doch das zapplige Quecksilber an den ewigen Juden, das wird eine allerliebste Partie werden".[34] Nachdem nun die Liebenden – Julie und Antoni, Lucinde und Lucidor – einander gefunden haben, dient Julie ein Kompliment für Antonis Reisechaise, in der sie zusammen mit Lucidor eine Probefahrt unternimmt, zum Vorwand für ihre Anspielung: „Im Aussteigen rief sie aus: ‚Das gestehen Sie doch, der ewige Jude, der unruhige Anton Reiser weiß noch seine Wallfahrten bequem genug einzurichten, für sich und seine Genossen; es ist ein sehr schöner bequemer Wagen.'"[35] Damit ist das Rätsel in der Kommunikation zwischen Autor und Leser etabliert. Der Leser, dem die Anspielung nicht entgeht, erkennt darin eine Unstimmigkeit des Textes und fragt sich, wie Julie zu diesem ihrem Wissen gekommen sein kann, denn daß es sich bei dem Zitat lediglich um ein stilistisches Detail ohne Vorgangswert handeln könnte, ist durch den Kontext ausgeschlossen: die Probefahrt soll, wie Julie vorher bemerkt, auch dazu dienen, Lucidor auf eine Probe zu stellen.[36] Dennoch ist, was der Leser vom anschließenden Text berechtigterweise erwarten darf, vorerst nicht die Lösung, etwa durch einen auktorialen Kommentar, sondern im Zug der Handlungsdarstellung die Verankerung des Rätsels in der erzählten Situation als Rätsel für Lucidor, dem die Rede Julies gilt. Er hat zu erwarten, daß Lucidor fragend auf Julies Worte reagiert und daß dadurch seine, des Lesers, Frage bestätigt wird. Der Text erfüllt diese Erwartung mit dem Wörtchen „sinnend": „Und so war sie auch schon den Hügel drunten", heißt es im anschließenden Absatz, „Lucidor folgte sinnend und fand sie auf einer wohlgelegenen Bank sitzend, es war Lucindens Plätzchen. Sie lud ihn zu sich".[37] Damit ist das Rätsel fest in der erzählten Situation verankert als Rätsel unmittelbar für Lucidor, mittelbar für den Leser. Der Ablauf wiederholt sich dann gleich noch einmal. Julie zitiert abermals aus Lucidors geheimem Selbstgespräch („Das kleine Quecksilber wollt' Ihnen gar nicht anstehen"), und Lucidor reagiert auf dieselbe Weise („Lucidors Verwunderung nahm zu").[38] Bevor Julie schließlich die Umstände erklärt, durch die der lauthals monologisierende Lucidor sich selbst verraten hat, spricht sie die von Beginn an in ihre Rede implizierte Frage, die zugleich die Frage des Lesers wie des betroffenen Lucidor ist, explizit aus: „Ich seh' es, auf Ihren Lippen schwebt die Frage, wer uns so genau unterrichtet hat?" – worauf Lucidor wiederum im Sinn des Lesers die Kombination anstellt: „Es steckt ein Verrat dahinter!"[39]

In den Beispielen von Hermann Kant und E. T. A. Hoffmann läßt sich das

Verrätselungsprinzip jedesmal mit derselben Eindeutigkeit ausmachen wie das rhetorische Rätsel als dessen Ergebnis. Der Autor verschweigt vorerst einen für das einsinnige Verständnis des Erzählten erforderlichen Umstand – Hermann Kant den Umstand, daß der Vater das Gold auf dem Abfallplatz gefunden hat, Hoffmann den Umstand, daß Peregrinus Tyß 36 Jahre alt ist und die Weihnachtsbescherung nur spielt. Betrachtet man das Beispiel von Goethe in diesem Zusammenhang, so läßt es das gleiche Schema erkennen: der Autor verschweigt vorerst, daß Lucidor in seinen geheimen Selbstgesprächen belauscht wird, und insofern ist hier wie dort von Verrätselungstechnik zu sprechen. Die Tatsache aber, daß das Rätsel bei Goethe in die Kommunikation von Figuren untereinander verlegt ist, läßt auch eine andere Betrachtungsweise zu: der Autor erzählt aus der Perspektive Lucidors und zeigt eine Situation, in der Lucidor durch Julies Rede vor ein Rätsel gestellt wird; Julie verschweigt vorerst, daß sie (zusammen mit anderen) Lucidor bei seinen Selbstgesprächen belauscht hat. So gesehen kann nicht unbedingt von Verrätselungstechnik des Autors im Hinblick auf den Leser die Rede sein. Der Autor bedient sich lediglich des nicht weiter bemerkenswerten Kunstgriffs, daß er seine Erzählung an der Sicht seines Helden orientiert, daß er erzählt, was dieser erfährt, und daß er es in der Folge erzählt, wie dieser es erfährt, wobei dann immer wieder Situationen unterlaufen können, in denen der Held sich vor ein Rätsel gestellt sieht, dessen Auflösung er erst später erfährt. Dies aber sind nichts anderes als Grundsituationen der analytischen Erzählung. Lucidor als Betrachterfigur, Julie als Gegenfigur; Julies Rede als Wahrnehmungs- und Unbestimmtheitsmoment, Lucidors verwunderte Reaktion als Reflexmoment, seine Kombination als analytisches Moment, Julies Aufschluß als Klärungsmoment. Die analytische Erzählweise, so viel läßt sich hier schon sagen, ist entweder in Handlung umgesetzte Verrätselungs-Enträtselungs-Technik und damit eine Rhetorik, die ihr eigenes Alibi gleich mitproduziert, indem sie sich selber kaschiert, oder aber zumindest eine Erzählweise, deren Anwendung es mit sich bringt, daß der Leser vorübergehend mit Rätseln konfrontiert wird.

Im vorliegenden Beispiel dominiert die Rhetorik merklich über die Handlungsdarstellung – schon in dem Maß, wie die analytische Form hier nur episodisch verwendet wird und dabei außerdem nur rudimentär entwickelt ist. Daß es in der ganzen Erzählung um ein Rätselspiel in der Kommunikation zwischen Autor und Leser geht, zeigt bereits der Titel ‚Wer ist der Verräter?' – zumal im Gegensatz zu dem die Pointe ausplaudernden Titel ‚Verräter sein selbst', den Goethe in den Annalen verwendet;[40] und daß der Autor die Möglichkeiten des Rätselspiels voll ausschöpft, geht besonders daraus hervor, daß er die Lösung bereits vor der Einführung des Rätsels im Text insgeheim deponiert. Der Leser wird schon früh mit der sonderbaren Gewohnheit Lucidors, sich in leidenschaftlichen Monologen zu ergehen, bekannt gemacht. Dabei liegt der Akzent in der Sicht der Erstlektüre auf der Tatsache des

Monologisierens, aufs Ganze gesehen zugleich aber auf der Leidenschaftlichkeit und damit auf der nicht gerade betonten, aber auch nicht verschwiegenen Tatsache, daß die Monologe laut geführt werden. Es ist dies einer der oft sogenannten „versteckten Hinweise", die eben, weil versteckt, keine Hinweise sind, wenigstens keine, denen eine unmittelbar rezeptionssteuernde Funktion zuzusprechen ist.

5

Von Rätselrhetorik ist auch zu sprechen, wenn der Autor in einem Text die Dechiffrierung von Chiffren, deren Schlüssel beim Leser nicht ohne weiteres vorausgesetzt werden kann, spielerisch hinauszögert. Mehr noch als beim unstimmigen Informationskomplex handelt es sich bei dieser Variante des rhetorischen Rätsels um eine Form, die kaum anders als zum Spaß Verwendung finden dürfte. Zur Illustration drei Beispiele in Kürze: eins aus der Journalistik, eins aus der Essayistik, eins aus dem Roman.

Erstes Beispiel: „Stamokap" als Kurzbezeichnung für die politisch-ökonomische Theorie des staatsmonopolistischen Kapitalismus ist heute (Ende 1973) in der Bundesrepublik ein geläufiges Kürzel. Anfang des Jahres war das noch nicht der Fall. ‚Der Spiegel' nutzte dieses Stadium in der Ausgabe vom 22. Januar 1973 zum Aufmacher eines Artikels über Auseinandersetzungen in der Frankfurter SPD. Nach dem Schema „Ein Rätsel und seine Lösung" serviert der Text die Chiffre zunächst unerklärt (Parteigenossen „suchten Lesenswertes über Stamokap"; auch Parteifreunde „begehrten Aufklärung über Stamokap"), signalisiert dann die Rätselhaftigkeit („das sonderbare Wort"), bringt schließlich die Dechiffrierung („Reizwort vom staatsmonopolistischen Kapitalismus") und in einer Fußnote die Erläuterung der Sache.[41] Das informationstechnische Prinzip ist nicht eigentlich vorgängige Verrätselung und anschließende Enträtselung, sondern nur vorgängige Aussparung und spätere Einholung einer für die Verständigung erforderlichen Angabe, was beides jedoch im Effekt auf dasselbe hinausläuft: Leserfang, Aufmerksamkeitserregung, Anreiz zur Lektüre.

Zweites Beispiel: Victor Klemperer überschreibt in seinem Buch über die Sprache des Dritten Reiches das Kapitel, das der damaligen Abbreviaturenmanie in ihrer Komik und mit ihren Hintergründen gewidmet ist, mit dem „Stummelwort" „Knif".[42] Er beginnt das Kapitel nicht etwa mit der Erläuterung des Titels, sondern mit dem Satz: „‚Knif' habe ich schon zwei Jahre vor dem Kriege das erstemal gehört", dem sich wiederum nicht, wie man erwarten könnte, die Erklärung des Wörtchens, sondern, umwegig und amüsant genug, die Schilderung der Situation anschließt, in der der Autor es zum erstenmal gehört hat. Der zweite Satz setzt zu einer Erklärung nicht der Chiffre, sondern des anderen Teils des ersten Satzes an, des Umstandes nämlich, wie und wann der Autor die Chiffre kennengelernt hat, und er endet, wie der erste angefangen hat, mit dem unerklärten fraglichen Ausdruck: „Berthold M., der gekommen war, seine letzten hiesigen Geschäfte abzuwickeln, bevor er nach Amerika hinüberging – (‚Wozu soll ich mich hier langsam abwürgen lassen? In ein paar Jahren sehen wir uns wieder!') –, Berthold M. sagte es auf meine Frage, ob er an die ständige Dauer des Régimes glaube: ‚Knif!'" Im dritten Satz wird spannungssteigernd noch das ebenfalls unerklärt servierte „Kakfif" hinzugefügt. Erst im vierten Satz, in dem zunächst die anfangs nur implizit durch die Anführungsstriche signalisierte Erklärungsbedürftigkeit explizit signalisiert wird („Ich sah ihn fragend an"), folgt die längst fällige Erklärung, daß „Knif" seinerzeit als Abkürzung für „Kommt nicht in Frage" und „Kakfif" für „Kommt auf keinen Fall in Frage" im Schwange war. Auch hier eine Informationsstrategie, die dem Prinzip der Verrätselung mit anschließender Enträtselung im Effekt gleichkommt, dabei aber schon Umsetzung des Schemas in erzählte Handlung ist. Nach dem berichtenden ersten Satz („habe ich ... gehört") geht der Autor allmählich zur Erzählung über. Der zweite Satz ist schon im Erzähltempus gehalten („Berthold M., der gekommen war, ... sagte es ..."), aber durch seine Beziehung auf den ersten Satz („Knif" – „es") noch an den Bericht gebunden. Vom dritten Satz an dominiert der Erzählgestus, und im Vollzug des Erzählens stellen sich dann schon typische Momente der analytischen Erzählung ein („Ich sah ihn fragend an" als Reflexmoment). Soweit der Text Bericht ist, ist „Knif" ein Rätsel unmittelbar in der Kommunikation zwischen Autor und Leser; soweit er Erzählung ist, unmittelbar in der Kommunikation zwischen Sprecherfigur und Hörerfigur und mittelbar erst in der Kommunikation zwischen Autor und Leser. Dort einfach rhetorisches Rätsel, hier kaschiert rhetorisches Rätsel.

Als drittes Beispiel das zum geflügelten Wort gewordene, scherzhafte „Räthsel des Tetem" aus Friedrich Theodor Vischers Roman ‚Auch Einer'. Es ist ähnlich wie Julies Anspielung gegenüber Lucidor angelegt, aber durchsichtiger noch in seiner Orientierung am Leser, obwohl es von vornherein pragmatisch in der analytischen Komponente des Romans fundiert ist. Der Titelheld gibt es dem aus der Erlebnisperspektive erzählenden Erzähler auf, ohne sich um die Reaktion seines Hörers zu bekümmern. Es ist somit zwar in der erzählten Situation verankert, und überdies ist es psychologisch motiviert, insofern es die Sonderlingsgestalt des Titelhelden charakterisiert, der sich zu seinem übrigen rätselhaften Gebaren auch sonst mit Vorliebe in Rätselreden ergeht. Dennoch kann die Motivierung der kleinen Szene, in der A. E. das alles andere als verständliche Lautgebilde „Tetem" nonchalant in seine Rede einfließen läßt und der Erzähler seine gehörigen Vermutungen darüber anstellt, was es damit auf sich habe, nicht darüber hinwegtäuschen, daß sie dem Autor als Alibi dafür dient, daß nicht er es ist, der den Leser mit diesen sinnlos aus dem Vers „Der mit verhärtetem Gemüte“ aus Gellerts geistlichem Lied von der Güte Gottes ausgeschnittenen Silben einstweilen zum Narren hält, sondern eine närrische Figur einen geduldigen Gesprächspartner.

Dem entspricht der ganze von diesem Wort ausgehende Motivstrang, der sich vom ersten bis in den zweiten Band des Romans hinüberzieht. Zumal das, was unter dem Gesichtspunkt der analytischen Handlung als „Widerstandsmoment“ gilt, erweist sich hier im Sinn einer rhetorischen Maßnahme als „retardierendes Moment“. Der mehrfach erneuerte Aufschub der Lösung ist zwar wiederum jeweils in der Situation motiviert, aber er ist sichtlich schwach motiviert. Zu Beginn muß der besondere Umstand, daß A. E. das Wort in einer abgerissenen Rede gebraucht, mit der er sich von dem Erzähler abrupt verabschiedet: „So? Tetem? Adjes!“, als Motivation dafür herhalten, daß sich die Erklärung nicht unverzüglich einstellen und der Erzähler nichts weiter tun kann, als das Rätsel zur Kenntnis zu nehmen und darüber nachzusinnen: „Es schien mir orientalisch ... Ein Spott mußte jedenfalls dahinter stecken“.[43] Bei der nächsten Gelegenheit wird die Rückfrage, die hier durch den eiligen Abgang der Sprecherfigur vereitelt wird, von der Hörerfigur vergessen. Erst nachdem der Erzähler sich von A. E. verabschiedet hat, fällt ihm ein, daß er „nicht dazu gelangt war, nach dem Sinn des seltsamen Wortes zu fragen“[44] – und dies, unwahrscheinlich genug, obwohl ihm das „dumme, unsinnige Wort Tetem“, der „blöde Laut“, in der Zwischenzeit so wenig aus dem Kopf gegangen war, daß er es auf seiner Wanderung nicht nur überall zu hören glaubte, im Rauschen des Gebirgsbaches und im rhythmischen Schlagen seiner Umhängetasche, sondern daß er es groteskerweise sogar einem ihm begegnenden Bauern als Antwort auf dessen Gruß zugerufen hatte.[45] Die gleichwohl noch mögliche Rückfrage verbietet er sich mit dem Argument: „Ich wäre vor A. E. schlecht bestanden, wenn ich, vollends nach dem Abschied, einen besondern Schritt gethan hätte, um zu erfahren, was ein Humorwort bedeute, das irgend einer geringfügigen Anekdote seinen Ursprung verdanken mochte“.[46] Wenn dieses Argument für sich genommen auch einleuchten mag, so kann es doch angesichts des übermäßigen Interesses an dem Rätselwort, das der Erzähler bis dahin an den Tag gelegt hat, nicht mehr überzeugen. Es ist abermals ein Vorwand, der dem Autor dazu dient, die Lösung des Rätsels zu retardieren. Und gerade weil dem Rätselwort in diesem Buch ein so beträchtliches Maß an Aufmerksamkeit gewidmet wird, ist auch das Fazit, das der Erzähler hier am Ende des ersten Hauptteils zieht: „So resignirte ich denn darauf, jemals noch im Diesseits das Räthsel des Tetem gelöst zu sehen“,[47] nur als Koketterie des Autors zu verstehen, die den Leser in seiner Erwartung, die Lösung doch noch zu erfahren, nicht beirren kann.

Die Lösung ergibt sich im zweiten Band im Zusammenhang mit der Vorgeschichte des Helden, die der Erzähler jetzt erfährt. Im Gespräch mit einem Freund des verstorbenen A. E. heißt es beiläufig, „der Tetem“ habe die

Erlaubnis verweigert, eine von A. E. selbstgewählte Inschrift auf seinen Grabstein zu setzen, worauf der Erzähler sich schlagartig erinnert („Wie? Was? Tetem? Was ist das? Wer ist das?")[48] und sich dann noch über die richtige Aussprache des Wörtchens belehren lassen muß, ehe er erfährt, daß A. E. einem Geistlichen den Spottnamen Tetem zugelegt habe, weil dieser beim Vortrag des von ihm geliebten, von A. E. aber gehaßten Kirchenliedes „Wie groß ist des Allmächt'gen Güte" die beiden nichtssagenden Silben in dem Vers „Der mit verhärtetem Gemüte" ganz außerordentlich seelenvoll zu betonen pflegte.[49]

Erst mit dieser Erläuterung klärt sich die Stelle, an der das Rätselwort in den Roman eingeführt wird. Die anfangs dunkle Rede: „So? Tetem? Adjes!" als Entgegnung auf die Bemerkung des Erzählers, A. E. rauche zu viel und werde, wenn er nur das Rauchen lasse, auch seinen dämonisch aufgewerteten Katarrh loswerden, steht im Zusammenhang mit A. E.s metaphysischem Pessimismus. Deutlich wird dies durch eine Parallelstelle, an der A. E. direkt auf das Gellertsche Lied anspielt. In seinem Plädoyer für Existenz und Herrschaft böser Geister bemerkt er nach einem besonders drastischen Beispiel (kleine Haie, die sich in den Brüsten des weiblichen Walfisches verbeißen) mit allem Sarkasmus: „Und da soll man singen: Wie groß ist des Allmächt'gen Güte!?"[50] Aufs Ganze gesehen erscheint somit in dieser Stelle, die im Roman in der langen Phase zwischen Rätsel und Lösung plaziert ist, die Lösung bereits enthalten. Verteidiger des sogenannten „versteckten Hinweises" werden es damit indessen schwer haben; die Beziehung ist dermaßen verklausuliert, daß sie während der Erstlektüre mit Sicherheit nicht auffällt. Überdies ist zu bezweifeln, ob sich der ganze Sinn des Rätsels, auch wenn seine Lösung miteinbezogen wird, schon während der Erstlektüre auftut. Auf dem langen Weg vom Rätsel zur Lösung dürfte die Situation um das Wörtchen herum lange vergessen sein, so daß der Leser am Ende kaum mehr dazu kommen wird, A. E.s Rede nachträglich als Anspielung auf den Geistlichen und den Inhalt des geistlichen Liedes zu analysieren. Für den Rezeptionsprozeß bleibt es bei einem scherzhaften Rätsel, das, obwohl pragmatisch als Rätsel für die Betrachterfigur motiviert, doch nichts anderes als ein für den Leser gestelltes rhetorisches Rätsel ist. In seinem Selbstkommentar zu ‚Auch Einer' macht Vischer auch gar kein Hehl daraus: „Das Hinhalten der Neugierde ist im Einzelnen auch etwas Neckerei. Man beschwert sich z. B., daß der Aufschluß über das dumme Wort Tetem so spät erst folge. Ist es gar so beschwerlich, auf die Lösung dieser Kleinigkeit eine Zeitlang zu warten? Pressiert es denn so?"[51]

6

Das rhetorische Rätsel stellt sich in den bisher angeführten Beispielen mit besonderer Deutlichkeit dar. Bei Vischer wird es mehrfach, bei Hermann Kant wenigstens einmal ausdrücklich als Rätsel bezeichnet, bei Hoffmann und Goethe ist es, obwohl nicht ausdrücklich benannt, unmißverständlich. In allen Fällen ist zudem, was in nicht geringem Maß zur Deutlichkeit beiträgt, die innere Strukturgrenze zwischen Rätsel und Lösung eigens markiert: bei Kant und Hoffmann durch die eingeschalteten Erzählerkommentare, bei Goethe und Vischer durch die Reaktionen der betroffenen Figur bzw. des Sprechers in der Rolle des Hörers. Die Struktur bedarf aber solcher Deutlichkeit gar nicht. Es genügt oft schon die kleinste Unebenheit im Text, das geringfügigste Anzeichen dafür, daß der Autor mit der gegebenen Information einen Informationsvorbehalt verbindet, um immer wieder den spezifischen Ablauf zu garantieren, der das Muster „Ein Rätsel und seine Lösung" wenigstens durchscheinen läßt. Zu diesen nicht immer leicht zu bestimmenden, aber immer gleichermaßen wirksamen Varianten des rhetorischen Rätsels gehören die Formen, die nunmehr zu besprechen sind: der voraussetzungsvolle und der lückenhafte Informationskomplex.

Am wenigsten ein Rätsel im engeren Sinn der zur Lösung bestimmten Aufgabe ist das rhetorische Rätsel als voraussetzungsvoller Informationskomplex. Es ist in dieser Form vor allem am Textanfang anzutreffen. Ein definitionsgemäß formal in sich geschlossener Textabschnitt zeigt durch einzelne Textelemente an, daß er sich auf Voraussetzungen bezieht, die beim Leser nicht vorhanden sind, und zeigt damit zugleich an, daß der weitere Text das Vorausgesetzte nachholen wird.

Als Beispiel zunächst die Eröffnung einer Kurzgeschichte, die auch die Eröffnung eines nichtfiktionalen Berichts oder eines (allerdings stilisierten) Alltagsgesprächs sein könnte. Marie Luise Kaschnitz beginnt ihre Kurzgeschichte ‚Zu irgendeiner Zeit' folgendermaßen:

(1) Zu irgendeiner Zeit und auf irgendeine Weise muß man es erfahren. (2) Entweder man ist noch ganz jung oder man ist gar nicht mehr jung. (3) Aber einmal muß man es erfahren, auf jeden Fall.

(4) Muß man was erfahren, fragen Sie.

(5) Daß die Existenz des Menschen eine tragische ist, sage ich. (6) Einer, den ich kenne, fahre ich dann fort, war, als er es erfuhr, schon über 30 Jahre alt.[52]

Die ersten drei Sätze bilden das rhetorische Rätsel, der fünfte die Lösung. Ein nur minimal ausgeprägtes Rätsel gewiß, und gewiß auch eine nur für die kürzeste Strecke ausgehaltene Rätselspannung; ebenso gewiß aber auch, daß es sich hier nicht um gewöhnliche, zumal am Textanfang unvermeidliche

Unbestimmtheit handelt, sondern bereits um Rätselhaftigkeit in jenem weiteren Sinn, in dem der Begriff hier verstanden wird.[53] Die Unbestimmtheit der ersten drei Sätze ist offensichtlich nicht unvermeidbar, sondern kalkuliert: durch das „es" beziehen sie sich auf etwas, das noch nicht gesagt worden ist, das aber hätte gesagt werden können.[54] Wenn dennoch Zweifel an der absichtsvollen Unbestimmtheit bestehen, so werden sie mit dem vierten Satz ausgeräumt: die explizite Formulierung der Leserfrage zeigt unabweisbar, daß diese Frage mit den ersten drei Sätzen provoziert werden sollte. Sie ist, wenn man so will, die Rätselfrage und vertritt jedenfalls das Rätselsignal und zugleich das Grenzsignal zwischen Rätsel und Lösung.

Das Verrätselungsprinzip ist dabei als Voranstellung von Nachinformation ebenso leicht durchschaubar wie das Enträtselungsprinzip als Nachholung von Vorinformation. Man kann sogar die Probe darauf machen. Die Rätselstruktur verschwindet völlig, wenn man lediglich den Hauptteil des fünften Satzes (die Lösungsformel) an den Anfang stellt – sei es vor den ersten Satz oder, bei gleichzeitiger Eliminierung des „es", hinter den ersten Satz – und außerdem den vierten Satz (die Leseradresse) sowie die damit korrespondierenden Elemente des fünften und sechsten Satzes („sage ich", „fahre ich dann fort") eliminiert. Von den zwei Versionen, die sich damit ergeben, ist diejenige mit der Lösungsformel im Anschluß an den ersten Satz die am wenigsten gekünstelte:

(1) Zu irgendeiner Zeit und auf irgendeine Weise muß man (. . .) erfahren (,) (5) (d)aß die Existenz des Menschen eine tragische ist (. . .) (2) Entweder man ist noch ganz jung oder man ist gar nicht mehr jung. (3) Aber einmal muß man es erfahren, auf jeden Fall. (. . .) (6) Einer, den ich kenne, (. . .) war, als er es erfuhr, schon über 30 Jahre alt.

Nicht nur die besondere Beschaffenheit der Rätselstruktur kommt durch diese Umstellprobe zur Geltung, sondern auch die Rhetorik des „Erwartenlassens", wie Klopstock eine der Ursachen für die effektvolle Änderung der üblichen Wortfolge in der Poesie genannt hat,[55] von der Marie Luise Kaschnitz hier Gebrauch macht.

Denselben Typus des rhetorischen Rätsels vertritt der szenische In-mediasres-Anfang,[56] wenn er nicht nur wie jeder in medias res führende Text Vorgeschichte voraussetzt und zurückläßt, sondern diese zum fraglichen Erwartungsobjekt macht. Goethe verfährt so in seiner bereits herangezogenen Novelle ‚Wer ist der Verräter?', indem er die Erzählung unvermittelt mit einem Monolog eröffnet, der sich, wie es bei dieser Art der Texteröffnung allemal üblich ist, zu Beginn mehr oder weniger rätselhaft ausnimmt, der sich dann aber, wie es nicht immer der Fall ist, bis zu seinem Ende nur teilweise selbst erklärt:

(1) „Nein! nein!" rief er aus, als er heftig und eilig ins angewiesene Schlafzimmer trat und das Licht niedersetzte; „nein! es ist nicht möglich! Aber wohin soll ich mich wenden? Das erste Mal denk' ich anders als er, das erste Mal empfind' ich, will ich anders. – (2) O mein Vater! Könntest du unsichtbar gegenwärtig sein, mich durch und durch schauen, du würdest dich überzeugen, daß ich noch derselbe bin, immer der treue, gehorsame, liebevolle Sohn. – (3) Nein zu sagen! des Vaters liebstem, lange gehegtem Wunsch zu widerstreben! wie soll ich's offenbaren? wie soll ich's ausdrücken? Nein, ich kann Julien nicht heiraten. – (4) Indem ich's ausspreche, erschrecke ich. Und wie soll ich vor ihn treten, es ihm eröffnen, dem guten, lieben Vater? Er blickt mich staunend an und schweigt, er schüttelt den Kopf; der einsichtige, kluge, gelehrte Mann weiß keine Worte zu finden. Weh mir! – (5) O ich wüßte wohl, wem ich diese Pein, diese Verlegenheit vertraute, wen ich mir zum Fürsprecher ausgriffe: aus allen dich, Lucinde! und dir möcht' ich zuerst sagen, wie ich dich liebe, wie ich mich dir hingebe und dich flehentlich bitte: vertritt mich, und kannst du mich lieben, willst du mein sein, so vertritt uns beide!"

(6) Dieses kurze, herzlich-leidenschaftliche Selbstgespräch aufzuklären, wird es aber viele Worte kosten.

(7) Professor N. zu N. hatte einen einzigen Knaben von wundersamer Schönheit . . .[57]

Die einzelnen Teile des Monologs geben Fragen auf, beantworten Fragen und lassen Fragen offen. Abgesehen von der Frage nach dem Sprecher, der erst zwei Seiten später bei seinem Namen Lucidor genannt wird, fordert der erste Abschnitt zumindest die beiden Fragen heraus, wem das „nein" gilt und wer „er" ist, die dann im zweiten und dritten Abschnitt in umgekehrter Reihenfolge beantwortet werden. Während aus dem zweiten Abschnitt hervorgeht, daß mit dem Pronomen „er" nur der Vater gemeint sein kann, wird im dritten das „nein" wieder aufgenommen und in pointierter Form am Ende dieses Abschnitts expliziert: „Nein, ich kann Julien nicht heiraten". Die von Anfang an dahinterstehende zentrale Frage nach dem Motiv für die Weigerung wird mit dieser Explikation erst einigermaßen bestimmbar, und eine Antwort darauf ergibt sich erst nach dem retardierenden vierten Abschnitt, wenn Lucidor im fünften Abschnitt seine Liebe zu Lucinde bekennt. Übrig bleibt die Frage nach den besonderen Umständen, die zu dieser Situation geführt haben, die Frage nach der Vorgeschichte.

Daß die Passage auf ein Rätsel für den Leser angelegt ist, wird hier wie im vorigen Beispiel durch den Hinweis des auktorialen Erzählers auf die Erklärungsbedürftigkeit des Selbstgesprächs im sechsten Abschnitt eingestanden. Die Enträtselung ergibt sich im Zug der mit dem siebten Abschnitt einsetzenden Erzählung ab ovo – und zwar auch dies unmißverständlich. Nach einigen Seiten, auf denen die Vorgeschichte eingeholt wird, heißt es: „So bedrängt erreichte er den ersten Abend sein Schlafzimmer und ergoß sich in jenem Monolog, mit dem wir begonnen haben".[58] Der Kreis der Rätsel-Lösungs-Struktur hat sich damit geschlossen, das vorgezogene Stück Nachgeschichte fügt sich in die nachgetragene Vorgeschichte bruchlos ein, so daß sich hier wie beim vorigen Textbeispiel ohne viel Aufwand eine Umstellprobe durchführen ließe, die die Rätselstruktur restlos beseitigen würde.

Am wenigsten als Rätsel im engeren Sinn, hieß es, ist diese Variante anzusehen. Was die beiden Beispiele von Marie Luise Kaschnitz und Goethe dennoch unter die Erscheinungsformen des rhetorischen Rätsels einreihen läßt, ist nicht zuletzt die explizite Markierung der inneren Strukturgrenze. Auch solcher Explikation bedarf es aber nicht unbedingt. Die Grenze, von der an ein Textstück als rhetorisches Rätsel zu gelten hat, braucht nicht exakt festzuliegen, sie kann auch innerhalb eines diffusen Spielraums verlaufen. Den ersten Satz beispielsweise der ‚Buddenbrooks', den abgerissenen Dialogsatz: „Was ist das. – Was – ist das . . ."[59] wird man, obwohl er an Unverständlichkeit nichts zu wünschen übrig läßt, noch nicht als Rätsel klassifizieren, ganz einfach deshalb, weil es sich um eine zu kleine Textmenge handelt. Nimmt man dagegen die folgende, ebensowenig verständliche und ebensowenig mit der Angabe des Sprechers versehene Replik: „Je, den Düwel ock, c'est la question, ma très chère demoiselle!" hinzu, so fällt es schon schwerer, diesen Kurzdialog nicht als rätselhaft zu bezeichnen. Läßt man aber auch dies noch fraglos auf sich beruhen, so wird sich jedenfalls bei der Lektüre des anschließenden Absatzes die Frage nicht abweisen lassen, wer denn nun eigentlich mit wem über was sich hier unterhält, weil nämlich in diesem Absatz ohne erkennbaren Bezug auf den Dialog nicht weniger als fünf Figuren genannt werden: Konsulin, Schwiegermutter, Gatte, Tochter, Großvater. Unterdessen ist die Grenze, die das Rätsel definiert, schon überschritten, es hat sich ein neues Informationskontinuum ergeben, aus dem dann beiläufig klar wird, daß die achtjährige Tony hier den Katechismus memoriert und daß ihr Großvater Johann Buddenbrook in seiner mokanten Art sich darüber lustig macht.

Dem Einwand, daß hier von einem Rätsel überhaupt nicht die Rede sein könne, daß es vielmehr lediglich darauf ankomme, ein wenig Geduld zu üben und in Gelassenheit abzuwarten, bis alle relevanten Faktoren beisammen sind, die den Sinn des Anfangsdialogs herstellen, um dann erst die voll ausgeleuchtete Szene als nun allerdings in sich schlüssige Informationseinheit gelten zu lassen, wäre entgegenzuhalten, daß man sich damit der Möglichkeit begibt, zwischen dem Erzählanfang ab ovo und der In-medias-res-Eröffnung und allgemein zwischen stetiger und diskontinuierlicher Informationsvermittlung zu unterscheiden. Es wäre dann ganz einerlei, ob der Autor in geregelter Abfolge und in unverschlüsselter Weise zunächst Raum und Zeit der zu erzählenden Szene markiert, dann die handelnden Figuren vorstellt und endlich auch ihre Gespräche wiedergibt, oder ob er sich, wie es hier der Fall ist, planvoll der Verrätselungstechnik bedient, einen aus dem Zusammenhang isolierten Kurzdialog, der sowohl durch seine Isolierung wie durch seine Kürze rätselhaft wirken muß, an den Anfang stellt und dann erst den zum Verständnis erforderlichen Zusammenhang folgen läßt, in den sich der Dialog nachträglich einfügt. Zumindest wird man den Zweck der Veranstaltung nicht übersehen. Wenn es auch nur der vordergründige Zweck ist, die Aufmerksamkeit des Lesers zu gewinnen und ihn mit List in die Lektüre zu verstricken, so steht immerhin fest, daß dies durch die stetige Informationsvermittlung nicht ohne weiteres zu erreichen ist.[60]

Wie flexibel immer die Abgrenzung des rhetorischen Rätsels sein mag und wie unexakt dementsprechend seine Registrierung ausfällt: wer nach dem Auftreten des Rätsels und vor dem Eintreffen der Lösung in der Lektüre innehält und das bis dahin Gelesene überprüft, wird nicht umhin können, die Rätselhaftigkeit zu konstatieren, und wer sich davon nicht beirren läßt, sondern in Erwartung der Klärung weiterliest, der ist dem Appell, den der Autor mit jedem rhetorischen Rätsel an den Leser richtet, schon gefolgt und hat es bereits als Spannungssignal realisiert.

Bemerkenswert im Hinblick auf die analytische Erzählung ist es, daß der voraussetzungsvolle Informationskomplex nicht selten nachträglich in den perspektivierten Informationskomplex übergeht, wodurch das anfänglich unmittelbar an den Leser adressierte Rätsel in der Folge als Rätsel für die eine oder andere Figur abgesichert wird. Stifter verfährt so in der Urfassung des ‚Alten Siegels'.[61] Die Erzählung beginnt mit einem für den Leser rätselhaften Brief und führt also in derselben Manier wie der ‚Verräter' und die ‚Buddenbrooks' in medias res, setzt sich dann aber nicht mit einem auktorialen Erzählerkommentar fort und überläßt es auch nicht dem nächsten Kontext, die Rätselhaftigkeit zu beseitigen, sondern zeigt den Adressaten beim Empfang des Briefes, der diesem genauso ein Rätsel ist wie dem Leser. Mit dem Entschluß der Figur, der rätselhaften Sache auf den Grund zu gehen, ist dann ein analytischer Prozeß bereits eingeleitet. Der Leser, der zunächst unmittelbar mit einem rhetorischen Rätsel konfrontiert worden ist, wird in der Folge mittelbar an den Bemühungen der Betrachterfigur, das Rätsel zu lösen, beteiligt. Dieses Beispiel ist um so interessanter, als Stifter diese Technik in der Studienfassung aufgegeben hat. Hier wird zunächst die Hauptfigur vorgestellt und erst, nachdem ihre Vorgeschichte erzählt worden ist, am Anfang des zweiten Kapitels die Situation geschildert, in der sie den rätselhaften Brief empfängt. In der Urfassung erscheint der wahre Sachverhalt für den Leser zunächst durch voraussetzungsvolle Information verstellt, in der Studienfassung dagegen durch perspektivierte Information (Darstellung aus der – beschränkten – Sicht der Hauptfigur). Kann das erzählerische Verfahren dort willkürlich erscheinen, so ist es hier in der erzählten Handlung motiviert.[62]

7

Von der voraussetzungsvollen ist die lückenhafte Information zu unterscheiden. Der Autor beginnt die Schilderung voraussetzungslos, läßt es sich dann aber gefallen, zum vollen Verständnis erforderliche Information zu unterschlagen. E. T. A. Hoffmann verwendet diese Technik beispielsweise auf dem Höhepunkt seiner Erzählung ‚Die Marquise de la Pivardière' nach Richers ‚Causes célèbres'. Nach der Schilderung der heftigsten Auseinandersetzung zwischen dem Marquis und der Marquise heißt es:

(1) Diese drohenden Worte gesprochen, entfernte sie sich in das Zimmer, wo ihre neunjährige Tochter schlief, und schloß sich ein. (2) Der Marquis begab sich nach dem Zimmer, in dem er sonst mit seiner Gemahlin schlief, ließ sich von einem Bedienten des Hauses, namens Hybert, auskleiden, und legte sich ins Bette. (3) Am andern Morgen war er spurlos verschwunden.[63]

Die Informationslücke ist unübersehbar. Der Erzähler, der mit den beiden ersten Sätzen und schon mit dem vorangehenden Text zu erkennen gegeben hat, daß er als alles überschauender, allwissender Erzähler mit den besonderen Umständen der Figuren vertraut ist, zeigt mit dem dritten Satz, daß er zwischen dem zweiten und dem dritten einen von der Sache her ebenso berichtenswert wie dem Leser wissenswert erscheinenden Umstand ausspart. Die Orientierung an der Chronologie kann die Diskontinuität des Berichts nicht verbergen; der Text gibt dem Leser ein Rätsel auf, das auf nichts weiter als auf willkürlicher Informationsunterschlagung beruht.

Wie in der Urfassung von Stifters ‚Altem Siegel' die voraussetzungsvolle Information, so geht allerdings auch diese lückenhafte Information bald in perspektivierte Information über. Nach einem Absatz heißt es weiter: „(4) Alle Nachbarn waren in das tiefste Erstaunen versetzt über dies ganz unbegreifliche Verschwinden des Marquis." Auf diese Weise wird das Rätsel in der Kommunikation zwischen Autor und Leser nachträglich als Rätsel der Handlung ausgewiesen. Erzählt wird nunmehr aus der Sicht von Figuren, die zum Zeitpunkt des Geschehens vor einem Rätsel stehen, und berichtet wird, was „man erfuhr", was alles aber fürs erste keine Klärung bringt. Der Leser, anfänglich unmittelbarer Rätselempfänger, wird dadurch in die Position des mittelbaren Rätselempfängers versetzt. Trotzdem bleibt die Rätselrhetorik bis hin zur Lösung, die durch einen nur schwach in der Handlung befestigten nachträglichen Bericht erfolgt, durchschaubar. Der Bericht über die plötzliche Flucht des Marquis, der durch seine Form verrät, daß er durchaus an der Stelle des Rätsels hätte gegeben werden können, wird effektvollerweise erst in dem Augenblick eingeschaltet, als die Marquise und ihr Beichtvater, des Mordes beschuldigt, zur Tortur abgeführt werden sollen und der ermordet geglaubte Marquis unerwartet vor Gericht erscheint.

Durch den Wechsel von lückenhafter zu perspektivierter Darstellung nähert sich Hoffmann in dieser Erzählung der analytischen Form. Ein Beispiel für den Fall, daß eine ausgeprägt analytische Erzählung mit einem rhetorischen Rätsel in der Variante des lückenhaften Informationskomplexes eröffnet wird, bietet G. K. Chesterton in einer seiner Detektivgeschichten um Father Brown. Am Anfang steht nicht, wie es in der klassischen Detektivgeschichte die – auch um der Fairneß willen verfochtene – Regel ist, die Darstellung eines (in der Sicht beteiligter Figuren und durch diese in der Sicht des Lesers) rätselhaften Sachverhalts, sondern lediglich (in der Sicht des Lesers) rätselhafte Darstellung eines Sachverhalts. Der erste Absatz von ‚Vaudreys Verschwinden' lautet:

Sir Arthur Vaudrey, in einem hellgrauen Sommeranzug, den weißen Hut in keckem Schwung auf das Haupt gedrückt, spazierte vergnügt und raschen Schrittes die Straße längs des Flusses daher, die von seinem Haus zu der kleinen Gruppe winziger, fast wie Nebengebäude seiner prächtigen Villa wirkender Häuschen führte, betrat die kleine Siedlung und – war verschwunden.[64]

Wie bei Hoffmann ist das Rätsel hier nicht durch perspektivierte, sondern durch lückenhafte Information bedingt. Wie bei Hoffmann wird das Rätsel allerdings anschließend in der Handlung befestigt; anders als bei Hoffmann besteht die Erzählung hier jedoch aus regelrecht analytischer Handlung, in deren Vollzug die Lösung des Rätsels als Ergebnis detektivischer Ermittlungen gewonnen wird.

Das rhetorische Rätsel, wie diese beiden Beispiele es vertreten, ist allenfalls als ein Akt erzählerischer Ironie zu goutieren. Es kommt auf den Stil der Erzählung an, ob er die Willkür der vorläufigen Informationsunterschlagung als ironisches Stilmittel rechtfertigt, und es kommt auf den Leser an, ob er das Spiel mitspielt und seinen Spaß an der übermütigen Verrätselung hat, oder ob er eher das Ärgernis einer ungerechtfertigten Kommunikationsstörung darin sieht. Mit der Art, wie Friedrich Theodor Vischer in ‚Auch Einer' mit dieser Form des Informationsentzugs seinen Spaß treibt, wird man nicht rechten wollen; er unterbricht etwa ein Gespräch, das der Vorbereitung einer Intrige gilt, mit den Worten: „Sie flüsterten noch Einiges, was der Leser aus den folgenden Ereignissen so klar erkennen wird, daß es für jetzt Geheimniß bleiben mag".[65] Andrerseits wird man aber auch einem Urteil, wie die Baronesse in Goethes ‚Unterhaltungen deutscher Ausgewanderten' es über Kunstgriffe dieser Art fällt, nicht die Berechtigung streitig machen können: „Jene Erzählungen", bemerkt sie, „machen mir keine Freude, bei welchen, nach Weise der Tausend und Einen Nacht, eine Begebenheit in die andere eingeschachtelt, ein Interesse durch das andere verdrängt wird, wo sich der Erzähler genötigt sieht, die Neugierde, die er auf eine leichtsinnige Weise erregt hat, durch Unterbrechung zu reizen und die Aufmerksamkeit, anstatt sie durch eine vernünftige Folge zu befriedigen, nur durch seltsame und keineswegs lobenswürdige Kunstgriffe aufzuspannen. Ich tadle das Bestreben, aus Geschichten, die sich der Einheit des Gedichts nähern sollen, rhapsodische Rätsel zu machen und den Geschmack immer tiefer zu verderben".[66] Wobei allerdings anzumerken bleibt, daß, seltsam oder ironisch genug, einer der hier gerügten Kunstgriffe gerade eine Seite vorher angewendet worden ist. Die Worte der Baronesse standen bei der Erstveröffentlichung 1795 in Schillers ‚Horen' in der Einleitung des dritten Stückes, nachdem unmittelbar vor Schluß des zweiten Stückes ein neues und noch dazu blindes Motiv eingeführt worden war. Anknüpfend an die vorausgehende Erzähleinlage spricht Friedrich von einem Talisman in seiner Familie, und was dann folgt, ist nichts anderes als ein „rhapsodisches Rätsel" mit nichts als dem Spannungseffekt des Fortsetzungsromans: „Wie wäre denn das? fragte Karl. – Es ist ein Geheimnis, versetzte jener; nur der älteste Sohn darf es allenfalls bei Lebzeiten des Vaters erfahren und nach seinem Tode das Kleinod besitzen. – Du hast es also in Verwahrung? fragte Luise. – Ich habe wohl schon zu viel gesagt, versetzte Friedrich, indem er das Licht anzündete, um sich hinweg zu begeben. –"[67]

8

Wie gezeigt, gehen die besprochenen Varianten des rhetorischen Rätsels – der unstimmige wie der chiffrierte, der voraussetzungsvolle wie der lückenhafte Informationskomplex – von Fall zu Fall in den perspektivierten Informationskomplex über. Die zitierte Stelle aus Hoffmanns ‚Marquise de la Pivardière' hat nur so lange als lückenhafte Information zu gelten, wie man die ersten drei Sätze zur Grundlage der Beurteilung nimmt, sie ist dagegen als perspektivierte Information einzustufen, wenn man den vierten und die weiteren Sätze hinzuzieht, ebenso wie die In-medias-res-Eröffnung des ‚Alten Siegels' in der Urfassung nur so lange als voraussetzungsvolle Information zu klassifizieren ist, wie man den Blick auf den rätselhaften Brief, mit dem diese Erzählung einsetzt, beschränkt, und sich sogleich als perspektivierte Information erweist, wenn man den anschließenden Abschnitt miteinbezieht, in dem Veit Hugo Evaristus Almot, Empfänger des Briefs und Held der Erzählung, räsonnierend über die sonderbare Botschaft, die er erhalten hat, vorgestellt wird. Hoffmann informiert den Leser zunächst lückenhaft und dann perspektivisch (aus der Sicht der Nachbarn) über den seltsamen Vorfall, daß der Marquis plötzlich verschwindet; Stifter informiert den Leser zunächst voraussetzungsvoll und dann perspektivisch (aus der Sicht der Hauptfigur) über den Umstand, daß Hugo unvermutet einen sonderbaren Brief erhält.

Zwei Formen des perspektivierten Informationskomplexes, wie sie diese beiden Fälle schon zeigen, sind zu unterscheiden: der anonym perspektivierte und der personal perspektivierte. Der erstere ist vor allem bei der Einführung neuer Figuren zu beobachten, wenn sich der Erzähler, wie Wieland es im ‚Don Sylvio' ironisch formuliert, in der „geheimnißvollen Zurückhaltung" übt, „womit die Romanendichter uns zuweilen etliche Capitel lang im Zweifel lassen, wer diese oder jene Person sei, mit der sie uns in irgend einem Wirthshause oder auf der Landkutsche zusammengebracht haben",[68] und wenn die Mitteilung darauf beschränkt wird, was „man" sieht, was einem anonymen Beobachter der Szene zugänglich ist. Ein Musterbeispiel dafür liefert Wieland selber in seiner Erzählung ‚Die Salamandrin und die Bildsäule'. Eine der Hauptfiguren wird als Fremdling vorgestellt und so porträtiert:

Ein brauner Leibrock von grober Leinwand, der ihm bis an die Knöchel reichte, und ein sehr abgetragener, an den Enden zerrissener Mantel von blauem Tuche, mit einem ledernen Gürtel um den Leib, machte seine ganze Kleidung aus. Er trug eine Art von Halbstiefeln, denen man es nur zu sehr ansah, daß sie durch lange Dienste mitgenommen waren, und den Kopf hatte er in einer großen Mütze von braunem Tuche stecken, die von seinem schwarzbraunen runzligen und abgezehrten Gesichte nur so viel sehen ließ, als nöthig war, seinen Anblick widerlicher zu machen. Dies Alles mit einem auf die Brust herabhangenden rothen Bart machte ein Ganzes aus, das Jedermann beim ersten Anblick für – einen Bettler halten mußte, und war nicht sehr geschickt, weder das Auge noch das Herz für ihn einzunehmen.[69]

Ohne den Schlußsatz hätte das Porträt nichts Ungewöhnliches, der Leser müßte es fraglos hinnehmen. Mit dem Schlußsatz aber erscheint es fragwürdig. Die betonte Berufung auf jedermanns mutmaßliches Urteil und auf den ersten Anblick und dazu noch der bedeutungsvolle Gedankenstrich sind Hinweis genug, um den Leser zu versichern, daß er es hier jedenfalls mit einem Bettler nicht zu tun hat, und machen damit die Identität des Fremden zur Frage, auf die vom späteren Text eine Antwort erwartet werden darf.[70] Auch dies ist in der Kommunikation zwischen Autor und Leser ein Rätsel, auch hier bedient sich der Autor einer Technik, die als Verrätselungstechnik zu bezeichnen ist, nur handelt es sich dabei nicht mehr um ein rhetorisches Rätsel von der Art der besprochenen Varianten. Der Leser ist nicht unmittelbarer, sondern schon mittelbarer Rätselempfänger. Unmittelbarer Rätselempfänger ist ein anonymer Betrachter auf der Szene, dessen Position dem Leser zur Identifizierung angeboten wird.

Die Darstellung aus der Perspektive eines anonymen Beobachters kann ihrerseits, unbeschadet des Effekts und eher zugunsten der Beglaubigung des Erzählten, in die Darstellung aus der Perspektive eines namhaft gemachten Beobachters (in Stanzels Terminologie: in die personale Darstellung[71]) übergehen. Fontane bedient sich dieses Verfahrens in ‚Cécile'. Im ersten Kapitel wird die Vorgeschichte des Ehepaares von St. Arnaud, die der Roman mit einem Sprung in medias res zurückläßt, aus anonymer Beobachterperspektive signalisiert: „Täuschte nicht alles, so lag eine ‚Geschichte' zurück, und die schöne Frau (worauf auch der Unterschied der Jahre hindeutete) war unter allerlei Kämpfen und Opfern errungen".[72] Vom zweiten Kapitel an wird diese Frage einer Figur überantwortet: „einem der Gäste" im Hotel, „der, über seine Zeitung fort, von der anderen Seite des Balkons her das distinguierte Paar schon seit lange beobachtet hatte",[73] dem Zivilingenieur Robert von Gordon-Leslie. Gordon erkundigt sich beim Kellner, durch dessen Auskunft der Leser überhaupt erst mit dem vollen Namen der St. Arnauds bekannt gemacht wird,[74] und ergeht sich „in immer neuen Mutmaßungen darüber, welche Bewandtnis es mit dieser etwas sonderbaren und überraschenden Ehe haben möge. ‚Dahinter steckt ein Roman. Er ist über zwanzig Jahre älter als sie . . .'".[75] Auf diese Weise wird der Leser mittelbar mit einem Rätsel konfrontiert und dann an der Enträtselung, die Gordon als Betrachterfigur betreibt, beteiligt. In den zuletzt zitierten Stellen ist der analytische Prozeß, der den Roman für eine lange Strecke beherrscht, bereits im Gang.

Die deutlichsten Beispiele perspektivierter Information, die den Leser mittelbar mit Rätseln konfrontiert, liefert die immer wieder in der erzählenden Literatur anzutreffende typische Szene des belauschten Gesprächs, dessen Gegenstand sich dem Hörer auf der Szene und durch ihn dem Leser nur unzureichend mitteilt. Hauff setzt dieses Mittel in den ‚Letzten Rittern von Marienburg' gleich zweimal ein. Im dritten und sechsten Kapitel läßt er den Leser jeweils nur soviel von einem Gespräch zwischen zwei Figuren erfahren, wie eine unbeteiligte dritte davon erfährt: der junge Rempen ist das eine Mal draußen in der Dunkelheit unfreiwilliger Zeuge, das andere Mal drinnen im Zimmer Lauscher hinter der Gardine.[76] Aus den Gesprächsfetzen ist kaum mehr zu entnehmen, als daß die Gesprächspartner seit längerem miteinander vertraut sind, da sie sich jeweils auf frühere, dem Leser nicht mitgeteilte Situationen in ihrer Geschichte beziehen. Außer dem Gesprächsgegenstand bleibt in der ersten Szene vorerst sogar im Dunkeln, wer die Gesprächspartner sind („Soviel der matte Schein einer fernen Laterne erraten ließ, war der eine ein ältlicher, dürftig gekleideter Mann, der andere jünger, höher und festlich gekleidet").[77] Beide Szenen sind wie in ‚Cécile' Bestandteile eines analytischen Erzählstrangs. Rempen reflektiert über das Wahrgenommene und bemüht sich um Aufklärung.

Dasselbe Schema benutzt Eichendorff in einer kleinen Szene seines Romans ‚Dichter und ihre Gesellen' in sinnreicher Verwendung.[78] Er macht Fortunat und durch ihn den Leser zum Zeugen eines schon fortgeschrittenen Gesprächs zwischen Fortunats Freund Walter und der Amtmännin über deren Pflegesohn Otto. Daß dieser Repräsentant des jungen Dichters gemeint ist, stellt sich erst später heraus. Die Worte der Amtmännin, mit denen das mitgeteilte Gespräch beginnt: „Das kommt bei dem Überstudieren heraus, . . . nichts als Verse im Kopf, Reisen und dergleichen unkluges und kostspieliges Zeug", bezieht der reisende Fortunat zunächst auf sich („Ich glaube gar, . . . die spricht von mir!"). Die Entgegnung Walters („ich werde versuchen, die eigentlichen Absichten dieses verschlossenen, rätselhaften Gemütes zu erforschen") und der Fortgang des Gesprächs („warum verbirgt er sich vor uns?") lassen Fortunat jedoch zu einem anderen Schluß kommen. Er vermutet jetzt, daß sein unbekannter Freund alias Lothario, wie er sich später nennt, alias Graf Viktor, als der er sich am Ende erweist, gemeint ist, und er beschließt, diesem vom bisherigen Text offen gelassenen Rätsel nachzugehen („der Sache näher auf den Grund zu kommen"), dessen Lösung ihm auch die Lösung des Rätsels, wem denn nun das belauschte Gespräch in Wahrheit gilt, zu versprechen scheint. Das Sinnreiche der Szene liegt darin, daß unbeschadet der späteren Erklärung, nach der auf der Ebene der Handlung niemand anders als Otto gemeint ist, gerade durch diese Fügung des Erzählvorgangs auf der symbolischen Ebene des Romans alle die Dichter und ihre Gesellen gleichermaßen gemeint sind: Fortunat selbst ebenso wie Otto, Viktor-Lothario ebenso wie Dryander, der hier nicht ausdrücklich miteinbezogen wird.

Der Zusammenhang der herangezogenen Textabschnitte mit der analytischen Erzählung einerseits und ihre Vergleichbarkeit mit den Varianten des rhetorischen Rätsels andrerseits liegen auf der Hand. Wie mit diesen unmittelbar, so stellt der Autor den Leser mit jenen mittelbar durch perspektivische Darstellung vor ein Rätsel; allgemeiner: hier wie dort informiert der Autor den Leser vorerst unzureichend über den in Rede stehenden Sachverhalt. Auf der Hand liegt aber auch der Unterschied. Allein den Varianten des rhetorischen Rätsels ist in jedem Fall nachzuweisen, daß sie Ergebnis einer planmäßig kalkulierten Verrätselungstechnik sind; sie fallen, allgemeiner gefaßt, unter den Begriff einer besonders gearteten „unzureichenden Information", einer solchen nämlich, die zugleich anzeigt, daß sie unzureichend ist, und die damit wiederum schon zureichende Information durch weiteren Text prospektiert; mit einem Wort läßt sich diese Erscheinung als „Unterinformation" bezeichnen.[79] Der perspektivierten Information dagegen ist die Verrätselungsabsicht nicht unbedingt nachzuweisen. Auch wenn sie sich in der Sicht des Lesers noch so sehr als unzureichende Information darstellt und auch wenn sie sich später tatsächlich als Unterinformation erweisen sollte, so kann ihr doch die Form einer zureichenden Information nicht streitig gemacht werden: zureichende Information nämlich über eine Figur und über etwas dieser Figur unzureichend Bekanntes. Eichendorff, um das zuletzt gegebene Beispiel noch einmal aufzugreifen, informiert den Leser perspektivisch aus der Sicht Fortunats und, wie sich nicht leugnen läßt, unzureichend über das Gespräch zwischen Walter und der Amtmännin, indem er nur soviel davon mitteilt, wie Fortunat davon zu Ohren kommt; ebensowenig aber ist zu leugnen, daß er den Leser dabei über Fortunat und dessen Situation durchaus zureichend informiert.

„Unzureichende Information" oder „zureichende Information über unzureichend Bekanntes": diese Dialektik ist wenn auch nicht in dem unmißverständlichen Begriff dessen, was hier als perspektivierte Information bezeichnet wird, so doch in deren einzigmöglicher Realisierung immer schon enthalten. Das bedeutet, daß sich, anders als bei den Formen des rhetorischen Rätsels, die ihren rhetorischen Charakter nicht verleugnen, immer nur von Fall zu Fall entscheiden läßt, ob eine Textstelle, durch die sich der Leser mittelbar mit einem Rätsel konfrontiert sieht, als perspektivierte Information gelten kann oder nicht, ob sie, mehr leserbezogen, auf dem rhetorischen Prinzip vorgängiger Verrätselung beruht, oder ob sie, mehr objektbezogen, in der Darstellung einer Figur angesichts eines rätselhaften Sachverhalts aufgeht und den damit bewirkten Zustand der Ungewißheit des Lesers nur zur Nebenwirkung hat. Daß es sich dabei nicht bloß um eine klassifikatorische Frage handelt, von der weiter kein Aufhebens zu machen wäre, wird sofort einsichtig, wenn man sich vergegenwärtigt, daß es von der Entscheidung dieser Frage abhängt, was der Leser im Zug der Rezeption vom folgenden Text erwarten darf: die perspektivisch verrätselte Information verspricht von sich aus schon eine spätere Enträtselung – sei es durch einen auktorialen Nachtrag, sei es durch Aufklärungsbemühungen einer Figur; die Information über unzureichend Bekanntes dagegen läßt prinzipiell offen, ob der dargestellte rätselhafte Umstand der Fiktion nach nur vorübergehend rätselhaft ist oder endgültig rätselhaft bleibt, und gibt jedenfalls keinerlei Garantie für eine spätere Klärung.

9

Dieselbe Dialektik gilt für die analytische Erzählung insgesamt. Sie präsentiert sich in allen ihren Erscheinungsformen in der Sicht des Lesers als mehr oder weniger umfangreicher Komplex aus Rätsel und Lösung; sie läßt sich jedoch nicht in allen ihren Erscheinungsformen zugleich auch auf das rhetorisch-technische, leserorientierte Prinzip vorgängiger Verrätselung mit nachträglicher Enträtselung reduzieren. Die Zuordnung der analytischen Erzählung speziell zu den durch dieses Prinzip konstituierten rhetorischen Formen, und das heißt, ihre Auffassung als rhetorische Form selber, hängt davon ab, wieweit im jeweiligen Text von perspektivierter Information die Rede sein kann. Als rhetorische Form kann die analytische Erzählkonstruktion lediglich in dem Maß gelten, wie die Betrachterfigur und ihre Geschichte als Medium in der Kommunikation zwischen Autor und Leser fungieren.

Am wenigsten zweifelhaft ist die Zuordnung, wenn innerhalb oder neben einer analytischen Erzählkonstruktion die eine oder andere Form des rhetorischen Rätsels verwendet wird, über deren Bedingtheit durch das technische Prinzip der Verrätselung kein Zweifel aufkommen kann. Wo immer in analytischen Erzählungen oder Erzählsequenzen zugleich auch lückenhaft oder voraussetzungsvoll erzählt oder auch mit dem Mittel der unstimmigen Information gearbeitet wird, fällt es nicht allzu schwer, den analytischen Erfahrungsprozeß als vom Autor kalkulierten Perspektivierungsvorgang und das Erfahrungssubjekt als das vom Autor eingesetzte Medium für den Leser zu erweisen. Ein instruktives Beispiel dafür bieten die ersten beiden Kapitel von Eichendorffs ‚Schloß Dürande'. Objekt nicht nur des Rätsels für die Figuren auf der Szene, sondern Objekt auch der Verrätselung des Autors im Hinblick auf den Leser ist der junge Graf Dürande, dessen Identität durch perspektivische und lückenhafte Darstellung für lange Zeit im Dunklen belassen wird. Man würde der Rhetorik des Autors aufsitzen, wenn man die einzelnen Szenen ausschließlich objektorientiert als Darstellung der Figuren und ihrer Situationen und Handlungen verstünde und nicht leserorientiert als Stationen, auf denen der Autor den Leser umwegig in seine Geschichte einführt.

Die Erzählung setzt nach einer allgemeinen Exposition, die Raum und Zeit des erzählten Geschehens umreißt, mit der charakteristischen Anfangsphase der analytischen Erzählung ein. Wahrnehmungs- und Unbestimmtheitsmoment: dem Jäger Renald (Betrachterfigur) kommt das Gerücht zu Ohren, „ein junger, fremder Mann“ (Gegenfigur) „schleiche abends heimlich zu seiner Schwester“ – was übrigens von vornherein mit einiger Ironie behandelt wird: Renald hat den Umstand von einem alten Jäger erfahren, dieser vom Waldhüter und der wiederum von einem Köhler. Reflexmoment: der Umstand ist für Renald „ganz unglaublich“. Analytisches Moment: er kann sich nicht erklären, wie seine Schwester Gabriele zu der Bekanntschaft hätte gelangen können, da sie nur Sonntags außer Hause kommt, nämlich in die Kirche, und auch hier von ihm überwacht wird; das Gerede geht ihm nicht aus dem Sinn: er will „endlich Gewißheit haben“.[80]

Auch die zweite Phase wird zu Beginn regelrecht nach dem analytischen Schema erzählt. Renald, der sich auf die Lauer gelegt hat, beobachtet, wie Gabriele, die er in der Dunkelheit an ihrem „leichten Gang“ sogleich erkennt, zusammen mit einem Fremden das Haus verläßt, der, „dicht in einen schlechten grünen Mantel gewickelt, wie ein Jäger“ aussieht und den er nicht erkennen kann – „auch sein Gang war ihm durchaus fremd“.[81] In der Folge jedoch geht die Erzählperspektive auf Gabriele über. Während es zunächst noch den Anschein hat, als werde streng aus Renalds Sicht alles mitgeteilt, was er wahrnimmt, wird nach einem Dialog zwischen Gabriele und dem Fremden oder Unbekannten, wie er jeweils apostrophiert wird, unversehens dargestellt, wie Gabriele ihrerseits die Anwesenheit ihres Bruders gewahr wird: sie sieht mit Entsetzen, wie Renald auf den Fremden zielt. Damit ist das Kontinuum der analytischen Erzählsequenz bereits durchbrochen, was vollends deutlich wird, wenn anschließend sogar ein Innenvorgang des Unbekannten mitgeteilt wird („da kam ihm auf einmal das Mädchen so bleich vor, er wußte nicht, war es vom Mondlicht oder vom Schreck").[82]

Nach dem turbulenten Geschehen, in dem Renald einen Schuß abgibt, Gabriele sich vor den Fremden wirft, dieser sein Taschenpistol zieht, Gabriele ihm die Waffe entwindet und ihn fortdrängt, wird die dritte Phase nun nicht, wie man erwarten könnte, in Fortsetzung des analytischen Kontinuums mit Renalds Frage nach dem Unbekannten eingeleitet, sondern umgekehrt mit Gabrieles vorwurfsvoller Frage an ihren Bruder wegen seines Anschlages. Die im Interesse des Lesers vordringliche Frage wird sogar erst nach einer neuerlichen Retardierung (Renald verbindet Gabrieles Wunde) ausgesprochen – und dies auch noch, ohne eine befriedigende Antwort zu finden, da Gabriele beteuert, daß sie selber nicht wisse, wer ihr Geliebter sei, er habe ihr seinen Namen verschwiegen. Immerhin ist mit Renalds Frage der analytische Prozeß wieder aufgenommen, der denn auch durch eine zufällige Entdeckung Renalds alsbald zu einem Ergebnis führt. Dieses wird jedoch dem Leser vorenthalten. Es heißt: „Unterdes hatte Renald unruhig ein Tuch aufgehoben und das Pistol entdeckt, das sie darunter verborgen hatte. Er erschrak auf das heftigste und betrachtete es dann aufmerksam von allen Seiten. – ‚Was hast du damit?' sagte sie erstaunt; ‚wem gehört es?' Da hielt er's ihr plötzlich funkelnd am Licht vor die Augen: ‚Und du kennst ihn wahrhaftig nicht?'"[83] Wenn aus diesem Abschnitt in bezug auf den dargestellten Vorgang klar hervorgeht, daß Renald aufgrund irgendeines Anzeichens die Identität des Fremden durchschaut hat, so geht daraus mit gleicher Stringenz in bezug auf den rhetorischen Vorgang hervor, daß der Autor sich jetzt gegenüber Renald und dem Fremden in derselben Weise der beschränkten Perspektive Gabrieles bedient, wie er sich zu Beginn gegenüber Gabriele und dem Fremden der Perspektive des unwissenden Renald bedient hat. Unter diesem Vorzeichen steht auch das Folgende.

In der vierten Phase (der Schlußpartie des ersten Kapitels) wird die Frage, die anfangs Renalds Frage war, dann zu Gabrieles Frage wurde und nach wie vor die Frage des Lesers ist, wieder aufgegriffen: Gabriele „dachte vergeblich nach, wen ihr Bruder eigentlich im Sinn habe und warum er vor dem Pistol so sehr erschrocken".[84] Von hier aus entfaltet sich im zweiten Kapitel ein neuer, allerdings nur rudimentär entwickelter analytischer Erzählstrang mit Gabriele als Betrachterfigur. Inzwischen bei ihrer geistlichen Muhme im Kloster, verfolgt sie mit Aufmerksamkeit, wie ihr Bruder „viel und heimlich mit der Priorin" spricht: „sie horchte ein paarmal hin, sie hätte so gern gewußt, wer ihr Geliebter sei, aber sie konnte nichts erfahren".[85] In der nächsten Zeit bedrängt sie ihren Bruder immer aufs neue mit Fragen, was jedoch bezeichnenderweise nur summarisch referiert wird, da anders das Ausbleiben der Antwort auf die Dauer schwerlich hätte motiviert werden können, und formelhaft heißt es schließlich: „Ihr ganzes Dichten und Trachten ging nun darauf, ihn selber auszukundschaften, da ihr niemand beistand in ihrer Einsamkeit".[86]

Die Antwort auf die Frage, wer der Fremde ist, läßt bis zum Schluß des zweiten Kapitels auf sich warten und ergibt sich zudem nicht durch konsequent verfolgte Suche und Ermittlung, sondern durch eine Zufallsentdeckung. Zwei umfangreichere Episoden retardieren und befördern sie zugleich. Die erste zeigt Gabriele am offenen Fenster der Zelle im Gespräch mit einer jungen Schwester. Sie erzählt ihr ein Märchen, das nichts anderes ist als die Verkleidung ihrer eigenen Umstände und Wünsche und das, wie so oft in romantischen Erzählungen, plötzlich in die Gegenwartshandlung übergeht. Gerade als Gabriele, mit ihrem Schnupftuch hinauswinkend, die Grußworte ausspricht, die die Prinzessin im Märchen ihrem fernen Geliebten zugedenkt, wird in der Wirklichkeit der Erzählung unter dem Fenster ein Fremder undeutlich sichtbar.[87] Die zweite Episode bringt auf Umwegen die Wiederbegegnung der Liebenden und endet pointiert mit der Preisgabe des Namens.[88] Auf einem Ausflug zu einem Gratialgut des Klosters trifft Gabriele in Gesellschaft der Nonnen mit dem jungen Grafen Dürande zusammen. Die Anagnorisis ist kunstvoll ausgeführt: Gabriele, die sich beim Herannahen des Fremden, wie er abermals genannt wird, schamhaft zurückgezogen hat, erhält von der Priorin den Auftrag, dem Reiter einen Becher Wein zu bringen, nähert sich mit niedergeschlagenen Blicken und fährt beim Klang seiner Stimme erschrocken auf, als er leise zu ihr sagt, „er sehe *doch* ihre dunkeln Augen im Weine sich spiegeln wie in einem goldnen Brunnen".[89] Als zusätzliches Indiz für die Erkennung, auch in der Sicht des Lesers, dient das Tuch, das Gabriele in der vorangehenden Episode am Fenster verloren hatte: ihr Geliebter zeigt es ihr als Unterpfand. Der Name fällt anschließend, nachdem sich der Reiter verabschiedet hat: „‚Wer war der Herr?' frug endlich Gabriele tief aufatmend. – ‚Der junge Graf Dürande,' hieß es. –"[90] Daß diese Auskunft als Pointe im Leseprozeß berechnet ist, geht nicht zuletzt auch daraus hervor, daß die Szene an dieser Stelle abbricht. Gabrieles Reaktion wird nicht geschildert, ihre Gefühle werden lediglich symbolisch artikuliert („Da tönte die Jagd schon wieder fern und immer ferner den funkelnden Wald entlang, die Nonnen aber hatten in ihrer Fröhlichkeit von allem nichts bemerkt und sangen von neuem . . .").[91]

Man mag einwenden, von Verrätselung und Enträtselung könne hier nicht die Rede sein, da die Maskierung vom Leser während der Rezeption unschwer zu durchschauen sei, indem schon der Titel ‚Das Schloß Dürande' und weiterhin eine Reihe einzelner Stellen wenn nicht verraten, so doch nahelegen, daß sich hinter dem Fremden kein anderer als Graf Dürande verbirgt. So etwa, wenn vor der Schlußszene des zweiten Kapitels auf die Worte der Priorin: „Alle die Wälder und Wiesen . . . gehören dem Grafen Dürande; er grenzt hier an, das ist ein reicher Herr!" der Satz folgt: „Gabriele aber dachte an *ihren*

Herrn",[92] oder auch wenn es schon am Ende des ersten Kapitels, nachdem gerade davon die Rede war, daß Gabriele ihrem Geliebten in Gedanken zürne, weil er sie in ihrer Not verlassen habe, beziehungsvoll heißt: „Sie kam am Schloß des Grafen Dürande vorbei".[93] Solche Bezüge, die der Leser dem Text ablesen kann, heben natürlich die Verschlüsselung auf. Daß aber derart auf eigne Faust angestellte Kombinationen keineswegs schon eine Garantie dafür geben, daß es sich tatsächlich auch so verhält, sondern sogar sehr in die Irre gehen können, zeigt sich in dieser Erzählung gleich nach der Auflösung des ersten Rätsels. Im dritten Kapitel geht die Erzählperspektive, zusammen mit einem Zeitsprung, wieder auf Renald über. Er steht aufs neue vor einem Rätsel und versucht ihm aufs neue in einem durchaus analytisch zu nennenden Prozeß auf den Grund zu kommen. Auch hier wird dem Leser die Lage der Dinge, soweit Renald sie überblickt, zusammenfassend mitgeteilt. Renald, so heißt es, „überdachte noch einmal alles: wie der junge Graf Dürande wieder nach Paris gereist, um dort lustig durchzuwintern, wie er selbst darauf mit fröhlichem Herzen zum Kloster geeilt, um seine Schwester abzuholen. Aber da war Gabriele heimlich verschwunden, man hatte einmal des Nachts einen fremden Mann am Kloster gesehn; niemand wußte, wohin sie gekommen".[94] Wenn der Leser, durch das Vorangehende in Kombinationen geübt, die sich ihm auch bestätigt haben, daraufhin den Schluß zieht, daß der „fremde Mann" an dieser Stelle wiederum mit Graf Dürande identisch sei und ganz offensichtlich Gabriele nach Paris entführt habe, und wenn er sich zudem durch das Folgende in dieser Kombination bestätigt sieht, da Renald und auch der alte Graf Dürande in der erzählten Situation offenbar zu demselben Schluß gelangen, so muß er jedoch im weiteren Verlauf erkennen, daß er sich hat nasführen lassen: Gabriele ist, wie sich später herausstellt, nicht vom Grafen Dürande entführt worden, sondern ist ihm heimlich, ohne sein Wissen, als Gärtnerbursche verkleidet, nach Paris gefolgt.

Es versteht sich, daß hier, wo es um die analytische Handlungsführung im Hinblick auf den Leser ging, die motivischen und symbolischen Bezüge des Erzählten außeracht bleiben mußten. Auch sie spielen jedoch nicht erst für die auf der Simultansicht des Ganzen aufbauende Interpretation eine Rolle, sondern haben teilweise auch schon im Vollzug der Rezeption ihren spezifischen Informationswert. Der Ringschluß etwa zwischen Anfang und Ende, wo Gabriele, abermals um den Grafen zu retten, die ihm geltenden Todesschüsse auf sich lenkt, indem sie sich mit seinem Mantel verkleidet, geht erst mit dem Schluß der Erzählung auf, so daß hier nur von symbolischer Vorwegnahme des Schlusses im Anfang die Rede sein kann, nicht aber der nur als rezeptionsorientierter Begriff sinnvolle Terminus „Vorausdeutung" angebracht ist. Ein Bild dagegen wie das, das die Priorin am Ende des zweiten Kapitels in bezug auf den mit Gabrieles Tuch davonsprengenden Reiter gebraucht: „Sieh nur, ... wie ein Falk', der eine Taube durch die Luft führt!",[95] fordert bereits während der Rezeption zur Verarbeitung auf und leistet insbesondere der irrigen Gleichsetzung von Gabrieles Verschwinden mit ihrer Entführung durch den Grafen am Anfang des dritten Kapitels listigen Vorschub.

Nicht weniger aufschlußreich ist in diesem Zusammenhang der Wechsel von der Darstellung aus der Erlebnisperspektive zur Darstellung aus der Rückschau in Stifters ‚Brigitta'.[96] Der Erzähler läßt es sich dabei gefallen, den Leser für eine längere Strecke irrezuführen. Während er im dritten Kapitel („Steppenvergangenheit") in Wahrheit die gemeinsame Vorgeschichte Brigittas und des Majors erzählt, gibt er vor, nur „einen Teil ihres (Brigittas) früheren Lebens"[97] zu erzählen. Die Täuschung besteht vor allem darin, daß der Major, der bis dahin lediglich unter diesem seinem Titel bekannt gemacht und stets nur so benannt worden ist, im Zusammenhang von Brigittas Liebes-, Ehe- und Scheidungsgeschichte, als wäre es eine andere Person, unter seinem wahren Namen Stephan Murai vorgestellt wird. In der Anfangsphase des Kapitels heißt es im Gestus der Einführung einer neuen Figur: nach einigen Jahren „erschien ein Mann in der Hauptstadt, der in den verschiedenen Kreisen derselben Aufsehen erregte. Er hieß Stephan Murai",[98] und in der Schlußphase heißt es im Gestus der Wiedereinführung einer aus den vorhergehenden Kapiteln schon bekannten Figur: „Nach fünfzehn Jahren, während welchen Brigitta auf Maroshely hauste, kam der Major, indem er seinen Landsitz Uwar, wo er sonst nie gewesen war, bezog. Von diesem Weibe lernte er, wie er mir selber sagte, Tätigkeit und Wirken – und zu diesem Weibe faßte er jene tiefe und verspätete Neigung, von der wir oben erzählt haben".[99] Was die Täuschung perfekt macht, sind zwei zusätzliche Umstände, die eine Identifizierung Murais mit dem Major während der Lektüre verhindern. Zum einen die Tatsache, daß schon in Gömörs Auskünften am Ende des zweiten Kapitels – und hier allerdings perspektivisch unanfechtbar, da Gömör es nicht besser weiß – von Brigittas Gatten und dem Major als von zwei verschiedenen Personen die Rede ist; der Erzähler referiert Gömörs Mutmaßungen über die Vergangenheit des Majors und seine nicht weiter zu befragende Tatsachenbehauptung: „Weil sie (Brigitta) eher unschön als angenehm zu nennen sei, so habe sie ihr Gatte, ein junger leichtsinniger Mensch, dem sie in ihren jüngeren Jahren angetraut worden war, verlassen, und sei nicht wieder gekommen".[100] Zum andern der im dritten Kapitel mitgeteilte Umstand, daß Murai nach Übersendung der Einwilligung zur Scheidung und der Anordnungen in bezug auf sein Vermögen keinerlei Zeichen mehr von sich gegeben habe: „Dies war das erste und letzte Zeichen, das Murai von seinem Dasein gegeben hatte, nachher kam keines mehr, und er erschien auch nicht wieder".[101] Der Kontakt wird erst am Ende der Erzählung geschlossen, als der Erzähler Zeuge der Versöhnungsszene zwischen Brigitta und dem Major wird.

Daß das Verfahren, das der Erzähler hier anwendet, keineswegs unbewußt angewendet wird, geht nicht nur implizit daraus hervor, daß es eine effektvolle

Enthüllungs- und Überraschungspointe ermöglicht, sondern auch aus verschiedenen expliziten Bemerkungen, mit denen der Erzähler es zu begründen versucht. Die Gründe, die er angibt, sind allerdings nicht eben die überzeugendsten und genügen allenfalls einer „erzählerischen Logik", wenn man diesen Begriff für eine rhetorische Erscheinung gelten lassen will. Die bereits zitierte Bemerkung hört sich zunächst plausibel an: „Ehe ich entwickle, wie wir nach Maroshely geritten sind, wie ich Brigitta kennen gelernt habe, und wie ich noch recht oft auf ihrem Gute gewesen bin, ist es nötig, daß ich einen Teil ihres früheren Lebens erzähle, ohne dem das Folgende nicht verständlich wäre." Es klingt auch noch plausibel, wenn der Erzähler mit dem Versprechen fortfährt: „Wie ich zu so tief gehender Kenntnis der Zustände, die hier geschildert werden, gelangen konnte, wird sich aus meinen Verhältnissen zu dem Major und zu Brigitta ergeben, und am Ende dieser Geschichte von selbst klar werden, ohne daß ich nötig hätte, vor der Zeit zu enthüllen, was ich auch nicht vor der Zeit, sondern durch die natürliche Entwicklung der Dinge erfuhr."[102] Nicht mehr einleuchten kann das Verfahren jedoch, wenn man es vom Schlußkapitel her kontrolliert. Nachdem der Erzähler Zeuge der Versöhnungsszene geworden ist, erklärt er: „Sie erzählten mir teils gleich in abgebrochenen Sätzen, teils die folgenden Tage im Zusammenhange alles, was sich zugetragen hatte, und was ich oben angemerkt habe", und er fügt erläuternd hinzu: „Mein Reisefreund war also Stephan Murai gewesen. Er war unter dem Namen Bathori, der einem seiner weiblichen Vorfahren gehörte, gereiset. So hatte ich ihn auch gekannt, aber er ließ sich immer Major nennen . . . und alle Welt nannte ihn auch den Major":[103] Indem diese Erklärung mit der Quellenangabe zwar das zuvor gegebene Versprechen einlöst, desavouiert sie doch zugleich die zuvor gegebene Versicherung des Erzählers, er hätte „nicht nötig . . ., vor der Zeit zu enthüllen, was ich auch nicht vor der Zeit, sondern durch die natürliche Entwicklung der Dinge erfuhr". Wie sich jetzt erweist, hat der Erzähler vielmehr, wenn man die Fiktion ernstnimmt, zuerst den wahren Namen des Majors erfahren, zumindest den Vornamen Stephan, der als Pointe ausgespielt wird, und dann erst die ganze Vorgeschichte, nicht aber, wie die Einleitung des dritten Kapitels glauben machen will, zuerst die Vorgeschichte Brigittas und dann erst die Rolle, die der Major darin spielt. Der Hinweis auf die „natürliche Entwicklung der Dinge" ist daher nur als erzählerische Camouflage zu werten, wie auch in der Erklärung, daß der Erzähler den Major unter dem Namen Bathori kennengelernt habe, nicht mehr zu sehen ist als ein Versuch, das Täuschungsspiel nachträglich in der Fiktion zu beglaubigen – ein Versuch, der allerdings nur so lange Erfolg haben kann, wie der Leser den Erzählvorgang nicht gegen den erzählten Vorgang aufrechnet, anders aber nur um so deutlicher macht, daß die Wahrscheinlichkeit des Erzählten hier der rhetorischen Pointe geopfert wird. Im übrigen berechtigt die einleitende Bemerkung zum dritten Kapitel natürlich auch zu der Gegenrechnung, daß der

Erzähler, wenn er denn seine Einschaltung schon mit dem Argument der besseren Verständlichkeit des darauf Folgenden begründet, dem Leser diese Vergünstigung im Fall des Majors gerade nicht zuteil werden läßt: auch dessen Vorgeschichte hätte vorgeschaltet werden müssen, wenn es wirklich darum gegangen wäre, dem Leser von vornherein vollen Einblick in das Verhalten des Majors in der Gegenwartshandlung zu gewähren.

10

Im Zusammenhang der Kommunikation zwischen Autor und Leser sind schließlich die einzelnen Momente der analytischen Handlung, wie sie im ersten Kapitel unterschieden wurden, neu zu bestimmen.

Im Fall des konstitutiven „Wahrnehmungs- und Unbestimmtheitsmoments" rückt der Akzent in diesem Zusammenhang zwangsläufig auf die Komponente der Unbestimmtheit. Von sekundärem Interesse wird, daß eine Figur Träger der Handlung und daß ihre Wahrnehmung der Modus der Vermittlung ist; primäres Interesse gewinnt die Unbestimmtheit des Vermittelten in der Sicht des Lesers.

Das nicht konstitutive, wohl aber typische „Reflexmoment" erhält innerhalb der Kommunikation zwischen Autor und Leser die Funktion des Unbestimmtheits- und Rätselsignals: indem die Betrachterfigur mit Erstaunen, Verwunderung etc. auf die wahrgenommene unbestimmte Erscheinung reagiert, sieht sich der Leser in seiner Einschätzung der Unbestimmtheit des bis dahin Vermittelten bestätigt.

Das „analytische Moment" erscheint mit dem, was die Betrachterfigur an Mutmaßungen, Kombinationen etc. vorbringt, als Angebot für den Leser, sich seinen eigenen Reim auf das Ungereimte zu machen und sich an dem analytischen Prozeß zu beteiligen. Besondere Bedeutung erhält dabei die oft zu beobachtende Tatsache, daß der Klärungsversuch, den die Betrachterfigur unternimmt, die Unbestimmtheit weniger abbaut als vielmehr erst zur Rätselhaftigkeit potenziert: Passagen solcher Art zeigen, daß die teilweise Enträtselung gerade ein Mittel fortschreitender Verrätselung im Hinblick auf den Leser sein kann.

Das „Widerstandsmoment" ist in diesem Zusammenhang besser als „Retardierungsmoment" zu bezeichnen, was aber natürlich nicht ausschließt, daß es in der Handlung oder sogar als Handlungselement schlüssig motiviert sein kann. Unter pragmatischem Aspekt war nur die eine der beiden Möglichkeiten der Retardierung, wie Schiller sie unterschieden hat, zu berücksichtigen: Retardierung „in der Art des Wegs"; unter kommunikativem Aspekt ist auch die andere einzubeziehen: Retardierung „in der Art des Gehens".[104]

Daß endlich im „Klärungsmoment" der Mitteilungsaspekt ebenso wie der

Handlungs- und der Darstellungsaspekt oder sogar mehr noch als diese zum Zug kommt, wird deutlich, wenn man die im ersten und zweiten Kapitel verwendeten Modellformeln konsequent ergänzt. Die Modellformel des erzählten Vorgangs an dieser Stelle: „Da erfuhr ich (oder er) ..." und die Modellformel des Erzählvorgangs: „Jetzt erzähle ich (oder wir), was sich vorher begab ..." sind zu ergänzen durch die Modellformel des Mitteilungsvorgangs: „Jetzt erzähle ich (oder wir), was der Leser schon lange erwartet ...". Aus der zitierten Stelle aus Hoffmanns ‚Doppeltgängern' geht dies bereits ausdrücklich hervor: „Es möchte hier der Ort sein, dem geneigten Leser zu sagen, wie sich alles begab am Hofe des Fürsten Remigius",[105] und die übrigen zitierten Stellen lassen sich unschwer dahingehend modifizieren. Was Andrea seinem Opfer William Lovell in der Handlung erklärt, ist natürlich nichts anderes als die Erklärung, die der Autor dem Leser des Buches am Ende zuteil werden läßt, und ebenso befindet sich in den anderen Beispielen nicht nur die Betrachterfigur in der Rolle des gespannten Hörers, sondern jenseits der Szene zugleich auch der Leser – bis hin zu der Stelle, an der die Icherzählerin bei Marie Luise Kaschnitz gerade dies eine Detail noch wissen will, das der Leser noch wissen will.

11

Was in den zuletzt angeführten Fällen keinerlei Zweifel unterliegt, nämlich daß die analytische Form hier als rhetorische Form nach dem Prinzip vorgängiger Verrätselung mit anschließender Enträtselung verwendet wird, ist in anderen Fällen mehr als zweifelhaft. Einer analytischen Sequenz wie beispielsweise der in Canettis Aufzeichnungen läßt sich auf keinerlei Art nachweisen, daß darin eine wie immer geartete Verrätselungstechnik angewendet wird, obwohl der Leser auch hier vorübergehend mit einem Rätsel konfrontiert wird. Es ist deshalb erforderlich, den Gesamtbereich analytischen Erzählens abermals typologisch zu differenzieren. Auch unter dem Aspekt der Kommunikation zwischen Autor und Leser zeichnen sich zwei extreme Möglichkeiten analytischen Erzählens ab: die „rhetorische analytische Erzählung" und die „darstellende analytische Erzählung". Da aber eine rhetorische Form, die, wie es hier der Fall ist, Figuren und Handlung impliziert, schlechterdings nicht ohne Darstellungsbasis denkbar ist und da umgekehrt eine Darstellungsform, die wie diese den Rezeptionszustand vorübergehender Ungewißheit über das Dargestellte impliziert, im Effekt mit der rhetorischen Form übereinkommt, empfiehlt es sich auch hier, nicht gleich von zwei verschiedenen Sachen zu sprechen, die unter dem Begriff der analytischen Erzählung zusammenfallen, sondern nur von zwei verschiedenen Aspekten ein und derselben Sache. Mehr noch als die ausschließlich technisch bedingte und die ausschließlich sujetbedingte analytische Erzählung, kommen die ausschließlich leserbezogene Verrätselungs-Enträtselungs-Rhetorik und die ausschließlich objektbezogene Rätsel-Lösungs-Darstellung nur als theoretische Möglichkeiten in Betracht. Zwischen ihnen läßt sich allerdings ebenso wie zwischen jenen eine nicht unpraktikable typologische Skala annehmen. In der Nähe des einen Pols dieser dritten Typenreihe wären Erzählungen zu lokalisieren, in denen die Betrachterfigur und die Erfahrungsgeschichte eher als Vehikel in der Kommunikation zwischen Autor und Leser dienen, und in der Nähe des anderen Pols Erzählungen, in denen die Figur und ihre Geschichte eher als das Kommunikationsobjekt selber erscheinen; in der Mitte der Skala würden solche Erzählungen rangieren, in denen der rhetorische Aspekt und der Darstellungsaspekt einander die Waage halten.

Paradigmatisch für eine analytische Erzählkonstruktion, in der die Darstellung über die Rhetorik dominiert, ist etwa die Rahmenhandlung in Grillparzers ‚Armem Spielmann', wo dem Erfahrungsprozeß des Erzählers ausgesprochen thematische Bedeutung zukommt: er exemplifiziert die Tätigkeit des Erzählers, „wie aus einem aufgerollten, ungeheuren, dem Rahmen des Buches entsprungenen Plutarch, ... aus den heitern und heimlich bekümmerten Gesichtern, dem lebhaften oder gedrückten Gange, dem wechselseitigen Benehmen der Familienglieder, den einzelnen halb unwillkürlichen Äußerungen, mir die Biographien der unberühmten Menschen" zusammenzulesen.[106] Beispiele für analytische Erzählungen, in denen umgekehrt die Rhetorik über die Darstellung dominiert, finden sich vor allem im Bereich der Detektivgeschichte und des Detektivromans ebenso wie der Gespenstergeschichte mit natürlicher Auflösung, aber auch außerhalb der Trivial- und Unterhaltungsliteratur. Zumindest in Episoden läßt sich die erzählende Literatur allgemein das immer effektvolle, nicht selten sinnreiche und nicht immer mit der Erstlektüre total verbrauchte Rätselspiel mit dem Leser nicht entgehen. Analytische Erzählungen schließlich, in denen der Akzent gleichmäßig auf Rätseldarstellung und Rätselrhetorik verteilt ist, sind beispielsweise Hoffmanns ‚Ödes Haus' oder Stifters ‚Altes Siegel' (in der Urfassung) unbeschadet der besonderen Funktionen, die der analytischen Form in diesen Erzählungen zukommt.

‚Das öde Haus' und ‚Das alte Siegel' sind zugleich Erzählungen, die nicht nur in der dritten Typenreihe unter dem Aspekt der Kommunikation, sondern auch in der zweiten Typenreihe unter dem Aspekt der poetologischen Konstruktion etwa die Mitte der Skala markieren. Das ist jedoch nur eine zufällige Koinzidenz. Grundsätzlich konvergieren die beiden Typenreihen nicht. Es gibt im Bereich der sujetbedingten analytischen Erzählung ebenso auf den Effekt im Leseprozeß angelegte Konstruktionen, wie es im Bereich der technisch bedingten analytischen Erzählung auch solche Fälle gibt, in denen die angewandte Technik nicht als Rätselrhetorik aufzufassen ist. Die analytische Form der klassischen Detektivgeschichte z. B. ist sowohl die Form des Sujets (Geschichte der Aufdeckung eines Verbrechens) als auch rhetorische Form (dem Leser angebotenes Rate- und Kombinationsspiel). Die analytische Form in Grillparzers ‚Armem Spielmann' andrerseits z. B. ist sowohl technisch bedingte Form (Geschichte im Medium der Erfahrung) als auch Darstellungsform.

Das entscheidende Kriterium für die Sonderung der Formen innerhalb der dritten Typenreihe ist nur die Frage, ob der mit jeder analytischen Erzählung verbundene Effekt, nämlich der für die längste Strecke der Lektüre bewirkte Rezeptionszustand des Lesers in Konfrontation mit Rätseln, eigens vom Autor intendiert ist oder ob er sich automatisch ergibt – als Nebenprodukt der Wahl eines bestimmten Sujets oder einer zu ganz anderen Zwecken bestimmten Technik. Auch im letzteren Fall ist der Autor aber natürlich nicht aus der Verantwortung für den Effekt zu entlassen. In bezug auf solche Fälle, in denen einer analytischen Erzählkonstruktion die Rhetorik nach dem Prinzip vorgängiger Verrätselung mit anschließender Enträtselung nicht nachgewiesen werden kann, ist immerhin soviel festzustellen, daß in ihnen ein Verfahren angewendet wird, das die vorgängige Konfrontation des Lesers mit einem Rätsel und die Beteiligung an einer Enträtselung zumindest toleriert. Wer immer eine Geschichte so erzählt, daß sich später erst etwas erklärt, was dem Leser früher hätte gesagt werden können, läßt es wenigstens zu, wenn er es nicht geradewegs darauf absieht, daß der Leser für ein längeres Stadium in den Zustand der Ungewißheit gerät, als es von der erzählten Sache her unbedingt erforderlich ist. Und wer dieses mitunter für das Bedeutungsgefüge nicht unbedenkliche Stadium im Rezeptionsprozeß vermeiden will, und zumal wer von wirklich rätselhaften Dingen, die sich nicht erklären lassen, erzählen will, ohne dabei im Leser die Erwartung von Lösungen zu wecken, dem steht immerhin die Form des Berichts zur Verfügung; er kann im einen Fall die Erklärung, im andern Fall die Tatsache der Unerklärlichkeit berichtend-reflektierend vorwegnehmen und seine Behauptung dann durch Erzählung von Begebenheiten belegen; er kann ab ovo erzählen. Prinzipiell stehen damit Rätselrhetorik und Rätseldarstellung in der analytischen Erzählung in demselben dialektischen Verhältnis, wie es für Erzählvorgang und erzählten Vorgang geltend gemacht worden ist. Als Kommunikationsobjekt klassiert die Betrachterfigur in der Situation angesichts eines rätselhaften Umstandes die analytische Erzählung als Darstellungsform; als Kommunikationsmedium klassiert sie sie als rhetorische Form. Wie immer von Fall zu Fall darüber zu streiten sein mag, welcher der beiden Aspekte bei einer Erzählung jeweils in Betracht kommt, so betrifft der Streit doch immer nur die Frage, ob der Autor die Form bewußt als erzählstrategisches Mittel im Hinblick auf eine bestimmte Rezeptionsweise einsetzt oder ob er andere Interessen damit verfolgt; unstreitig bleibt dabei, daß die analytische Erzählung aus der Sicht des Lesers in jedem Fall eine spezifische Mitteilungsform ist.

Der Mitteilungsaspekt analytischen Erzählens ist übrigens auch aus einem ganz besonderen Grund nicht zu übersehen. Was grundsätzlich für jede Erzählung gilt, soweit sie eine Geschichte vermittelt, daß sie nämlich einer doppelten Leserperspektive unterliegt, zum einen als Gefüge von erzählten Geschehniselementen, zum andern als Gefüge von besonderen Erzählelementen und allgemeinen Redeelementen, was aber nicht für jede Erzählung gleichermaßen von Bedeutung ist, spielt bei der analytischen Erzählung eine entscheidende Rolle. Vorausgesetzt, daß der Leser auf das vom Text angebotene, ganz gleich ob vom Autor gewollte oder wenn ungewollte, so doch tolerierte Rätselspiel eingeht, fordert jede Sequenz der analytischen Erzählung bis auf die Lösungsphase geradezu dazu auf, unter jenem doppelten Aspekt betrachtet zu werden, weil unter Umständen ein Erzählelement verraten kann, was ein Geschehniselement verbirgt und umgekehrt – wofür mit einigen der angeführten Passagen aus Eichendorffs ‚Schloß Dürande' schon Proben gegeben wurden. Es sind allemal zwei Rollen zugleich, die dem Leser in und von der analytischen Erzählung angeboten werden: die eine in Identifizierung mit der Betrachterfigur als Perspektive auf die rätselhafte Sache im Geschehniszusammenhang, die andere in Distanz zum Text als Perspektive auf die (nicht selten ihrerseits rätselhafte, nicht selten aber auch verräterische) Rede des Autors im Vermittlungszusammenhang.[107]

12

Der besondere Ort des dargelegten, als Handlungs-, Darstellungs- und Mitteilungskonstruktion spezifizierten formalen Modells analytischen Erzählens innerhalb eines allgemeinen Systems erzählerischer Möglichkeiten wird anschaulich, wenn man sich drei einander partiell überschneidende Kreise vorstellt, von denen der erste sämtliche analytische Handlungen, der zweite sämtliche Hysteron-Proteron-Konstruktionen und der dritte sämtliche Rätsel-Lösungs-Konstruktionen umfaßt (Schema A).[108] Die damit gegebenen sieben Segmente (Schema B)[109] wären im einzelnen etwa folgendermaßen zu charakterisieren.

Segment 1: Analytische Handlungen, die weder auf dem Prinzip des Hysteron proteron beruhen noch in der Sicht des Lesers als Folge von Rätsel und Lösung ablaufen (Erzählabschnitte beispielsweise, die eine oder mehrere Figuren in der Bemühung zeigen, einen Sachverhalt aufzuklären, der dem Leser bereits bekannt ist – wie etwa die Mutter auf der Suche nach ihren verschollenen Söhnen in Kleists ‚Heiliger Cäcilie').

Segment 2: Erzählsequenzen, die auf dem Prinzip der zeitlichen Umstellung von Begebenheiten beruhen, ohne das später erzählte Frühere durch analytische Handlung einzuholen und ohne das früher erzählte Spätere zum Rätsel für den Leser zu stilisieren (wie etwa das beliebte Verfahren, nach einem

Sprung in medias res in einer „aufbauenden Rückwendung“[110] Präzedenzien nachzutragen – z. B. die Jugendgeschichte des Helden im zweiten Kapitel des ‚Zauberberg‘).

Segment 3: Rätsel-Lösungs-Konstruktionen, die weder mit analytischen Handlungen vermittelt sind noch auf dem Prinzip des Hysteron proteron aufbauen (wie es bei einer ganzen Reihe der in diesem Kapitel herangezogenen rhetorischen Rätsel der Fall ist, z. B. in Hermann Kants ‚Gold‘).

Segment 4: Analytische Handlungen, die zugleich Hysteron-Proteron-Konstruktionen, nicht aber Rätsel-Lösungs-Konstruktionen sind (Erzählungen beispielsweise, in denen analytisch eingeholte und später im Detail ausgebreitete Präzedenzien für den Leser vorzeitig durchschaubar sind, wie etwa in Hauffs Erzählung ‚Der Affe als Mensch‘, wo der Titel die Lösung dessen, was den beteiligten Figuren als Rätsel gilt, schon ausplaudert).

Segment 5: Analytische Handlungen, die zugleich Rätsel-Lösungs-Konstruktionen sind, nicht aber auf dem Prinzip des Hysteron proteron beruhen („einfache“ analytische Erzählungen im Sinn der ersten Typenreihe, wie z. B. Brentanos ‚Hexen auf dem Austerfelsen‘).

Segment 6: Erzählsequenzen, die auf dem Prinzip der zeitlichen Umstellung von Begebenheiten beruhen und zugleich nach dem Rätsel-Lösungs-Schema angelegt sind, die Lösung jedoch nicht durch analytische Handlung beibringen (wie z. B. der Anfang von Goethes ‚Wer ist der Verräter?‘).

Segment 7 ist die Kernzone, in der alle drei Aspekte gleichermaßen relevant sind. Auf sie bezieht sich das dargelegte idealtypische Modell der analytischen Erzählung in ihrer „komplexen“ Variante und sie bildet zusammen mit dem fünften Segment, der „einfachen“ Variante, den Gegenstand der folgenden funktionalen Untersuchung.

Das gesamte Modell mit seiner Auffächerung in die drei Typenreihen dient nur der Übersicht über die formalen Möglichkeiten analytischen Erzählens. Selbstverständlich sind innerhalb des Spielraums der einfachen und der komplexen Form (erste Typenreihe), der sujetbedingten und der technisch bedingten Form (zweite Typenreihe) sowie der rhetorischen und der Darstellungsform (dritte Typenreihe) weitere Typologisierungen nicht nur möglich, sondern je nach dem, welche Zwecke man damit verfolgt, nötig. Für detailliertere Strukturuntersuchungen würde sich beispielsweise eine Typologisierung nach dem Kriterium der Dominanz des Analytischen einerseits und des Geheimnisvollen andrerseits empfehlen, die zugleich Detektivgeschichten und romantische Erzählungen in struktureller Hinsicht präziser lokalisieren könnte, etwa als „analytische Erzählungen im engeren Sinn“ und als „Geheimniserzählungen“.[111] Auch ließe sich typologisch differenzieren zwischen Erzählungen, in denen es nach Art des ‚König Ödipus‘ um die Aufdeckung der eigenen Vergangenheit des Helden geht, wie sie in der Romantik besonders häufig sind (‚Sternbald‘, ‚Bonaventura‘, ‚Elixiere des Teufels‘), und Erzählungen, die – mit

Stifters signifikanter Formel – auf die „Ermittlung" eines fremden „Lebenslaufes"[112] konzentriert sind, wie sie im Realismus mit besonderer Häufigkeit vorkommen (‚Armer Spielmann', ‚Kalkstein', ‚Cécile'). Ebenfalls durch viele Fälle gedeckt wäre eine Unterscheidung nach dem Kriterium, ob es sich bei der erfahrenen Geschichte um eine bloß „verborgene", als „Geheimnis der Vergangenheit", wie es in Storms ‚Aquis submersus' heißt,[113] zurückliegende Geschichte handelt, oder aber um eine „verborgen gehaltene Geschichte", die der Geheimnisträger mit allen Mitteln gegen ihre Entdeckung zu schützen trachtet. Ein besonders wichtiges Kriterium für die typologische Differenzierung ist es schließlich, ob es im Zug des analytischen Prozesses gelingt, die erfahrene Geschichte ganz auszuleuchten, oder ob sie fragmentarisch bleibt. Nach diesem Kriterium ließen sich „geschlossene" und „offene" analytische Erzählung unterscheiden, wobei der letztere Typus seinerseits nach dem Kriterium aufgefächert werden könnte, ob das am Ende offen bleibende Rätsel ein bloß ungelöstes Rätsel ist, dessen Lösung aus Mangel an intensiver Nachforschung mißlingt, oder ob es als prinzipiell unlösbares Rätsel hingestellt wird, vor dem der Verstand kapituliert. Auf der einen Seite also Erzählungen, die bei aller Offenheit ihres Ausgangs innerhalb der Grenzen des Natürlichen, Realen und Rationalen verbleiben, und auf der anderen Seite Erzählungen, die in den Grenzbereich zwischen Natürlichem und Übernatürlichem, Realem und Irrealem, Rationalem und Irrationalem hineinführen. Dem ersteren Typus sind vor allem Erzählungen aus dem Bereich des Realismus, des neunzehnten wie des zwanzigsten Jahrhunderts, zuzuordnen: „gescheiterte Ermittlungen", wenn man den Akzent auf die Erfahrungsgeschichte legt, oder „fragmentarische Lebensgeschichten", wenn man sie von ihrem Erfahrungsobjekt her begreift (Stifters ‚Turmalin', Fontanes ‚Karrenschieber von Grisselsbrunn', Johnsons ‚Mutmaßungen über Jakob', Pingets ‚Monsieur Mortin'). Den letzteren Typus repräsentieren „mysteriöse Erzählungen": vor allem romantische, aber auch romantisierende Erzählungen späterer Zeit.

Ob und wieweit man derartige typologische Differenzierungen vornimmt, bei denen jeweils nicht nur die inhaltlichen Konkretisierungen, sondern auch die geschichtlichen Realisierungen des formalen Modells in Rechnung zu stellen wären, hängt davon ab, zu welchen Zwecken die typologische Ordnung dienen soll. Für den Zweck dieser Untersuchung genügt die Unterscheidung der dargelegten drei Typenreihen. Sie zeigen in den weitesten Grenzen, was analytisches Erzählen ist, und bieten eine Handhabe für die im folgenden zu untersuchende Frage, was analytisches Erzählen in der Regel leistet.

4. Kapitel

Ökonomie

1

In seinem Brief vom 2. Oktober 1797 an Goethe nennt Schiller die „Vorteile" eines Stoffes „von der Art des Oedipus Rex" „unermeßlich". Einen der wichtigsten sieht er darin, „daß man die zusammengesetzteste Handlung, welche der tragischen Form ganz widerstrebt, dabei zum Grunde legen kann, indem diese Handlung ja schon geschehen ist und mithin ganz jenseits der Tragödie fällt". Dasselbe Argument verwendet er anschließend, wenn er die bereits zitierte grundlegende analytische Konstruktionsformel: „Alles ist schon da, und es wird nur herausgewickelt" mit den Worten erläutert: „Das kann in der einfachsten Handlung und in einem sehr kleinen Zeitmoment geschehen, wenn die Begebenheiten auch noch so kompliziert und von Umständen abhängig waren. Wie begünstiget das nicht den Poeten!"[1]

Es verschlägt nichts, daß diese technischen Erwägungen, die Schiller am Beispiel des ‚König Ödipus' entwickelt, auf das Sophokleische Drama selbst genau genommen nicht zutreffen.[2] Denn von analytischer Technik im strengen Sinn eines vom Autor gewählten Darstellungsverfahrens, das ihm als eines unter anderen angesichts eines vorgegebenen Stoffes zur Verfügung steht, könnte hier nur dann die Rede sein, wenn man den gesamten Mythos von Ödipus als das Sujet dieses Dramas unterstellen würde, das durch die analytische Form auf die denkbar ökonomischste Weise zur Darstellung gelangte. Sujet des ‚Königs Ödipus' ist aber offensichtlich die tragische Enthüllung selbst. Die Enthüllungshandlung ist zu gewichtig, als daß man sie als bloßes Mittel ansehen könnte zu dem Zweck, den Mythos von Ödipus, seine lange Geschichte von der Aussetzung des Kindes über die Ermordung des Vaters und die Ehe mit der Mutter bis hin zur tragischen Selbsterkenntnis, auf die Bühne zu bringen. Dennoch verlieren Schillers Erwägungen dadurch, daß sie sich auf ein nicht ganz passendes Beispiel gründen, nichts von ihrer Gültigkeit: sie formulieren die Möglichkeit, das, was beim ‚König Ödipus' im Stoff bereits angelegt ist, nämlich die Konzentration eines komplexen Gesamtgeschehens auf seine Schlußphase, mit technischen Mitteln herzustellen, und sie nehmen damit das Konstruktionsprinzip vorweg, nach dem beispielsweise Ibsen in den meisten seiner Gesellschaftsdramen verfährt. Das analytische Drama vom Typus ‚König Ödipus' ist durch sein Sujet als analytisches Drama spezifiziert, das analytische Drama vom Ibsenschen Typus ist es durch seine Technik. Läßt sich jenes abgekürzt als Darstellung eines einfachen, gegenwärtigen analytischen Geschehens definieren, so dieses als analytische Darstellung eines komplexen, vergangenen Geschehens. Ist dort, wie Peter Szondi im Vergleich zwischen ‚König Ödipus' und ‚John Gabriel Borkman' exemplifiziert hat, die Vergangenheit Funktion der Gegenwart, so hier die Gegenwart Funktion der Vergangenheit.[3] Hier wird in der Tat ein „zusammengesetztestes" Gesamtgeschehen in Form eines „einfachsten" Bühnengeschehens vermittelt, und wenn es möglicherweise auch zu weit gehen mag, in bezug auf Ibsens Dramensujets geradewegs von Romanstoffen zu sprechen, die anders als durch analytische Technik überhaupt nicht bühnengerecht realisiert werden könnten, wie Szondi es tut,[4] so ist zumindest nicht zu bezweifeln, daß die Vorteile einer Stoffbehandlung in der Art Ibsens eben dieselben sind, die Schiller mit den Vorteilen eines Stoffes von der Art des ‚König Ödipus' meint. Im Vergleich des „zusammengesetztesten" Gesamtgeschehens, das in analytischen Dramen dieser Art vermittelt wird, mit dem „einfachsten" Bühnengeschehen, in dem die Vermittlung sich vollzieht, fällt jedenfalls der ökonomische Zug der analytischen Darstellungsweise als hervorstechendes Merkmal auf.

Dasselbe gilt für die analytische Erzählung. „Analytisches Erzählen ist ökonomisches Erzählen", lautet die erste These, die hier abgehandelt werden soll. Dabei ist allerdings nicht zu übersehen, daß die Erzählung, anders als das Drama, auf solcherart Ökonomie keineswegs angewiesen ist. Selbst die zusammengesetzteste Handlung bereitet dem Erzähler nicht notwendig die Schwierigkeiten, die sie dem Dramatiker machen muß, wenigstens nicht solche Schwierigkeiten, daß sie sich nur durch analytische Technik bewältigen ließen. Die Erzählung kann vor und zurück gehen (Goethe nennt es geradezu eine „Haupteigenschaft des epischen Gedichts", „daß es immer vor und zurück geht"),[5] sie kann im Geschehenszusammenhang Früheres im Fortgang des Erzählens später und Späteres früher vermitteln, und sie kann dies, ohne dabei an Einheitlichkeit zu verlieren, da ihre Einheit prinzipiell im Erzählvorgang, nicht im erzählten Vorgang liegt. In dem Maß allerdings, wie die Erzählung illusionistisch darauf aus ist, zugunsten der erzählten Geschichte ihren Mitteilungscharakter zu verleugnen, überantwortet sie sich dem Gesetz der Einheit des erzählten Vorgangs, der Einheit der Handlung, und in dem Maß, wie sie das tut, was praktisch nicht gerade der seltenste Fall ist, gewinnt der ökonomische Aspekt im Bereich der Erzählung dieselbe Bedeutung wie im Drama.

Porträt und Vorgeschichte einer Figur beispielsweise, deren Mitteilung mit ihrem Auftreten in einem bereits fortgeschrittenen Stadium der Erzählung erforderlich wird, kann der Erzähler – unbeschadet der Einheit des Erzählvorgangs, wohl aber auf Kosten der Einheit des erzählten Vorgangs – in Form des Rückgriffs, der blockweisen Einschaltung darlegen; er kann sie aber auch –

zugunsten der Einheit des erzählten Vorgangs – zum Erfahrungsobjekt anderer, bereits vorgeführter Figuren machen und damit auf analytischem Weg beibringen. Michel Butor kommt in seinen ‚Untersuchungen zur Technik des Romans' auf dieses Mittel zu sprechen und zitiert dazu das Rezept, das Balzac im Vorwort zu ‚Eine Evastochter' bereithält: „Sie treffen in einem Salon einen Mann, den Sie seit zehn Jahren aus den Augen verloren hatten: er ist Minister oder Kapitalist. Sie hatten ihn ohne Gehrock, ohne öffentlichen oder privaten Geist gekannt, jetzt bewundern Sie ihn in seinem Ruhm, Sie staunen über sein Glück oder seine Talente; dann gehen Sie in eine Ecke des Salons, und dort erzählt Ihnen ein trefflicher Gesellschaftsunterhalter in einer halben Stunde die Ihnen unbekannte Geschichte der zehn oder zwanzig Jahre. Oft wird Ihnen diese skandalöse oder ehrenwerte, schöne oder häßliche Geschichte auch erst am nächsten Tag oder einen Monat später erzählt, manchmal auch nur in Teilen."[6] Butor zitiert diese Stelle im Zusammenhang mit den Schwierigkeiten, in die der Erzähler gerät, wenn er die Chronologie des Erzählens unbedingt auf die Chronologie der erzählten Begebenheiten abstimmen will. „Sobald zwei Hauptpersonen vorhanden sind", so heißt es vorher, „und diese sich trennen, sind wir gezwungen, für einige Zeit die Erlebnisse der einen zu übergehen, um zu erfahren, was die andere in dieser Zeit gemacht hat."[7] Dabei kommt es ihm hauptsächlich auf das Fazit an, das Balzac im Anschluß an die zitierte Passage zieht: „Nichts auf dieser Welt ist aus einem Stück, alles ist Mosaik. Chronologisch läßt sich nur die Geschichte der vergangenen Zeit erzählen, auf die in Bewegung befindliche Gegenwart ist dieses System nicht anwendbar."[8] Im Zusammenhang mit der analytischen Erzählung dagegen kommt es mehr auf die bei Balzac angedeutete Situation des Hörers auf der Szene an; es ist eine typische Situation der analytischen Erzählung: die Hörerfigur „staunt", wie es ausdrücklich heißt, und sie fragt, wie unschwer zu ergänzen ist, und die schließlich erwogene Möglichkeit, daß sie die fragliche Geschichte erst später und nur in Teilen erfährt, bezeichnet schon die ausgestaltete, mehr oder weniger analytische Komponente.

Die Einheit des erzählten Vorgangs ist in der analytischen Erzählung durch die Orientierung an der Erfahrungsgeschichte der Betrachterfigur gewährleistet. Unbeschadet der Tatsache, daß analytisches Erzählen Vergangenheit und Gegenwart in umgekehrter Reihenfolge vermittelt und damit umständlicheres Erzählen ist als das synthetische Erzählen ab ovo, ist die These zu vertreten, daß es ökonomischer ist als synthetisches Erzählen: Kürzeste Handlungszeit zwischen Anfang und Ende der Erzählung bei beliebig langer zeitlicher Ausdehnung der gesamten erzählten Begebenheiten; einheitlicher Schauplatz der Vordergrundhandlung bei beliebig zahlreichen Schauplätzen des gesamten Geschehens; einheitlicher Handlungsgang durch Orientierung an der Betrachterfigur und ihrer Erfahrung bei beliebig vielen Figuren im Gesamtgeschehen und beliebig vielen Erfahrungsobjekten. Anschaulich wird die Ökonomie analytischen Erzählens, wenn man sich nur die Mühe macht, die gegebene Form einer analytischen Erzählung mit ihrem möglichen synthetischen Pendant zu vergleichen, und zwar desto anschaulicher, je komplizierter die Erzählung ihrem Substrat nach ist. Zur Illustration zwei derart komplizierte Beispiele: eine Erzählung (Wielands ‚Die Salamandrin und die Bildsäule') und eine Romankomponente (aus Tiecks ‚Vittoria Accorombona').

2

Unter dem Titel ‚Die Salamandrin und die Bildsäule'[9] erzählt Wieland in seinem ‚Dschinnistan' die Geschichte zweier Schwärmer und ihrer heilsamen Desillusionierung, eingelagert in die Geschichte einer heiteren, einigermaßen aufwendigen Intrige, die zwei in Freundschaft miteinander verbundene Väter veranstalten, um ihre Kinder untereinander zu verheiraten. Osmandyas, der Sohn des ägyptischen Oberpriesters Kalasiris, und Klotilde, die Tochter des aremorischen Druiden Taranes, sollen ebenso ein Paar werden wie Klodion, der Sohn des Taranes, und Thermutis, die Tochter des Kalasiris. Es gehört zum Plan der Väter, die füreinander Bestimmten einander selbst finden zu lassen und nur die Wege dazu zu bereiten. Dem Plan kommt zustatten, daß Thermutis bereits eine heimliche Neigung zu Klodion erkennen läßt, nachdem sie ihn bei seinen Besuchen in Ägypten des öfteren gesehen hat, ohne von ihm bemerkt zu werden, und daß Klotilde nur auf die Ähnlichkeit des auf Studienreisen abwesenden Osmandyas mit seiner von Klotilde freundschaftlich geliebten Schwester Thermutis aufmerksam gemacht zu werden braucht, um sogleich für ihn eingenommen zu sein. Der unverzüglichen Ausführung des Plans steht jedoch nicht nur die Abwesenheit des Osmandyas entgegen, sondern vor allem die Tatsache, daß Klodion von Jugend auf in einer grillenhaften Schwärmerei für Feen und Elementarwesen befangen ist, die sich mit einer hartnäckigen Abneigung gegen irdische Schönheiten verbindet. Die Intrige gegenüber Osmandyas besteht darin, daß die Väter ihm die für ihn ausersehene Klotilde zunächst in Gestalt einer Bildsäule vorstellen, von deren Schönheit er sich dann so sehr entflammt zeigt, daß er sie für ein verzaubertes Wesen ansieht, in eine schwärmerische Liebe zu ihr gerät und sich auf die Suche nach ihrem Urbild begibt. Ihm wird nicht eröffnet, was es mit der Bildsäule auf sich hat, sondern lediglich verheißen, daß er im fernen Aremorica in einem detailliert bezeichneten Turm ans Ziel seiner Wünsche gelangen werde. Aufwendiger noch ist die Intrige gegenüber Klodion. Die Väter gehen zum Schein auf seine Schwärmerei ein und spielen ihm Thermutis in doppelter Verkleidung zu: als Salamandrin, die ihm das Versprechen seiner Liebe abnötigt, und als Fee Pasidora, die ihn zur Untreue gegenüber der Salamandrin verleitet. Schauplatz des Abenteuers ist die in Klodions Abwesenheit umständlich als Feenreich hergerichtete Umgebung um jenen Turm im Reich des Druiden. Die Rechnung geht natürlich zum Wohlgefallen aller Beteiligten auf: Osmandyas und Klodion werden von ihrer Schwärmerei geheilt, die Wirklichkeit triumphiert über die Vorstellungswelt, und der Verheiratung der Paare steht nichts mehr im Weg.

Wieland erzählt diese Geschichte nun nicht synthetisch in der chronologischen Folge und kausalen Verkettung ihrer einzelnen Begebenheiten, wie sie hier abgekürzt wiedergegeben wurde, sondern analytisch in Form einer Gegenwartshandlung, in die drei Vorzeithandlungen integriert sind. Die Gegenwartshandlung erstreckt sich nur über wenige Stunden, ihr Schauplatz ist fast ausschließlich der als Treffpunkt ausersehene Turm in Aremorica. Handlungsträger ist zunächst Osmandyas; die Erzählung setzt mit dem Stadium ein, als er ans Ziel seiner Wanderung gelangt; er spielt die Rolle der Betrachterfigur. Gegenfigur ist zunächst Klodion, den Osmandyas in jenem Turm antrifft. Da aber Osmandyas als Bettler maskiert auftritt, spielt er zugleich auch die Rolle der Gegenfigur für Klodion als Betrachterfigur. Beide sind sich gegenseitig ein Rätsel, das dann durch den Austausch ihrer beider Geschichten, soweit es ihnen aus ihrer Sicht und in ihrer Situation möglich ist, abgebaut wird. Zuerst erzählt Osmandyas von seiner Faszination durch die geheimnisvolle Bildsäule und seiner Suche nach dem Urbild, die ihn schließlich an diesen Treffpunkt geführt hat (erste Vorzeithandlung); nach ihm erzählt Klodion, der hier verzweifelt das Wiedererscheinen der von ihm schuldlos-schuldig im Stich gelassenen Salamandrin ersehnt, von seinen abenteuerlichen und für ihn nicht weniger geheimnisvollen Begegnungen mit der Salamandrin und der Fee Pasidora (zweite Vorzeithandlung). Die Gegenwartshandlung bleibt dabei als Vordergrundgeschehen im Blickfeld. Nicht nur dadurch, daß die beiden Binnenerzählungen jeweils an einen konkret anwesenden Hörer gerichtet sind und gelegentlich durch Reaktionen des jeweiligen Hörers unterbrochen werden, sondern auch dadurch, daß Thermutis und Klotilde die beiden beim Austausch ihrer Geschichten von Anfang an belauschen. Gegen Ende der Erzählung greifen sie sogar in das Gegenwartsgeschehen ein, indem sie die beiden Jünglinge durch einen heimlich unterschobenen Trunk einschläfern. Auf diese Weise ist dafür gesorgt, daß Klodion, dem einiges von dem, was Osmandyas als undurchdringliches Geheimnis erscheint, bekannt ist, zu Erklärungen gerade noch ansetzen, nicht aber sie vollenden kann. Die restlose Enthüllung der mit dem Beginn der Erzählung übergangenen Vorgeschichte (dritte Vorzeithandlung) bleibt den am Ende erst als Drahtzieher des ganzen Spiels hervortretenden Vätern Kalasiris und Taranes vorbehalten.

Vergleicht man die Geschichte, wie sie sich als Summe der erzählten Begebenheiten darstellt, mit der Art, wie sie erzählt wird, so ist ersichtlich, daß das von Wieland gewählte Erzählverfahren der Ökonomie des Ganzen zugute kommt. Vermieden sind die verschiedensten Mißlichkeiten, die eine synthetische Erzählung ab ovo angesichts dieses Stoffes zwangsläufig mit sich bringen würde: die Mißlichkeit, die parallelen Abläufe der Abenteuer Osmandyas' und Klodions zunächst ohne Wechselbezug hintereinanderzuschalten und dann erst zu verknüpfen; die mehrfachen Schauplatzwechsel und Zeitsprünge, die damit verbunden wären; die Umständlichkeit, am Anfang den Plan der Intrige auszubreiten und am Ende nur seine Ausführung zu bestätigen; schließlich auch die strukturelle Überbewertung von Nebenfiguren, die sich ergeben könnte, wenn die Erzählung von den Drahtziehern des Geschehens ausginge und später erst auf die Hauptfiguren Osmandyas und Klodion zu sprechen käme, womit zugleich ein mehrfacher Perspektivismus in Kauf zu nehmen wäre, der die Einheit der Erzählung gefährden könnte. So aber, auf die hier gewählte Weise organisiert, erscheint das Gesamtgeschehen auf ein ebenso elegantes wie ökonomisches Minimum an Gegenwartshandlung zusammengedrängt, die sich durch Einheit des Ortes, der Zeit und der Handlung gerade so auszeichnet, als hätte der Autor es darauf abgesehen, die klassischen drei Einheiten des Dramas in der Erzählung exemplarisch zu erfüllen. Jedenfalls nutzt er die Vorteile der analytischen Kompositionsweise gerade so, wie Schiller sie in bezug auf den ‚König Ödipus' beschrieben hat: eine „zusammengesetzteste (Gesamt-)Handlung" wird in einer „einfachsten (Vordergrund-) Handlung" und in einem „sehr kleinen Zeitmoment" dargestellt.

3

Nicht nur in bezug auf die gesamte Begebenheitsreihe, die einer Erzählung zugrunde liegt, sondern auch in bezug auf die mehr oder weniger umfangreiche Geschichte einzelner Figuren in der Erzählung, zumal im Roman, wird die analytische Technik nicht selten als ökonomisches Darstellungsmittel eingesetzt. Ein Beispiel dafür bietet das dritte Buch von Tiecks „Roman in fünf Büchern" ‚Vittoria Accorombona' mit der Vermittlung der Vorgeschichte einer Hauptfigur, die zwar nicht durchweg analytisch genannt werden kann, an der aber die analytische Technik entscheidenden Anteil hat.[10] Der Autor bedient sich hier verschiedener Kunstgriffe, die die Geschichte Paul Giordanos, des Herzogs von Bracciano, bis zu seiner Begegnung und Verbindung mit der Titelheldin ebenso zwanglos wie abwechslungsreich präsent machen. Wichtigster Bestandteil dieser Geschichte, die bezogen auf die Geschichte der Liebe zwischen Bracciano und Vittoria als Vorgeschichte zu gelten hat, ist die Ermordnung seiner Gemahlin Isabella. Tieck behandelt diese Begebenheit nicht als ein Stück Vergangenheit, sondern stellt sie unmittelbar als Gegenwartsereignis dar. Das ist der erste Kunstgriff. Er bewirkt zum Vorteil der Erzählung, daß bei der Einführung Braccianos nur noch wenig Vorgeschichte aufzuholen ist. Er bringt aber, für sich genommen, auch den Nachteil mit sich, daß der Roman mit der Darstellung der Mordbegebenheit für eine längere Strecke von der Hauptgeschichte, der Geschichte Vittorias, abschweift. Diesem Nachteil wird mit einem zweiten Kunstgriff gesteuert. Tieck führt den Herzog bereits vor der Mordbegebenheit mit Vittoria zusammen und bahnt hier schon ihre spätere Beziehung an, so daß die Geschichte der Ermordung Isabellas durch Bracciano zwar als simultaner Erzählstrang neben der Geschichte Vittorias, aber doch nicht gänzlich unabhängig von ihr verläuft. Die Rückbindung der Digression geschieht nun mithilfe der analytischen Technik. Es ist der dritte Kunstgriff. Die Episode ist, aufs Ganze des dritten Buches gesehen, mitten in eine analytische Handlung eingelagert.

Tieck führt den Herzog von Bracciano zunächst indirekt durch den Dichter Caporale, der von einer Begegnung mit dem ihm Unbekannten erzählt, in den Roman ein (III, 1, Anfang), läßt ihn dann direkt, aber in der Maske eines Fremden, der sich Don Giuseppe nennt und als lombardischer Kaufmann ausgibt, auf einer Geselligkeit im Haus der Accoromboni auftreten (III, 1, Mitte), macht ihn darauf ausdrücklich zum Rätsel für die beteiligten Figuren (III, 1, Ende), zeigt ihn weiterhin unidentifiziert im Gespräch mit einer Nebenfigur auf der Reise nach Florenz (III, 2), identifiziert ihn für den Leser in einer Szene am Florentinischen Hof, an die sich die Darstellung der Mordbegebenheit anschließt (III, 3), führt ihn schließlich nach Rom in das Haus der Accoromboni zurück und läßt ihn sein Inkognito erklären (III, 4). Das dritte Buch, zentralsymmetrisch komponiert wie der ganze Roman,[11] wird so durch den Spannungsbezug zwischen der verdeckten Einführung Braccianos und seiner Identifizierung für die beteiligten Figuren im ganzen zusammengehalten.

Im einzelnen ist die Verklammerung der Teile und die Bewältigung der Erzählmasse nicht weniger kunstvoll. Nichts als beiläufig mutet es zuerst an, wenn Malespina, Sekretär beim Herzog Francesco in Florenz, auf der Geselligkeit im Haus der Accoromboni Anekdoten vom Hofleben zum besten gibt, in einer Reihe zudem mit poetischen Beiträgen, an denen sich alle Figuren beteiligen, so daß seine Erzählung nur als Einlage, Kolorit des Romans, erscheint;[12] in Wahrheit aber wird damit einerseits Vorgeschichte des Herzogs von Bracciano bereitgestellt und andrerseits schon der Grund für die spätere Ermordung Isabellas durch den Herzog gelegt. Ausdrücklich als beiläufig gibt sich das anschließende Reisegespräch zwischen Malespina und Don Giuseppe: „So, unter mancherlei Gesprächen verging den Reisenden die Zeit";[13] in Wahrheit aber wird hier die Aufbereitung der Vergangenheit und die Vorbereitung der Zukunft fortgesetzt und intensiviert: Bracciano alias Don Giuseppe läßt sich von Malespina detailliert vom Treiben seiner Gemahlin während seiner Abwesenheit berichten. Das ganze Gespräch präsentiert sich als indirekte Zeitdarstellung, vermittelt durch zwei Nebenfiguren in typischen Rollen (der Höfling Malespina gibt auf die Fragen des mit dem Hofleben unvertrauten Kaufmanns Don Giuseppe Auskunft), und ist doch fest in die Romanhandlung integriert, da die Geschichte Braccianos selbst und dessen, was ihn unmittelbar angeht, den Gesprächsgegenstand bildet. Dabei ist der ökonomische Zug, daß der Autor durch die Maskierung Braccianos eine Figur erspart, ebenso bemerkenswert wie die zwanglose Handlungsführung und der unaufdringliche Schauplatzwechsel. Die Erzählung folgt sowohl der Nebenfigur Malespina wie der rätselhaften Figur Don Giuseppe, der durch seine Rätselhaftigkeit das Hauptinteresse des Lesers auf sich zieht. Malespina dient dabei nicht nur als Vermittler von Präzedenzien, sondern im Hinblick auf die Komposition auch als Überbrückung vom ersten zum dritten Kapitel und im Hinblick auf den Leseprozeß als Medium der Überraschung für den Leser. Nachdem sich die Wege der Reisenden am Ende des zweiten Kapitels getrennt haben, tritt Malespina am Anfang des dritten Kapitels am Hof in Florenz auf und wird hier betretener Zeuge des pompösen Einzugs des Herzogs von Bracciano, in dem er mit Schrecken seinen Reisegefährten wiedererkennt.

Die analytische Erzählkonstruktion, soweit sie Mitteilungsform nach dem Schema „Ein Rätsel und seine Lösung" ist, ist damit an dieser Stelle schon abgeschlossen: das Rätsel, wer der Unbekannte ist, hat sich in der Sicht des Lesers gelöst. Als Handlungssequenz dagegen kommt dieser Erzählstrang erst zum Abschluß, wenn Bracciano sein Inkognito gegenüber den Accoromboni erklärt. (Das Inkognito, das Bracciano selbst allgemein mit seiner „Liebhaberei" begründet, „mich zuweilen von allen Banden der Gesellschaft zu befreien, um mich selbst und die andern Menschen in ihrem wirklichen Wesen kennenzulernen",[14] hat den besonderen Sinn, daß Vittoria ihn unverstellt durch historische Assoziationen kennenlernt, und die Erzählweise des Autors sorgt dafür, daß sich eben diese Assoziationen wenigstens vorläufig nicht trübend in den Leseprozeß mischen. Ohne kommentierende Worte wird im übrigen auf diese Weise anschaulich, daß die spontan aufkeimende Liebe zwischen Vittoria und Bracciano nach dem Willen des Romans Schicksal sein soll, reine Wirkung der Persönlichkeiten, unabhängig von Namen und gesellschaftlichem Stand.[15])

Die Beispiele sollten gezeigt haben, daß sich die analytische Technik insbesondere für die Integration von Erzählstoff, der von sich aus dazu angetan ist, die Einheit der Erzählung zu gefährden, als ökonomisches Darstellungsmittel anbietet. Dieselbe Ökonomie kennzeichnet Mörikes Erzählung ‚Lucie Gelmeroth' oder auch Marie Luise Kaschnitz' Kurzgeschichte ‚Eines Mittags, Mitte Juni', um nur zwei bereits herangezogene Beispiele wiederaufzugreifen. Hier wie dort nicht synthetische Erzählung einer langen, an verschiedenen Schauplätzen spielenden, in einzelne nur durch Zeitraffung und Zeitsprung zu überbrückende Phasen aufgespaltenen Geschichte, sondern analytische Erzählung mit charakteristischer Einheit des kleinsten Zeitmoments, einheitlichem Schauplatz und einfachster Handlung – bei Mörike der Ablauf knapp zweier Tage, bei Marie Luise Kaschnitz ein auf wenige Stunden vom Nachmittag bis zum Abend zusammengedrängtes Geschehen. Ökonomie ist aber natürlich nicht die einzige Funktion des in diesen Texten angewendeten Verfahrens. Eine weitere, vielleicht noch offensichtlichere ist Spannung, bei deren Erörterung auf die angeführten Beispiele von Wieland und Tieck nochmals zurückzugreifen sein wird.

5. Kapitel

Motivationsersparnis

Ein besonderer ökonomischer Zug analytischen Erzählens im Unterschied zu synthetischem Erzählen besteht darin, daß es umständliche oder auch schwierige Ausführungen motivierender Szenen erspart. Da das Geschehen in analytischer Dastellung seine letzte Begründung erst am Ende der Erzählung erhält, ist der Autor, anders als bei synthetischer Darstellung, nicht genötigt, jeden einzelnen Schritt der Gesamthandlung aus dem vorhergehenden sukzessiv zu motivieren. Einleuchtender Motivierung von Schritt zu Schritt bedarf es lediglich für das Erfahrungskontinuum der Betrachterfigur, nicht für das Gesamtgeschehen, dessen größter Teil als Erfahrungsobjekt der Betrachterfigur getrost in diskontinuierlicher Form, bruchstückweise, disparat ans Licht kommen kann. Der Kausalnexus des gesamten Geschehens muß zwar, wenn die Fiktion im ganzen stimmig sein soll, gewährleistet sein, aber er braucht erst am Schluß mitenthüllt zu werden, wozu nur wenige Striche eines klärenden Referats genügen.

Wo immer erzählte Vorgänge solchermaßen im Erzählvorgang arrangiert werden, handelt es sich allerdings nicht nur um einen organisatorisch-technischen Kunstgriff zugunsten erzählerischer Ökonomie, sondern zugleich auch um einen rhetorischen Kunstgriff im Zusammenhang der Informationsvermittlung in der Kommunikation zwischen Autor und Leser. Zumal in solchen Fällen, in denen die Kontrolle ergibt, daß die Kausalkette, die die insgesamt erzählten Begebenheiten untereinander verbindet, hier und da schwache Glieder enthält, erhebt und bestätigt sich oft der Verdacht, daß das analytische Verfahren als bequemes Mittel dazu benutzt wird, um unzureichende Motivierungen, die in synthetischer Darstellung sogleich und als illusionsstörend auffallen würden, sowohl durch ihre Stellung als Nachtrag wie durch ihre Form als summarisches Referat zu überspielen. Weiterhin läßt sich in vielen Fällen feststellen, daß auf diese Weise nicht nur die Ausführung motivierender Szenen, sondern Motivation überhaupt erspart wird, und im Extremfall hält die analytische Form sogar als Mittel dafür her, den Leser, der sich nach der Lektüre nicht die Mühe macht, das Gelesene zu überprüfen, über die totale Unstimmigkeit des Substrats hinwegzutäuschen. Zur Erläuterung drei Beispiele.

Mörike (erstes Beispiel) nutzt in ‚Lucie Gelmeroth' nicht einfach nur den ökonomischen Vorteil analytischen Erzählens, sondern er nutzt ihn im Hinblick auf die Motivierung des Erzählten zugleich als rhetorischen Vorteil. Auch wenn man einräumt, daß die Titelheldin ein hochkomplizierter Charakter, eine „problematische Natur" ist, dürfte es, aufs Ganze gesehen, nicht eben allzu glaubhaft erscheinen, daß die tugendhafte Lucie sich, wenn auch im „Übermaß der Schmerzen"[1] um den Tod ihrer Schwester, dazu hinreißen läßt, deren ungetreuem Liebhaber nicht nur insgeheim den Tod zu wünschen, sondern ihren Jugendfreund offen zur Rache herauszufordern. An der Stelle, an der dieser „erste, entscheidende Impuls zur Tat"[2] eröffnet wird, heißt es bezeichnenderweise, daß ihr die Worte: „Räche die Schwester, wenn du ein Mann bist!" auf unerfindliche Weise, „sie weiß nicht wie", „entschlüpfen" – was nochmals relativiert wird, wenn es anschließend heißt, daß sie „dabei an nichts Bestimmtes" gedacht habe.[3] Die Motivierung ist schwach. Dadurch aber, daß der Autor die Erzählung mit einer Phase beginnen läßt, in der dies längst schon in der Vergangenheit liegt und die Titelheldin sich in einem durch zahlreiche andere Fakten durchaus motivierten Stadium befindet, das jenes zweifelhafte Verhalten als Ursache notwendigerweise voraussetzt, fällt die Motivationsschwäche kaum ins Gewicht – wenigstens nicht für die längste Strecke der Lektüre, sondern erst im kontrollierenden Überblick, und jedenfalls nicht dermaßen, wie es bei der probeweise anzunehmenden synthetischen Version des Substrats der Fall wäre, in der sich der Motivationsmangel unmittelbar mit der Ausführung der Szene sogleich und störend bemerkbar machen würde.

Wird bei Mörike der „erste, entscheidende Impuls zur Tat", so unwahrscheinlich er begründet sein mag, immerhin noch mit Worten bedacht und mit Fakten und Erwägungen gestützt, so lassen es andere Autoren analytischer Erzählungen oft damit genug sein, den Zusammenhang aller zuvor vermittelten rätselhaften Fakten im Klärungsmoment nur zu behaupten, und dies aus dem – gut oder schlecht – rhetorischen Grund, weil mit der Wiederaufnahme von Details und mit dem Versuch, sie in einen bündigen Zusammenhang zu stellen, nur die Unwahrscheinlichkeit des zuvor Erzählten verraten würde. So etwa begnügt sich Hauff (zweites Beispiel) am Ende der ‚Karawane' damit, den Gastfreund des Zaleukos, alias den geheimnisvollen Rotmantel, alias den Räuber Orbasan, allein darüber Rechenschaft ablegen zu lassen, aus welchen Gründen er Zaleukos in der ‚Geschichte von der abgehauenen Hand' unter Vorspiegelung falscher Tatsachen zum Mörder gemacht hat und wie er gerade auf diesen ortsfremden Arzt und Kaufmann gekommen ist. Über die einzelnen Umstände aber, die im Wahrnehmungs- und Unbestimmtheitsmoment nur sporadisch zum Vorschein gekommen waren, wird in diesem Klärungsmoment rasch hinweggegangen. Kein Wort dazu, wie und warum der Fremde seine Nachricht ausgerechnet in eine der Salbenbüchsen des Zaleukos geschmuggelt hat, und kein Wort zuviel zu dem Mantel, der vorweg schon als „Schlüssel zu diesem wunderlichen Abenteuer"[4] bezeichnet wird. Nur mit

Mühe ließe sich freilich der Umstand erklären, daß der Fremde eine weitere Nachricht an Zaleukos in seinem roten Mantel bereitgehalten hat; denn Zaleukos behält den Mantel nur zufällig nach dem für den Fremden unvorhersehbaren Handgemenge bei der ersten Begegnung in seinen Händen zurück, während der Fremde flieht. In dem Geständnis am Ende heißt es nach der Erklärung über den Plan, Zaleukos zu dingen, lapidar: „Den Verlauf der Sache weißt du. Nur an deiner übergroßen Vorsicht und Ehrlichkeit schien mein Unternehmen zu scheitern. Daher der Zufall mit dem Mantel.“[5] In solchen Fällen wird nicht nur die Ausführung motivierender Szenen erspart, sondern es wird Motivation überhaupt erspart, und von Ökonomie analytischen Erzählens kann in bezug auf solche Fälle wenn überhaupt, so nur noch in dem Sinn die Rede sein, daß hier ein ökonomischer Vorteil, den die analytische Form gewährt, rhetorisch mißbraucht wird.

Nun ist diese Art der Motivationsersparnis allerdings, wie das Beispiel von Hauff schon zeigen kann, nicht isoliert zu sehen. Es handelt sich hier um eine Erzählkonstruktion, mit der der Autor den Reizwert analytischen Erzählens voll ausschöpft: er profitiert davon, daß die analytische Erzählung für lange Strecken mit dem Unwahrscheinlichsten und Unglaublichsten aufwarten kann, ohne daß dies sogleich der Kritik verfällt, weil es als Erfahrungsobjekt an die Betrachterfigur gebunden ist und durch diese vorgängig immer schon beglaubigt erscheint, und er nimmt es offenbar im Vertrauen darauf, daß der spannende, erregende, überraschende Vermittlungsprozeß seine Wirkung getan hat und daß der Leser am Ende nicht nachrechnet, mit der Stimmigkeit der insgesamt erzählten Begebenheiten, die am Ende mitenthüllt werden müßte, nicht so genau. Im Extremfall erklären sich auf diese Art nicht nur Motivationsschwächen, sondern sogar Motivationsfehler. Einen ebenso krassen wie kuriosen Motivationsfehler leisten sich beispielsweise Apel und Laun (drittes Beispiel) in einer Geschichte ihres ‚Gespensterbuches‘. In ‚Der Geist des Verstorbenen‘,[6] einer analytisch angelegten Gespenstergeschichte mit natürlicher Auflösung, stellt sich für den nachrechnenden Leser am Ende heraus, daß hier eine Begebenheit als Ursache einer anderen hingestellt wird, obwohl sie dieser zeitlich erst folgt. Julie glaubt eines Nachts das Gespenst ihres (vermeintlich) gestorbenen Gatten Dr. Gustav Heß zu sehen und erlebt später, nachdem sie sein (vermeintliches) Grab besucht und die (angeblichen) Umstände seines Todes erfahren hat, nochmals seine (mutmaßliche) Geistererscheinung. Sie spricht in der Folge dermaßen ausgiebig und überzeugend von ihren Erlebnissen, daß eine Druckschrift darüber erscheint. Aus der Erklärung am Ende der Erzählung geht nun, widersprüchlich genug, hervor, daß Dr. Heß, der sich nur verborgengehalten und seinen Tod nur vorgespiegelt hat, erst auf diese Schrift hin, die ihn davon überzeugt, daß seine Frau ihn noch liebt, in sein Haus zurückgekehrt ist und dabei dann von ihr für ein Gespenst gehalten worden ist. Angesichts solcher Fälle läßt sich nicht einmal mehr sagen, daß hier Motivationsfehler durch die analytische Form notdürftig übertüncht werden, sondern es ist umgekehrt davon auszugehen, daß sie billig in Kauf genommen werden, daß es auf die stimmige Motivierung der insgesamt erzählten Begebenheiten überhaupt nicht ankommt, sondern allein auf deren erregende, spannende, überraschende Vermittlung. Insofern ist das Beispiel, obwohl ein Fall extremer Art, doch nicht einfach als bloß „schlecht gemacht" abzutun. Es zeigt vielmehr mit besonderer Deutlichkeit, was sich auch an vielen anderen analytischen Erzählungen zeigen ließe, die bei der Kontrolle immer wieder mehr oder weniger große Motivationslücken oder Motivationsschwächen an den Tag legen: nämlich daß analytische Erzählungen in vielen Fällen auf einen Leser gemünzt sind, der an dem Lektüreprozeß – an der Suggestion undurchsichtigen Geschehens und der Spannung, die davon ausgeht, einerseits und an der verblüffenden Auflösung am Ende andrerseits – sein Genüge findet, der also nach beendeter Lektüre nicht kontrolliert und sich nach in der Regel ohnehin ausgiebiger Aufklärung am Ende der Erzählung nicht die Mühe macht, jedes einzelne Detail daraufhin zu überprüfen, ob es sich in einen restlos stimmigen Kausalmechanismus einfügt. Das gilt nicht nur für Unterhaltungsliteratur, die dazu bestimmt ist, mit der Erstlektüre verbraucht zu werden; es gilt auch für eine ganze Reihe romantischer Erzählungen, die bei allem künstlerischen Anspruch mehr an ihrem konkreten Reizwert, den sie während der Lektüre ausüben, als an dem abstrakten Kausalzusammenhang gemessen sein wollen, der erst nach der Lektüre überprüfbar wird und sich nur dem kontrollierenden Leser in seiner Stimmigkeit oder Brüchigkeit erschließt. Willy Haas ist daher im Blick auf den analytischen Kriminalroman nicht zu Unrecht so weit gegangen zu behaupten: „Es braucht auch nach der ‚Enthüllung' zum Schluß fast nichts zu stimmen. Es genügt, wenn etwa 20 Prozent der geheimnisvollen Vorgänge durch die Enthüllung erklärt sind. Das ‚Wunderbare' der ‚Enthüllung' ist Alles. Kein Leser kontrolliert nach!"[7]

„Analytisches Erzählen erspart die Ausführung motivierender Szenen": so formuliert, gehört die These, der dieses Kapitel galt, noch in den Zusammenhang der ökonomischen Funktion analytischen Erzählens und damit in den Zusammenhang der lediglich organisatorisch-technischen Aufbereitung des Substrats durch den Autor. Die Praxis zeigt jedoch, daß sich in vielen Fällen eher die Formulierung anbietet: „Analytisches Erzählen täuscht über unzureichende Motivierungen des Substrats hinweg." Damit aber gehört die These schon in den Zusammenhang der leserbezogenen Funktionen analytischen Erzählens, speziell in den Zusammenhang der analytischen Erzählkonstruktion als Spannungskonstruktion.

6. Kapitel

Spannung

1

Analytisches Erzählen wird von Otto Ludwig vornehmlich als Spannungsmittel aufgefaßt. Bezeichnend ist nicht nur, daß seine Überlegungen dazu in einem Abschnitt zusammengefaßt sind, der den Titel ‚Die Spannung in der Erzählung und im Drama'[1] trägt; bezeichnend ist auch der Grundsatz, den er an seine Definition analytischen Erzählens im Unterschied zu synthetischem Erzählen anschließt: „Beide Arten können sich in einer dritten vereinigen. Sodaß die Erzählung wie eine der erstbezeichneten Art beginnt und nachdem hierdurch eine Spannung bewirkt ist, wie in der zweiten Gattung von vorn angefangen wird";[2] und vollends bezeichnend ist es, wenn der Praktiker Otto Ludwig geradezu ein Rezept verordnet, in das die analytische Erzählweise als eine unter anderen Möglichkeiten spannenden Erzählens eingeschlossen ist: „Am besten thut man, man ordnet erst alle Motive, die wirken, den ganzen objektiven Zusammenhang nach Zeit und Kausalnexus. Also die ganze Begebenheit in ihrer objektiven Folge. Dann arrangiert man nach den Gesetzen der Spannungserweckung und Steigerung. Man verschweigt einzelne Glieder oder verstellt sie. Nimmt etwas Spätres voraus und läßt das Vorhergegangne erklärend folgen, und zwar so, daß der Erzähler selbst oder Personen der Erzählung es entweder auf einmal oder allmählich in den Fortgang des Ganzen verschlungen bringen".[3]

Spannung ist in der Tat eine Grundeigenschaft der analytischen Form, und das Motiv für die Wahl dieser Erzählform dürfte in den meisten Fällen in nichts anderem zu suchen sein als in ihrem Spannungscharakter. Während die Spannung der synthetischen Erzählung grundsätzlich vom erzählten Stoff abhängt, ist sie bei der analytischen Erzählung bereits mit der Form gegeben, mit ihrer Form nämlich als Rätsel-Lösungs-Konstruktion. Mit dem Rätsel ist eine Spannung gesetzt, die erst mit der Lösung zur Ruhe kommt.

Es ist eine Spannung besonderer Art. Spannen heißt zwar allemal, wie Musil lapidar definiert, „den Hörer das Kommende erwarten machen",[4] und das gilt auch für die in der analytischen Erzählung erzeugte Spannung, doch ist hier zu berücksichtigen, daß das in der Folge des Textes Kommende, auf das die gespannte Erwartung sich richtet, nicht künftiges Geschehen ist, das sich auf dem bisher erzählten Geschehen synthetisch aufbaut, sondern vorerst zurückgestelltes vergangenes Geschehen, das analytisch eingeholt wird. Die vom Text provozierte Frage des Lesers lautet, mit den Worten Otto Ludwigs, nicht „Wie wird das werden?“, sondern „Wie muß das gekommen sein?“[5] Es handelt sich, mit der Unterscheidung Ulrich Suerbaums, nicht um „Zukunftsspannung, die auf den Fortgang und auf den Ausgang einer angelaufenen Ereigniskette gerichtet ist“, sondern um „Geheimnis- oder Rätselspannung, die sich auf bereits geschehene, aber dem Leser in ihren wichtigsten Umständen noch nicht bekannte Ereignisse bezieht“.[6] Daß diese Spannung ein Produkt der Form ist, läßt sich an jeder analytischen Erzählung unschwer demonstrieren, wenn man sie mit ihrem möglichen synthetischen Pendant vergleicht. Rätselspannung käme hier erst gar nicht auf, an ihre Stelle könnte allenfalls, die entsprechenden stofflichen Bedingungen vorausgesetzt, Zukunftsspannung treten.

2

Die zur Demonstration der Ökonomie analytischen Erzählens herangezogenen Beispiele sind auch in dieser Hinsicht aufschlußreich. In Wielands Erzählung wie in Tiecks Roman ist es nicht nur Ökonomie in der Verteilung der Erzählmasse, was die analytische Form leistet, sondern ebensosehr Aufmerksamkeitserregung, Erweckung und Befriedigung von Spannung im Leseprozeß. Der synthetischen Realisierung des Erzählsubstrats wäre bei Wieland allenfalls die Spannung darauf zuzuschreiben, ob und wie sich die Pläne der Väter verwirklichen; die vorliegende analytische Version dagegen zeichnet sich durch eine ganze Reihe von Spannungsmomenten aus. Dadurch, daß Wieland nicht vom Ursprung der gesamten erzählten Begebenheiten ausgeht, sondern von einem Stadium kurz vor deren Abschluß, ergibt sich zunächst allgemein die Spannung auf die ganze Masse der übergangenen Ereignisse; dadurch, daß er dabei nicht von den Intriganten ausgeht, sondern von den unwissenden Opfern der Intrige, ergibt sich im besonderen für die längste Strecke der Erzählung die Spannung darauf, was es mit den seltsamen Abenteuern Osmandyas' und Klodions überhaupt auf sich hat; und dadurch, daß er von den beiden gerade diejenige Figur zum Einstieg wählt, die von dem, was um sie herum vor sich geht, am allerwenigsten weiß, nämlich Osmandyas, wird die für die analytische Erzählung charakteristische Rätselspannung noch potenziert. Aber auch damit noch nicht genug. Der Autor begnügt sich nicht damit, das Spannungspotential der analytischen Form auszuschöpfen, sondern läßt es sich gefallen, die Spannung darüber hinaus teils durch rein erzählerische Mittel, teils durch in der erzählten Handlung fundierte Kunstgriffe zu erhöhen. So zunächst, indem er Osmandyas, der vor so vielen Rätseln steht, aus anonymer Beobachterperspektive selber als Rätsel hinstellt;[7] so weiterhin, indem er Thermutis und Klotilde in vermummter Gestalt, unidentifiziert für den Leser, auftreten läßt; so schließlich, indem er den teilweise informierten Klodion sein Wissen nur andeuten, nicht aber explizieren läßt. Mögen dies mitunter auch „ganz unreine, völlig unkünstlerische Mittel, ... ganz gemeine Romankniffe" sein, wie Friedrich Theodor Vischer urteilen würde,[8] „rhapsodische Rätsel" im Sinn der Baronesse in den ‚Unterhaltungen deutscher Ausgewanderten',[9] so sind doch sie gerade ein Indiz dafür, daß hier nicht einfach nur auf analytische Weise spannend erzählt wird, sondern daß die analytische Form als eines unter anderen Mitteln eigens zum Zweck der Spannung eingesetzt wird. Indem die Funktion der Eingangsphase – ein „Fremder" trifft auf einen „Unbekannten" und beide werden von zwei „Vermummten" belauscht – in nichts anderem als in der Spannungserzeugung besteht, erscheint die anschließende analytische Erzählkonstruktion zwangsläufig in ebendemselben Licht. Dasselbe geht noch einmal mit aller Deutlichkeit aus der Schlußphase hervor, in der die dargestellte Kommunikation der Figuren untereinander nur als Mittel innerhalb der Kommunikation zwischen Autor und Leser erscheint. Dargestellt wird zuletzt, wie Taranes, unterstützt von Kalasiris und den Töchtern, die beiden Jünglinge über „das, was in ihrem schönen Abenteuer noch räthselhaft war",[10] aufklärt; mitgeteilt wird dadurch, was dem Leser durch die Anlage der ganzen Erzählung bis dahin vorenthalten wurde. In der Rede des Taranes lassen sich die beiden Aspekte wie Schichten voneinander abheben. Es gibt Sätze, die den Bezug zwischen der Sprecherfigur und den Hörerfiguren ausdrücklich aufnehmen, und es gibt Sätze, die durch ihre objektiv-berichtende Form verrraten, daß sie nichts als an den Leser gerichtete Nachträge des Erzählers sind, die nur einer Figur auf der Szene in den Mund gelegt werden. Gemäß der dargestellten Kommunikation zwischen den Figuren heißt es beispielsweise: „Die zwei Jahre, mein Sohn, die Du noch mit Deinen Reisen zubrachtest ..."; eher im Zeichen der Kommunikation zwischen Autor und Leser dagegen steht der unmittelbar vorhergehende Satz, in dem Taranes von den angeredeten Figuren in dritter Person spricht: „Osmandyas lernte Klotilden nicht anders als in Gestalt einer Bildsäule kennen, und Klodion glaubte in Thermutis eine Salamandrin zu lieben".[11] Sätze wie: „Wir fragten bei Eurer Geburt nicht die Sterne um Rath ..."[12] bestätigen den Darstellungsaspekt; Sätze wie: „Aber der Sohn des Kalasiris war abwesend ..."[13] können den Mitteilungsaspekt nicht verbergen. Die ganze Rede will, wie ihre Einleitungsformel besagt, die „Neugier" der beiden Jünglinge „befriedigen";[14] ihre Form als summarischer Bericht über die ganze Geschichte, über die bis dahin ausgesparte Vorgeschichte sowohl wie über die erzählte Nachgeschichte, deren Zusammenhang hier enthüllt wird, zeigt aber, daß sie als Vehikel dazu dient, den Leser endlich ins rechte Bild zu setzen, alle Rätsel zu lösen, die damit erzeugte Spannung abzubauen und also die Neugier des Lesers zu befriedigen.

Auch in Tiecks ‚Vittoria Accorombona' ist nicht zu übersehen, daß die analytische Technik im Interesse der Spannung verwendet wird. Kriterium dafür ist hier wie bei Wieland vor allem die erzählerische Verfügung des Autors über die erzählte Handlung. Das Verfahren, den Herzog von Bracciano als geheimnisvollen Unbekannten einzuführen, das sich anfangs scheinbar zwanglos aus der Sicht des bisher vorgestellten Romanpersonals herleitet, insbesondere aus der Sicht der Nebenfigur Caporale als Betrachterfigur, erweist sich als primär erzählerische Maßnahme, die lediglich im erzählten Vorgang abgesichert erscheint, schon in der nächsten Folge, wenn als weiteres Mittel indirekter Darstellung die Nebenfigur Malespina als Gesprächspartner des lombardischen Kaufmanns Don Giuseppe, für den Bracciano sich ausgibt, eingesetzt wird, und es erweist sich vollends als auktorialer Kunstgriff, wenn der Autor den Herzog dann in einem neuen Kapitel unter seinem wahren Namen am Hof zu Florenz auftreten läßt. Der Autor gibt auf diese Weise zu erkennen, wie sehr er im ganzen nach Belieben über das Erzählte verfügt, und verrät damit auch, daß er im einzelnen die verdeckte Einführung des Herzogs weniger aus der erzählten Situation hat hervorgehen lassen als vielmehr ihrerseits erzählerisch verfügt hat. Was diese Verfügung leistet, ist nun nicht nur Ökonomie in der Verteilung der Erzählmasse, sondern ebensosehr Spannung im Leseprozeß: vorgängiger Informationsentzug, abgesichert durch das Nichtwissen der Figuren, Aufmerksamkeits- und Spannungserregung durch signalisierte Rätselhaftigkeit, Lösung der Spannung durch Eröffnung des Verschwiegenen. Ein zusätzlicher Effekt ist es, daß die Spannung damit noch nicht gänzlich abgebaut ist: als Objekt der Leseerwartung bleibt die Szene übrig, in der die Accoromboni die wahre Identität ihres Gastes und die Erklärung seines Inkognito erfahren – diese letzte Spannung ist allerdings nicht mehr Rätselspannung, sondern Zukunftsspannung, sie richtet sich geradlinig auf künftiges Geschehen.

3

Beide Fälle sind im Sinn der zweiten Typologie als technisch bedingte und im Sinn der dritten Typologie als rhetorische, nach dem Prinzip vorgängiger Verrätselung mit anschließender Enträtselung angelegte analytische Erzählkonstruktionen einzustufen. Das bedeutet in bezug auf die Spannung: es wird hier nicht so sehr eine spannende Geschichte erzählt, als vielmehr eine Geschichte spannend erzählt. Wo umgekehrt die analytische Form mit dem Sujet der Erzählung bereits gegeben ist und dementsprechend nichts weiter als eine spannende Geschichte erzählt wird, bedarf es grundsätzlich besonderer Anhaltspunkte, um hinter der Spannung die Spannungsintention zu erweisen – ausgenommen solche Gattungen wie Schauergeschichte und Detektivroman, zu deren Ingredienzien die Spannung so oder so konventionellerweise gehört. Eines dieser Indizien ist die immer wieder zu beobachtende rudimentäre Entwicklung der analytischen Sequenz. Gemeint ist das Verfahren, den Leser auch dann noch für eine Weile im Ungewissen zu belassen, wenn die Betrachterfigur sich schon im Besitz der Lösung des Rätsels befindet, und damit die Lösung der Spannung zu retardieren. So etwa wird gegen Ende von Eichendorffs ‚Schloß Dürande' dem Leser noch verschwiegen, was der junge Graf, dem hier in dieser an Perspektivenwechseln reichen Erzählung die Rolle der Betrachterfigur zugespielt wird, auf seine Fragen an den Schloßwart Nicolo schon erfährt, nämlich der Aufschluß darüber, daß sich hinter dem geheimnisvollen Gärtnerburschen kein andrer als Gabriele verbirgt. Mitgeteilt und ausgeschmückt wird lediglich, daß der Graf den Schloßwart beiseite nimmt und „beide lange Zeit lebhaft miteinander reden".[15] So auch ist es im Detektivroman ein beliebtes Mittel, in der Schlußphase zur Erhöhung der letzten Spannung lediglich anzumerken, der Detektiv wisse nun, wer der Täter sei, aber noch nicht auszusprechen, wen er meint. Ironisch genug läßt beispielsweise Edgar Box am Ende des vorletzten Kapitels von ‚Death in the Fifth Position' seinen Detektiv bei Durchsicht einer Liste der Verdächtigen feststellen: „Ich überflog die Namen, löste ein paar von den alten Rätseln und fügte die neuen, die während des Abends aufgetaucht waren, hinzu. Ich machte mir auch Notizen von meinen Gesprächen mit den Verdächtigen. Und dabei fand ich heraus, wer Ella Sutton ermordet hatte. Nun lag die Lösung vor mir, schwarz auf weiß. Das einzig Dumme war, daß ich es nicht beweisen konnte. Immerhin war ich sehr zufrieden mit mir. Und ich bekam Angst wie noch nie in meinem Leben".[16]

Solcherart rudimentärer Entwicklung der analytischen Sequenz mit Hilfe des auktorialen Informationsentzugs gegen Ende entspricht ihre Anbahnung am Anfang, wenn die Betrachterfigur als Träger der analytischen Handlung selber vorerst als Rätsel für den Leser präsentiert wird, wie es schon bei Wieland zu beobachten war. Ähnlich verfährt G. K. Chesterton in vielen seiner Detektivgeschichten um Father Brown, wenn er den dilettierenden Detektiv, Träger der analytischen Handlung, im Rahmen auktorialer Erzählung vorstellt und bei der Suche nach der Lösung aller Rätsel, die der Fall aufgibt, oft selber rätselhaft in seinem Gebaren und Tun erscheinen läßt. In allen solchen Fällen dominiert über die figurale analytische Konstruktion die auktoriale Verrätselungs-Enträtselungs-Konstruktion, deren Spannungsintention nicht in Zweifel zu ziehen ist.

Nicht aus anonymer Sicht, sondern aus der Sicht eines Trabanten wird in einer verbreiteten Spielart der Detektivgeschichte und des Detektivromans schon seit Poe die analytische Tätigkeit der „Figur des Forschens" beobachtet und vermittelt. Wie von Dupin, so wird von Sherlock Holmes oder Hercule Poirot oder Inspektor Hanaud und ihrem Tun nicht direkt erzählt, sondern indirekt durch einen halb beteiligten, halb uneingeweihten Icherzähler oder, soweit es sich um Er-Erzählungen handelt, aus der Perspektive einer gleichermaßen disponierten Nebenfigur. Die bekannteste dieser Chargen ist Watson.[17] Durch sie wird die Distanz zwischen dem rätselhaften Geschehen und der Leserrolle, die der Text anbietet, vergrößert und die Spannung erhöht. Wenn in auktorialen Detektiverzählungen allein der Detektiv, wie Alewyn bemerkt, als „Sachwalter des fragenden Lesers innerhalb der Erzählung" fungiert, als „in den Roman hinein projizierte Personifikation der Frage, die den Leser bewegt",[18] so spielt in diesen Fällen zusätzlich die Watson-Figur diese Rolle. Anders als bei Father Brown fällt damit das gelegentlich rätselhafte Gebaren der Detektivgestalten von Sherlock Holmes bis Nero Wolfe nicht unmittelbar in die Verantwortung des frei mit der Fiktion schaltenden Erzählers, sondern der Verdunklungsmechanismus erscheint perspektivisch abgesichert. Die spannungsträchtige Rätselhaftigkeit, noch abgesehen von der Rätselhaftigkeit des untersuchten Falls, wird nicht in der Erzählung ad hoc mit technischen Mitteln erzeugt, sondern ist mit ihrer ganzen Anlage schon gegeben.

4

Eines der aufschlußreichsten Indizien für die analytische Erzählkonstruktion als Spannungskonstruktion ist die besondere Art, in der die allfälligen Leserfragen angesichts des fragwürdigen Geschehens erzählerisch oder in der erzählten Fiktion verwaltet werden. Vorausgesetzt, daß der Leser durch das Wahrnehmungs- und Unbestimmtheitsmoment mit dem zu befragenden Gegenstand insoweit vollständig bekannt gemacht worden ist, wie die Betrachterfigur ihn erfahren hat, ergibt sich im Verlauf des analytischen Prozesses zwangsläufig ein Konkurrenzverhältnis zwischen der Betrachterfigur, die jetzt die Rolle des Fragenden spielt, und dem seinerseits, in Identifizierung mit der Figur oder über sie hinaus, fragenden Leser und damit potentiell ein auf vielfache Weise zu aktualisierendes Spannungsverhältnis. Sei es, daß der Autor die Figur auf einen Weg schickt, der nicht in der Aufmerksamkeitsrichtung des Lesers liegt, oder daß er sie die fällige Frage wohl aufnehmen, aber vorerst nicht weiterverfolgen läßt, sei es, daß er ihr bei ihrer Suche nach der Antwort Hindernisse in den Weg legt, oder daß er sie bloße Teilantworten finden läßt, die die Hauptfrage möglicherweise nur noch dringlicher machen, und was dergleichen Mittel mehr sein mögen: es sind allesamt Spannungsmittel. Zu berücksichtigen ist dabei allerdings die kategoriale Differenz zwischen Figurenfrage und Leserfrage. Während die Frage der Figur immer nur dem erzählten Geschehen gilt, kann der Leser bei seinen Fragen darüberhinaus auch Elemente des erzählenden Textes verwerten und von daher möglicherweise Antworten gewinnen, die der Figur nicht zugänglich sind.[19]

Das Repertoire der Mittel, die Leserfrage durch die Figurenfrage zu präformieren und damit den Spannungsprozeß in bestimmte Bahnen zu lenken, kann hier nicht ausgeschöpft werden. Zur Veranschaulichung mag es genügen, nur einige besonders charakteristische Formen vorzustellen: die „vergessene" und die „unterdrückte", die „verhinderte" und die „unbeantwortete Frage" sowie, als interessanteste Variante, die „Gegenfrage" anstelle der Frage der Betrachterfigur.

Ein Beispiel für die vergessene Frage wurde in anderem Zusammenhang bereits gegeben: der Icherzähler in Vischers ‚Auch Einer' vergißt bei einer neuerlichen Begegnung mit dem Titelhelden, nach der Bedeutung des seltsamen Wörtchens „Tetem" zu fragen.[20] Es ist ein repräsentatives Beispiel vor allem deshalb, weil es zeigt, daß nicht so sehr das einfache Vergessen der Frage das Spannungsmittel ausmacht, sondern die Reflexion darüber. Dadurch, daß die Betrachterfigur über die vergessene Frage reflektiert, wird dem Leser einerseits in Erinnerung gebracht, daß der bisherige Text eine Frage offengelassen hat, und andrerseits seine auf die Antwort gerichtete Erwartung aufs neue erregt. Die Reflexion stützt den Spannungsbogen, der sich von der Einführung des Rätselworts in den Roman bis hin zur Auflösung des Rätsels erstreckt.

Dasselbe leistet die absichtlich unterdrückte Frage, der sich die Stelle aus Vischers ‚Auch Einer' schon nähert, wenn der Erzähler anschließend sein Vergessen analysiert und darauf kommt, daß er eigentlich gar nicht aufgelegt gewesen sei, die Frage zu stellen, und wenn er sich nach der Abschiedsszene die Frage verbietet. Auch in diesem Fall kommt es darauf an, daß die Betrachterfigur ausdrücklich feststellt, daß sie die Frage unterläßt. Läßt sich der erste Fragetypus auf die Formel bringen „Ich vergaß zu fragen", so ist der zweite mit der Formel „Ich mochte nicht fragen" bezeichnet. Genau diese Wendung gebraucht Theodor im ‚Majorat', nachdem der Justitiarius ihm erzählt hat, daß er denselben Spuk, der Theodor widerfahren ist, im Traum erlebt hat: „Der Alte hielt inne, aber ich mochte nicht fragen, wohlbedenkend, daß er mir alles aufklären werde, wenn er es geraten finden sollte".[21] Nicht erst im Blick auf das Ganze der Erzählung wird deutlich, daß diese Bemerkung nur als Alibi dafür dient, die hier am Anfang durchaus schon mögliche Aufklärung über den Spuk hinauszuzögern. Sie signalisiert einen Spannungsprozeß, der, im folgenden vielfach bereichert, erst mit der Enthüllung der Vorgeschichte zur Ruhe kommt.

Andere Möglichkeiten, die Leserfrage zwar aufzunehmen, aber doch vorerst ohne Antwort zu belassen, sind die verhinderte und die unbeantwortete bzw. unbefriedigend beantwortete Frage. Im Unterschied zu den bisher angeführten typischen Formen erscheint hier nicht das mehr oder weniger schlüssig begründete Verhalten der Betrachterfigur, sondern ein äußeres Hindernis oder das Verhalten der Gegenfigur dafür verantwortlich, daß die Frage, die der

Leser verfolgt zu wissen wünscht, ganz ohne Antwort oder ohne zulängliche Antwort bleibt oder überhaupt nicht offen ausgesprochen, sondern wiederum nur reflektiert wird. Die Formel für die verhinderte Frage lautet „Ich konnte nicht fragen". Theodor gebraucht sie im ‚Öden Haus' am Ende der Episode, in der er bei dem Konditor Erkundigungen einzieht: „Die Stunde war gekommen, in der der gute Ton gebot, diesen Laden zu besuchen, die Tür öffnete sich, elegante Welt strömte hinein und ich konnte nicht weiter fragen."[22] Ebenso wie hier verhält sich die Betrachterfigur im Fall der unbeantworteten Frage durchaus im Sinn des fragenden Lesers, sie stellt die Frage, die er sich stellt, aber sie scheitert an dem Verhalten der Gegenfigur. Hoffmann kombiniert die unbeantwortete und die verhinderte Frage an einer Stelle der ‚Jesuiterkirche in G.'. „... ich frug nach der Ursache", heißt es, als der Reisende, in Begleitung des Professors im Jesuiterkollegium, ein verhülltes Altarbild bemerkt, doch erhält er darauf nur die ausweichende Antwort, daß man das Gemälde kürzlich „aus gewissen Gründen" habe verhängen lassen müssen. „Ich wollte weiter fragen", heißt es dann, doch wird seine Frage verhindert, denn „indessen schritt der Professor rasch durch den Gang fort, und das war genug, um seine Unlust zu zeigen, mir weiter zu antworten".[23]

Auch sonst sind Kombinationen der verschiedenen Fragetypen nicht selten. Im ‚Unheimlichen Gast' wird zunächst die Nichtbeantwortung einer Frage durch das Verhalten der Gegenfigur begründet und darauf die Nichtwiederholung der Frage durch das Verhalten der Betrachterfigur motiviert: es ist die Frage nach der Identität des unheimlichen Fremden, die sich dem Leser bei dem ungestümen ersten Auftritt der Titelgestalt unmittelbar aufdrängt. Die Obristin nimmt sie nach einigem Zögern auf: sie „fragte, wen sie bei sich zu sehen das Vergnügen habe", aber sie erhält keine Antwort: „Der Fremde schien die Frage zu überhören ..." Bleibt die Leserfrage solchermaßen durch das Verhalten des Fremden ohne Antwort, so bleibt sie es im folgenden durch das Verhalten der Obristin: „Die Obristin, das Unschickliche fühlend, den Fremden, der sich als eingeladen angekündigt, nach Stand und Namen zu fragen, mehr aber noch von seiner Gegenwart beängstigt, wiederholte nicht ihre Frage".[24] Ähnlich verfährt Eichendorff in ‚Dichter und ihre Gesellen': im Sinn des Lesers stellt Fortunat, wenn auch spät genug, die Frage nach dem Fremden, der ihm im Garten begegnet, erhält aber zunächst gar keine und dann nur eine unbefriedigende Antwort. Am Schluß des zweiten Kapitels heißt es: „ ‚Sind Sie denn nicht hier aus dem Hause?' fragte Fortunat erstaunt. – Aber jener eilte schon fort, winkte noch einmal mit dem Hute, und war bald zwischen den Bäumen verschwunden";[25] und im vierten Kapitel heißt es: „ ‚So kennen Sie ihn also?' fragte Fortunat. – Der Amtmann schüttelte nachdenklich den Kopf. ‚Ich weiß nicht, wer es war,' sagte er, ‚und darf nicht sagen, was ich vermute.' "[26]

Die interessanteste Form, den analytischen Prozeß aufzuhalten und damit den Leseprozeß zu spannen, ist die retardierende Einschaltung einer Frage der Gegenfigur anstelle der vom Leser erwarteten Frage der Betrachterfigur. Ein Beispiel dafür liefert eine Stelle schon vor den zitierten aus ‚Dichter und ihre Gesellen': statt daß Fortunat, „als er plötzlich einen wohlgekleideten jungen Mann bemerkte, der an den Marmorstufen eines einsamen Gartenhauses eingeschlafen war", im Sinn des Lesers wenigstens sich selbst die Frage stellt, wer der denn nun sei, wenn er sie schon nicht direkt an den Fremden richtet, ist es umgekehrt der Fremde, der Fortunat fragt, „wer er sei", und die Retardierung wird perfekt, wenn der Autor anschließend Fortunats Anwort darauf referiert und somit wiederholt, was der Leser schon weiß.[27] Ein anderes Beispiel für dasselbe Schema wurde im Zusammenhang mit der Behandlung von Eichendorffs ‚Schloß Dürande' schon gegeben: statt daß Renald, der das Gerücht um seine Schwester aufklären will, konsequenterweise Gabriele fragt, fragt umgekehrt diese ihn, und der Autor sorgt damit für einen neuerlichen Spannungsstau der Erzählung.

5

In allen diesen Fällen, in denen der Frageprozeß durch das Verhalten der Betrachterfigur selbst oder durch die Widerstände, auf die sie stößt, behindert wird, erweist sich die analytische Erzählkonstruktion als Spannungskonstruktion. Die vergessene und die unterdrückte, dabei aber jeweils reflektierte Frage ebenso wie die verhinderte und die unbeantwortete Frage und schließlich auch die Gegenfrage anstelle der Frage der Betrachterfigur, sie alle fungieren im Leseprozeß als Spannungssignale. Das muß allerdings nicht heißen, daß die Signalträger jedesmal nur diese Funktion haben. Aus der Tatsache, daß auf analytische Weise spannend erzählt wird, läßt sich natürlich nicht ohne weiteres schließen, daß allein um der Spannung willen analytisch erzählt wird. Spannung ist nur eine Funktion analytischen Erzählens unter anderen, und sie kann von den verschiedensten Zusatzfunktionen überlagert sein.

Besonders aufschlußreich ist in diesem Zusammenhang ein Motivstrang in Stifters ‚Brigitta'. Ausgangspunkt ist der Brief des Majors am Anfang der Erzählung, in dem er seine bereits mehrfach ausgesprochene Einladung an den Erzähler wiederholt und in dem er andeutet, daß er in der Heimat „nunmehr ein Ziel gefunden habe, das er sonst vergeblich auf der ganzen Welt gesucht hatte".[28] Der Erzähler folgt der Einladung nicht zuletzt, „da ich neugierig war, sein Ziel kennen zu lernen".[29] Im zweiten Kapitel wird das Motiv dann mehrfach wiederaufgenommen. Zunächst heißt es ganz im Sinn eines Spannungssignals: „Ich nahm mir an diesem Abende vor, morgen oder übermorgen, oder wenn sich immer in den nächstfolgenden Tagen eine Gelegenheit ergäbe, den Major um das Ziel zu fragen, von dem er mir geschrieben hatte, daß er es endlich gefunden habe, und daß es ihn auf immerwährende Zeiten an die Heimat binde".[30] Einige Seiten danach heißt es musterhaft im Sinne der unterdrückten Frage als Spannungssignal: „Ich fragte an dem Abende dieses Tages meinen Reisefreund nicht um sein Ziel, wie ich mir Tags vorher beim Schlafengehen so fest vorgenommen hatte".[31] Daß dabei jegliche Begründung fehlt, mag im Hinblick auf die Motivierung des erzählten Vorgangs seltsam anmuten; im Hinblick auf die Spannungskomponente der Erzählung erscheint es nur bezeichnend. Die Funktion, eine unerledigte Frage im Leseprozeß bewußt offenzuhalten und die Aufmerksamkeit des Lesers auf ihre künftige Beantwortung hin zu spannen, kommt durch die Motivationslücke um so deutlicher zum Vorschein. In der Folge jedoch wird der solchermaßen offensichtlich angebahnte und unterstützte Spannungsprozeß abrupt abgebrochen. Nachdem der Major von seinem jetzigen Leben erzählt und sich dabei ähnlich wie in seinem Brief mit den Worten ausgedrückt hat, ihm sei „eigentlich, als hätte ich dieses und jenes Glück errungen, das ich sonst immer in der einen oder der andern Entfernung gesucht habe",[32] beschließt der Erzähler, obwohl dies alles andere als eine befriedigende Antwort ist, auf seine Frage zu verzichten: „Ich fragte den Mann nun gar nicht mehr um sein Ziel, dessen er in seinem Briefe an mich erwähnt hatte".[33] Was zu Beginn als ausschließlich rezeptionsbezogener Spannungsprozeß erscheinen konnte, ist, wie sich jetzt erweist, von einem Entwicklungsprozeß des Erzählers überlagert: er lernt Diskretion; nicht direkt zu fragen, wird ihm zum Grundsatz.[34]

Spannung – auch dies läßt sich aus diesem Beispiel entnehmen – ist eine Funktion analytischen Erzählens, die mit der Wahl der Form allein schon gegeben ist; sie stellt sich automatisch als Effekt ein, wo immer analytisch erzählt wird, unabhängig davon, ob der Autor sie intendiert oder nicht. Wie sich indessen überall da, wo sie nicht oder nicht ausschließlich intendiert ist, die Frage nach den besonderen Funktionen analytischen Erzählens aufdrängt, so drängt sich überall da, wo sie intendiert ist, die weitergehende Frage nach ihrer Funktion auf, die die Wahl der Form erst erklärt. Pauschal dürfte diese Frage mit dem Hinweis auf den Unterhaltungswert, den die Erzählung dadurch gewinnt, zu beantworten sein, doch gehört ihre Erörterung als Frage nach der Funktion der Funktion nicht mehr in den begrenzten Aufgabenbereich, um den es hier geht; im Rahmen typologischer Sichtung der Funktionen analytischen Erzählens kann sie nur angedeutet werden.

7. Kapitel

Überraschung

1

Es gehört zu den Grundeigenschaften der analytischen Erzählkonstruktion, daß sie sich auf einem vorgängigen Informationsvorbehalt aufbaut, der erst am Ende eingeholt wird. Analytisches Erzählen gerät zu spannendem Erzählen in dem Maß, wie der Informationsvorbehalt immer aufs neue signalisiert wird, ohne aufgehoben zu werden, und es gerät darüber hinaus zu überraschendem Erzählen in dem Maß, wie die Beschaffenheit der vorbehaltenen Information außerhalb des Erwartungshorizonts des Lesers gehalten wird und der Spannungsprozeß schließlich in eine Pointe mündet. Da die Möglichkeit, mithilfe der analytischen Form nicht nur spannend, sondern auch überraschend zu erzählen, nicht selten wahrgenommen wird, bietet es sich an, ihre Stelle im System spezifischer Überraschungskonstruktionen genauer zu bestimmen. Abgesehen von der schlicht überraschenden Wendung des Geschehens, die den Namen Überraschungskonstruktion kaum verdient, lassen sich drei typische Formen unterscheiden, die jeweils durch die Fixierung zweier Pole gekennzeichnet sind: am Anfang ein eingebauter Informationsvorbehalt, am Ende die verblüffende Preisgabe der vorbehaltenen Information. Die erste und einfachste besteht aus der überraschenden Enthüllung von bis dahin total Verschwiegenem. Die zweite ist bereits eine Rätsel-Lösungs-Konstruktion; in ihr wird der anfängliche Informationsvorbehalt vorgängig signalisiert. Die dritte, auf die es hier vor allem ankommt, ist zugleich Rätsel-Lösungs-Konstruktion und analytische Konstruktion; in ihr ist der anfängliche Informationsvorbehalt im erzählten Vorgang abgesichert. Zur Illustration nur einige wenige Beispiele.

2

Julia Accorombona, die Mutter der Titelheldin in Tiecks Roman, erzählt Caporale im vierten Buch eine „Jugenderinnerung“, wie sie es nennt, und verschweigt vorerst, daß es sich dabei um die unmittelbare Vorgeschichte ihrer Ehe handelt.[1] Im Zusammenhang mit ihrer nachträglich als übermütig und unbesonnen verurteilten Jugendliebe zu dem berüchtigten Grafen Nicola Pitigliano spricht sie, gerade so, als charakterisierte sie irgendeine beliebige Nebenperson, von einem „jungen, stillen, liebenswürdigen Mann . . ., der als Rechtsgelehrter die verwickelten Geschäfte meines Vaters besorgte und in Ordnung brachte; das Muster eines verständigen, geregelten Mannes, angenehm im Umgang, unterrichtet und von zarter und einnehmender, wenn auch nicht schöner Bildung",[2] und sie nennt auch seinen Vornamen Federigo. Was sie verschweigt und durch die Art ihrer Charakterisierung auch nicht erraten läßt, ist zum einen der – im Sinn Schritt für Schritt zureichender Information – vorrangig mitteilenswerte Umstand, daß Federigo ihr späterer Gemahl ist, und zum andern der volle Name, dessen Eröffnung diesen Bezug unschwer durchschauen ließe. Durch diese Manipulation ist dafür gesorgt, daß wenige Seiten später die Preisgabe des Namens Federigo Accoromboni, so beiläufig der Name auch fallen mag, als überraschende Pointe wirkt. Daß es sich dabei um eine eigens auf ihren Effekt beim Leser angelegte Überraschungskonstruktion handelt, geht besonders daraus hervor, daß der Autor auf die volle Ausführung der Kommunikationssituation zwischen Sprecher und Hörer auf der Szene verzichtet. Julias Erzählung schließt ein Kapitel ab; die Reaktion Caporales, die ebenfalls als überraschte Reaktion zu unterstellen wäre, wird nicht gezeigt – und dies allerdings aus den guten Gründen, weil dabei herauskommen könnte, wie unwahrscheinlich es ist, daß gerade Caporale, Hausfreund und Vertrauter der Accoromboni von Beginn des Romans an, mit Julias Gemahl nicht wenigstens dem Namen nach vertraut sein sollte, und weil zum andern in dem Maß, wie diese Unwahrscheinlichkeit zur Geltung käme, die Überraschungspointe die sicherste Gefahr liefe, wieder verspielt zu werden.

Von Spannung kann bei dieser Variante der Überraschungskonstruktion noch nicht die Rede sein. Julias Erzählung gewinnt zwar gerade durch den Informationsvorbehalt am Anfang das besondere Spannungsmoment, daß der Ausgang des in der Folge erzählten Selbstmordversuchs Federigos[3] für eine Weile im Ungewissen belassen wird, aber die Spannung zwischen dem Informationsvorbehalt und der Informationspreisgabe bleibt dabei ebenso latent, wie der Informationsvorbehalt latent ist. Daß überhaupt ein Informationsvorbehalt in die Erzählung eingebaut ist, erweist sich erst in dem Augenblick, als er aufgehoben wird.

Ungleich listiger ist der für die Überraschungskonstruktion konstitutive Informationsvorbehalt in Marie Luise Kaschnitz' Kurzgeschichte ‚Die Reise nach Jerusalem' versteckt.[4] In der Einleitung erzählt die Autorin von einer geheimnisvollen Krankheit, die sich in der Stadt ausgebreitet und schon den größten Teil der Bevölkerung erfaßt hat; sie erwähnt dabei insbesondere, daß die Ärzte auf das erste tödliche Opfer der Krankheit warten, um möglicherweise durch die Sektion Anhaltspunkte über das Wesen der Krankheit zu gewinnen. Im Hauptteil erzählt sie nun von eben der Person, die das erwartete erste Opfer sein wird, ohne jedoch diesen Bezug sogleich herzustellen. Der Bezug erscheint im Gegenteil auf das raffinierteste verdeckt. Der Hauptteil der Erzählung wird nicht, wie es sich für einen den Leser Schritt für Schritt zureichend informierenden Bericht anbieten würde, mit der Bemerkung eingeleitet, daß die Erzählerin selber Zeuge des erwarteten ersten Todesfalles geworden sei, sondern die Erzählung setzt an der Umschaltstelle zwischen Einleitung und Hauptteil gleichsam neu ein. Es heißt: „Die seltsamen Vorfälle, von denen ich erzählen will, ereigneten sich an drei Tagen des Monats Oktober, im Wartezimmer meines Arztes ...",[5] und es folgen drei Begebenheiten mit einem sonderbaren Fremden, der es versteht, auf ebenso schlichte wie faszinierende Weise durch Geschichtenerzählen, durch Wortesagen („Er sagte ein Wort, machte eine lange Pause, sagte wieder ein Wort, machte wieder eine Pause, und so fort"[6]) und schließlich durch das im Titel genannte Kinderspiel „Die Reise nach Jerusalem" die mißmutigen Patienten wenn nicht gerade aufzuheitern, so doch von ihrer bedrückenden Lage abzulenken. Je mehr die Erzählerin ihre Aufmerksamkeit auf den seltsamen „Geschichtenerzähler und Wortesager"[7] konzentriert, desto mehr lenkt sie von der Frage nach dem ersten Todesopfer, die die Einleitung offengelassen hat, ab und erzielt dadurch mit der Schilderung, wie der Fremde am dritten Tag plötzlich mitten im Spiel tot umfällt, die nicht geringe Überraschung des Lesers. Der latente Informationsvorbehalt an der Umschaltstelle zwischen Einleitung und Hauptteil, der sich mit dieser Pointe erst herausstellt, ist um so viel weniger merklich, als die Erzählung streng chronologisch vorgeht und eben jenen Berichtstil suggeriert, der den Leser Schritt für Schritt zureichend zu informieren verspricht und jedenfalls keine Informationsvorbehalte erwarten läßt. Jeder der sechs Absätze, aus denen die Erzählung besteht, wird mit einer Zeitangabe eingeleitet: vom „Mai des vergangenen Jahres" handelt der erste, vom „Spätsommer" der zweite, die zusammen die Einleitung bilden; der Hauptteil spielt an drei Tagen des Oktober, denen jeweils ein Absatz gewidmet ist; der Schlußabschnitt ist ein Jahr später datiert. Lediglich der Wechsel zwischen summarischem Referat (in der Einleitung und am Schluß) und szenischer Darstellung (im Hauptteil) macht die erzählerische Verfügung an der Umschaltstelle als listig kalkulierten Informationsvorbehalt greifbar – aber freilich nicht während der Lektüre, sondern erst in Kenntnis des Ganzen.

3

Spannung, die der Überraschungskonstruktion in ihrer einfachsten Form ermangelt, ist charakteristisch für ihre komplizierteren Spielarten. Schon für die zweite hier unterschiedene, ebenfalls noch vergleichsweise einfache Variante. Ihr wichtigstes Merkmal ist, daß der konstitutive Informationsvorbehalt im laufenden Text bereits signalisiert wird – sei es unmittelbar an der Stelle, an der er angebracht ist, sei es später innerhalb des Spannungsfeldes, das er eröffnet.[8]

Gabriele Wohmann benutzt diese Form in mehreren ihrer ohnehin meist auf eine Pointe hin angelegten Kurzgeschichten. In ‚Wenn ich es vorschlage‘[9] und in ‚Evas Besuch‘[10] verwendet sie dazu sogar dasselbe, auch sonst bei ihr beliebte Motiv: Blindheit – das eine Mal der Sprecherin, das andere Mal des Sohnes der Sprecherin – wird als überraschende Eröffnung dem Schluß der Erzählung vorbehalten. Beidemal wird die Pointe durch Informationsvorbehalt im vorangehenden Text vorbereitet, beidemal wird der Informationsvorbehalt signalisiert. In ‚Wenn ich es vorschlage‘ zeigt insbesondere die Aufzählung dessen, was die Sprecherin kann und was sie nicht kann, unmißverständlich eine Behinderung an: „Ich kann mehrere Dinge tun: in den Garten gehen und allen Rosen die Köpfe abreißen, ich kann sie auch streicheln. Aber ich kann sie nicht gießen. Ich kann das Geschirr in der Küche zerschmettern oder liebkosen – ich kann es nicht aufräumen. Ich kann mich auf die Betten meiner Eltern werfen, zornig oder sanft, ich kann die Fische des Kindes mit meiner Leidenschaft, böser oder guter, überfallen – aber ich kann mit keinem Muskel dem Tag oder der Nacht weiterhelfen“.[11] Was für eine Behinderung das ist, die hier auf rätselhafte Weise angedeutet wird, geht erst aus der Schlußpointe hervor, wenn die Sprecherin in verwirrter Konsequenz, daß alles, was sie vorschlägt, ihr zuliebe geschieht, „fürchten“ zu müssen glaubt, „daß, wenn ich es vorschlage, meine Augen, meine beiden blinden Augen, sehen können“.[12]

In ‚Evas Besuch‘ protokolliert die Sprecherin von Mittwoch bis Samstag ihre Begegnungen mit ihrer Freundin, der sie erzählen will, aber doch nicht erzählt, daß ihr neunjähriger Sohn Rudolf vor einer Woche erblindet ist. Erst der Schluß der Erzählung gibt dieses vorher ständig bedachte, aber niemals ausgesprochene Faktum frei und löst damit die planmäßig aufgebaute Spannung in einer Überraschungspointe. Besonders dieses Beispiel zeigt übrigens, daß auch die Überraschungskonstruktion nicht in dieser ihrer vordergründigen Funktion aufzugehen braucht. Das Erzählverfahren macht hier vielmehr zugleich das Verhalten der Sprecherin sinnfällig, die sich bei Evas Besuch vergeblich bemüht, „das zu vergessen, was sich sowieso höchstens zurückdrängen läßt“,[13] die verdrängen will, was sich doch nicht verdrängen läßt, die am Ende nach der Verabschiedung ihrer Freundin am Bahnhof – nochmals symbolisch genug – den langen Weg zu Fuß zurückgeht, „nach Haus, um es pathetisch zu sagen: in mein verleugnetes Leben“.[14]

4

Unbeschadet der Zusatzfunktion, die das gewählte Erzählverfahren in diesem Fall zweifellos hinreichend begründet, ist in bezug auf beide bisher vorgestellten Varianten festzuhalten, daß die Überraschungskonstruktion hier jeweils auf einem willkürlichen Informationsvorbehalt aufbaut. Der Informationsvorbehalt ist zwar im Hinblick auf die Pointe wohlkalkuliert und insofern, wenn man will, erzählerisch motiviert, aber er ist nicht im erzählten Vorgang motiviert. Die Motivierung des Informationsvorbehalts auch im erzählten Vorgang charakterisiert nun die dritte Variante der Überraschungskonstruktion. Auch dafür zunächst ein Beispiel aus einer Kurzgeschichte von Gabriele Wohmann.

Unter dem Titel ‚Sie sind alle reizend'[15] erzählt die Autorin von der Misere einer jungen Lehrerin, die, ihrer selbst nicht sicher, einen psychologischen Krieg mit ihren Schülern führt. Als Pointe wird eine harmlose Erklärung ausgespielt für das sprichwörtliche Raunen hinter dem Rücken der Lehrerin und das ebenso sprichwörtliche verstohlene Feixen der Schüler, das den Ausgangspunkt einer Erzählsequenz bildet, die gleichermaßen als analytische wie als Rätselkonstruktion, als Spannungs- wie als Überraschungskonstruktion einzustufen ist. Der vorgängige Informationsvorbehalt ist schlüssig im erzählten Vorgang motiviert, denn es wird konsequent aus der Sicht der Lehrerin erzählt, der hier die typische Rolle der Betrachterfigur zufällt. Sie bemerkt das ungewöhnliche Verhalten der Schüler, sucht nach einer Erklärung, legt sich ihre Deutung zurecht, stellt Vermutungen an, macht die Probe darauf, erkundigt sich nach der Stunde bei einer Kollegin (die hier die typische Rolle der Mittlerfigur spielt) und erschließt am Ende aus einer Bemerkung der Kollegin die banale Lösung des banalen Rätsels: Das Raunen und Feixen galt nicht ihr, nicht, wie sie, zunehmend verunsichert, vermeint hatte, „etwas Komischem, etwas Lächerlichem an mir",[16] „etwas an meinem Rock, an der Jacke",[17] sondern einem Spielzeugauto, mit dem die Schüler ihre Allotria trieben.

Anders als bei den einfachen Spielarten der Überraschungskonstruktion ist bei dieser komplexen Variante der konstitutive Informationsvorbehalt nicht ohne weiteres als Informationsvorbehalt nachweisbar. Der Autor ist nicht darauf festzulegen, daß er vorgängig etwas verschweigt – sei es total, wie sich in der ersten Variante nachträglich herausstellt, sei es halb, wie bei der zweiten Variante sogleich bemerkbar wird –, sondern ihm ist lediglich nachzuweisen, daß er eine Perspektive gewählt hat, die es notwendigerweise mit sich bringt, daß der Leser für eine Weile in Informationsrückstand versetzt wird. Daß dieses Verfahren perspektivierter Information, was den Effekt beim Leser betrifft, auf dasselbe hinausläuft wie jenes der latenten oder signalisierten Informationsunterschlagung, steht freilich außer Zweifel, und die allfälligen Zweifel, ob es auch im Interesse dieses Effektes angewendet worden ist, erübrigen sich spätestens in dem Augenblick, wenn die Pointe als ein unzweifelhaft rhetorisches Element den rhetorischen Charakter der ganzen Konstruktion entlarvt und damit auch die perspektivierte Information als eine Form des Informationsvorbehalts enthüllt.

Analytisches Erzählen derart als spannendes und zugleich als überraschendes Erzählen, unbeschadet möglicher oder nachweislicher Zusatzfunktionen, ist für viele Fälle charakteristisch. In Stifters ‚Brigitta' wird im Schlußkapitel der Name „Stephan" in pointierter Form ausgespielt.[18] Am Ende von Hauffs ‚Karawane' identifiziert sich der Gastfreund des Zaleukos mit der Enthüllungsformel: „ich bin der Räuber Orbasan" um so überraschender, als er sich gerade vorher auch als der geheimnisvolle Rotmantel zu erkennen gegeben hat, der in der ‚Geschichte von der abgehauenen Hand' für Zaleukos' Schicksal verantwortlich ist.[19] Mit derselben Formel: „Ich bin der Ritter Gluck!", beschließt Hoffmann seine erste Erzählung, die – Pointe der Pointe – das Rätsel der Titelgestalt mitnichten löst, sondern erst recht zum Rätsel macht.[20] Tieck nutzt den Effekt der verblüffenden Enthüllung als Ergebnis analytischen Erzählens im ‚Blonden Eckbert' bis zum Exzeß aus, wenn er der Eröffnung der Alten: „Niemand als ich war dein Freund Walther, dein Hugo", die schon Pointe genug ist, noch die weitere Eröffnung nachschickt: „Und Bertha war deine Schwester".[21] Auch in der Geschichte des Herzogs von Bracciano läßt Tieck sich den Überraschungseffekt der Lüftung des Inkognito nicht entgehen. Im System der unterschiedenen drei Varianten der Überraschungskonstruktion handelt es sich hier um eine Mischform zwischen der dritten und der zweiten Spielart: der Herzog wird in einer analytischen Sequenz als Rätsel für Caporale und Vittoria eingeführt, aber das Rätsel wird in einer davon unabhängigen Erzählsequenz mit anderen Figuren in pointierter Form für den Leser gelöst.

5

Spannung und Überraschung wurden in den vorangehenden Kapiteln grundsätzlich als Leserzustände begriffen, die mit technisch erzeugten oder mit Sujetwahl schon gegebenen Strategien des Autors korrespondieren. Der Leser wird angehalten, das Spannungs- bzw. Überraschungsangebot, das der Autor ihm macht, zu aktualisieren. Ob und wieweit die Aktualisierung in jedem Fall analytischen Erzählens auch tatsächlich zustande kommt, muß freilich in dem Maß offenbleiben, wie der konkrete Leser eine unkalkulierbare Größe ist. Von Überraschung wie von Rätselspannung kann natürlich nur so lange die Rede sein, wie der Leser die Lösung nicht vorzeitig errät. Als Beispiel einer wohlgemeinten Spannungs- und Überraschungskonstruktion auf analytischer Basis, die gleichwohl ihre Wirkung beim Leser verfehlen dürfte, ein Erzählstrang aus Hauffs ‚Letzten Rittern von Marienburg'.

Im zehnten und vorletzten Kapitel erkennen die beteiligten Figuren zu ihrer Überraschung in dem linkischen Referendar Palvi den berühmten, nur unter dem Pseudonym Hüon bekannten Dichter jenes historischen Romans, auf den der Titel der Novelle anspielt. „Daß wir es erst heute erfahren müssen!" ruft der herbeigeeilte Buchhändler Kaper aus. „Aber wer hätte das gedacht, daß wir den göttlichen Hüon in den eigenen Mauern hätten, daß es dieser Herr von Palvi wäre!" heißt es weiter. „Wie? ... er wäre Hüon?" fragt der junge Rempen, Hauptfigur und immer wieder Betrachterfigur der Erzählung, erstaunt zurück.[22] So eifrig indessen der Autor sich bemüht, das Erstaunen der Figuren unter Beweis zu stellen, so wenig kann er den Leser über diese Enthüllung staunen machen, da der vorangehende Text bereits dermaßen sprechende Signale gesetzt hat, daß auch der nur halbwegs aufmerksame Leser, ohne besonderen Scharfsinn aufzubieten, Gelegenheit hatte, das Pseudonym vorzeitig aufzulösen. Schon im zweiten Kapitel macht Rempen, während eine Rezension der ‚Letzten Ritter von Marienburg' vorgetragen wird, die aufschlußreiche Entdeckung: „Am merkwürdigsten war dem jungen Rempen ein stiller Zuhörer, der scheinbar ohne Teilnahme in der Ecke saß, der Referendar Palvi. Als der Doktor zu lesen anhub, lauschte er mit niedergeschlagenen Augen; dann ergoß sich plötzlich eine brennende Röte über seine Stirne und Wangen."[23] Nicht weniger aufschlußreich wird im fünften Kapitel Palvis Vorlesung aus dem Roman mit den Worten kommentiert: „Es war, als lese er nicht mit den Augen, sondern mit der Seele ohne dieses Organ, als spreche er etwas längst Gedachtes, eine Erinnerung aus, als kenne er den Inhalt, den Geist dieser Blätter, und sein Gedächtnis habe das Buch nur wegen der zufälligen Wortstellung vonnöten".[24] Durch solche Deutlichkeit wird der offenbar beabsichtigte Überraschungseffekt der endlichen Enthüllung ebenso verspielt wie die Wirksamkeit der Rätselspannung. Von Spannung kann in bezug auf diesen Erzählstrang allenfalls in dem Sinn die Rede sein, daß der Leser neugierig darauf wird, wann und wie die Figuren die Lösung des Rätsels erfahren, das ihm seit dem zweiten oder spätestens seit dem fünften Kapitel kein Rätsel mehr ist. Zu berücksichtigen ist allerdings in allen Erzählungen, die mit den Mitteln der Rätselspannung und Überraschung arbeiten, daß hier gerade die Deutlichkeit einzelner Hinweise trügerisch sein kann. Zumal im Detektivroman gilt es als Regel, daß gerade das Wahrscheinliche das Unwahrscheinliche ist und umgekehrt,[25] aber selbst diese Regel ist nicht verläßlich, denn es gibt hier mit den Worten von Dorothy Sayers ebenso den „doppelten Bluff . . ., bei dem die Schlauheit des Lesers zu seinem eigenen Sturz ausgenutzt wird".[26]

8. Kapitel

Mehrdeutigkeit

1

Analytisches Erzählen ist nicht nur durch spezifische Spannung gekennzeichnet, die in vielen Fällen in Form einer überraschenden Pointe gelöst wird, sondern auch durch vorübergehende Mehrdeutigkeit. Die Informationsvermittlung im Medium von Rätsel und Lösung bringt es mit sich, daß prinzipiell alle erzählten Details zwischen Rätsel und Lösung während der Lektüre ins Zwielicht geraten, mehrsinnig erscheinen oder zumindest unverläßlich anmuten, selbst wenn sie sich noch so eindeutig geben, da sie sich für den Leser, vorausgesetzt, daß er auf das Rätselspiel eingeht, allemal im Horizont der Frage präsentieren, ob sie etwas zur gesuchten oder auch nur erwarteten Lösung des Rätsels beitragen oder nicht. Der Rezeptionsprozeß, zu dem die analytische Erzählung anhält, ist dementsprechend nicht nur als spezifischer Spannungsprozeß zu bestimmen, sondern immer zugleich auch als vorgängiger Deutungsprozeß – und zwar nicht nur in dem Sinn, wie sich dies von allen Texten sagen läßt, sondern grundsätzlich in einem höheren Grad als üblich und jedenfalls in höherem Maß, als es bei der synthetischen Version desselben Substrats der Fall wäre.

Der Nachweis am einzelnen Text fällt allerdings nicht immer leicht, weil dazu einerseits mit Textsegmentierungen zu arbeiten ist, die sich dem kritischen Vorwurf der Willkürlichkeit niemals ganz werden entziehen lassen, und weil dabei andrerseits, um alle die prinzipiell unkontrollierbaren Vorstellungen auszuschalten, die der empirische Leser jeweils in den Rezeptionsprozeß einbringt, mit einem sehr abstrakten Leserbegriff zu operieren ist. Der Leser kann freilich das Angebot, den Text vorgängig zu deuten, ebenso ablehnen wie das Angebot, sich in den Zustand gespannter Erwartung zu versetzen. Trotzdem braucht man vor dieser Schwierigkeit nicht von vornherein zu resignieren. Denn so wenig dem Leser die Freiheit zu nehmen ist, auf den Text zu reagieren, wie er es für richtig hält, so wenig ist davon abzusehen, daß der Text mit seiner ganzen Anlage immer auch schon bestimmte Regeln zu seiner Rezeption mitliefert, so daß wenigstens von Fall zu Fall auch über die sinnvolle Segmentierung des Textes wie über die besondere Rolle, die er dem Leser im Vollzug der Rezeption anbietet, hinreichende Klarheit besteht.

Zur Demonstration eignen sich besonders solche Texte, in denen das vorgängig suggerierte Vorstellungsbild eines Sachverhalts von seiner nachträglichen Klarstellung oder Feststellung nachweisbar beträchtlich differiert. Die folgende Untersuchung konzentriert sich um der besseren Nachweisbarkeit willen auf derartige Texte. Herangezogen werden zunächst Erzählungen, die mit gespieltem Ernst einem Sachverhalt vorerst den Anschein der Ungeheuerlichkeit geben und am Ende mit der Harmlosigkeit des Sachverhalts verblüffen (eine Episode aus Otto Ludwigs ‚Maria' und eine Einlage in Brentanos ‚Mehreren Wehmüllern'), und weiterhin Erzählungen, die insgesamt auf Mehrdeutigkeit angelegt sind, dabei aber ihre Mehrdeutigkeit durch die analytische Form vorübergehend noch potenzieren (Eichendorffs ‚Die Zauberei im Herbste' und ‚Das Marmorbild').

2

Die Episode aus Otto Ludwigs Novelle ‚Maria'[1] ist eine Art literarisches Vexierspiel: ein banaler Sachverhalt gewinnt durch seine Aufbereitung vorübergehend den Anschein einer spektakulären Ungeheuerlichkeit. Es geht um nichts weiter als einen Kater, der dem alten Breitung entlaufen ist, gesucht wird und (verletzt) aufgefunden wird: dies und sonst nichts ist passiert, die Erzählung aber, orientiert an dem Erfahrungsprozeß zweier uneingeweihter Figuren, suggeriert für eine längere Strecke anderes und Bedenkliches, was vor allem durch zwei Faktoren ermöglicht wird: zum einen ist der Kater Breitungs Lieblingstier, dessen Verlust ihn wirklich bekümmert; zum andern ist der Kater mit dem Namen Baron ausgestattet, dessen isolierter Gebrauch nur Mißverständnisse hervorrufen kann. Fünf Stadien von der Anbahnung des Vexierspiels bis zu seiner Lösung lassen sich unterscheiden.

Es ist etwas passiert: so viel steht für den Leser bereits nach dem ersten Stadium außer Zweifel, als Ritter und Eisener, „unsere Freunde", von denen die Erzählung ausgegangen ist, auf dem Weg zu Breitung, den sie besuchen wollen, Zeugen aufgeregter Geschäftigkeit werden: „in der angestrengtesten Eile" läuft ein Knecht an ihnen vorbei, ihm folgt ein zweiter, „noch eiliger als der erste", und dann noch ein Berittener, den sie um Auskunft anrufen, der aber zu verstehen gibt, daß er keine Zeit auch nur für ein Wörtchen der Klärung hat.[2] Was passiert ist, bleibt offen; daß es möglicherweise etwas Ernstes ist, wird dadurch nahegelegt, daß Ritter im Gespräch mit Eisener nicht nur die allgemeine Schlußfolgerung zieht: „Allem Anschein nach . . . kommen wir Breitung jetzt nicht erwünscht", sondern auch die besondere Möglichkeit erwägt: „Ist nun jemand, vielleicht er selbst, plötzlich gefährlich krank geworden?"[3] Daß jedoch nicht mit Bestimmtheit etwas Ernstes geschehen ist, geht zum einen aus der Form der bloßen Vermutung von seiten einer Figur und zum andern aus dem wiederum allgemeinen und neutralen Fazit hervor, mit dem

Ritter fortfährt: „Etwas scheint vorgegangen zu sein, was uns bestimmen könnte, unsern Besuch zu verschieben".[4]

Es ist in der Tat etwas Ernstes passiert: diese Deutung wird vom zweiten Stadium nahegelegt, aber wiederum nicht festgelegt, sondern zugleich relativiert. Nahegelegt schon, wenn es am Anfang heißt, daß Ritter und Eisener „seitwärts in den Gebüschen eine leidenschaftlich erhobene Stimme" hören, vor allem aber, wenn es am Ende heißt, daß sie die kummervollen Worte hören: „Gut! gut! so ist er hin. So wird doch alles noch zu Grunde gehn!"[5] Relativiert dagegen, wenn es zwischendurch heißt, daß sie Laute hören, von denen sie „nicht wußten, bedeuteten sie einige Seufzer oder ein schmerzlich verbissenes Lachen".[6] Die Raffinesse des Vexierspiels in diesem Stadium liegt darin, daß die Frage: Seufzer oder Lachen? mit dem Schlußsatz offenbar zugunsten des Seufzers beantwortet wird, daß also, aufs Ganze dieses Stadiums gesehen, die Relativierung der Ernsthaftigkeit ihrerseits auch wieder relativiert erscheint.

Mit dem dritten Stadium wird der Vermutung, die Ritter im ersten Stadium ausgesprochen hat, daß vielleicht Breitung selbst plötzlich gefährlich erkrankt sei, die Basis entzogen. Die Stimme, die Ritter und Eisener gehört haben und die ihnen, wie es zu Beginn des dritten Stadiums heißt, wie die Breitungs vorkommt, ist tatsächlich Breitungs Stimme: er selbst tritt jetzt auf. Nicht aufgehoben ist indessen die Deutungsrichtung, die mit der Vorstellung „gefährlich krank" im ersten Stadium angebahnt und durch die, wenn auch relativierte Insinuierung eines ernsten Vorfalls im zweiten Stadium unterstützt worden ist. Sie findet neue Nahrung durch die Apostrophierung einer „mühsam versteckten Bekümmernis", die durch die „Freundlichkeit", mit der Breitung die Freunde begrüßt, „dennoch hindurchsah".[7] Sie wird jedoch zugleich auch wieder relativiert: die „unbefangene Heiterkeit", mit der Breitungs Frau im folgenden die Freunde empfängt, deutet eher darauf hin, daß gar nichts Ernstliches geschehen ist. Indessen wird diese Relativierung ihrerseits zugleich auch wieder relativiert: Eisener interpretiert das Verhalten von Breitungs Frau als Rücksichtslosigkeit gegenüber der Stimmung ihres Mannes und leistet damit der Vermutung Vorschub, daß Breitungs Bekümmernis tatsächlich auf eine ernste Ursache zurückgeht.[8]

Etwas Schreckliches ist passiert: zu dieser Deutung provoziert wenige Seiten später das vierte Stadium. Das Gespräch der Figuren wird durch den eiligen Auftritt eines jungen Mannes („wahrscheinlich Breitungs Verwalter") unterbrochen, der Breitung heimlich eine Nachricht zuflüstert, von der die Umsitzenden nur die unheilvollen Worte verstehen: „Wilm sagt, sie haben den Baron im Schierlitzgrunde gefunden, aus einer Wunde blutend."[9] Dem offenbaren Ernst der Lage entspricht die Reaktion Breitungs, der schon beim Auftritt des Verwalters „zu erschrecken schien, wie er ihn sah", und sich dann „eilig" erhebt und sich „hastig" mit dem Verwalter entfernt.[10] Die Suggestion des Ernstfalls ist damit perfekt, das Erzählte läßt sich nicht anders deuten, als daß etwas Schlimmes passiert ist. Zwar wird auch diese Deutung nicht festgelegt, sondern nur nahegelegt, aber sie wird suggestiv nahegelegt. Was sie objektiv in der Tat relativiert, ist hier zwar wiederum das Verhalten von Breitungs Frau, von der es heißt, daß sie „währenddes gleichgültig einige Mandeln" knackt,[11] doch stellt sich die relativierende Funktion dieses Details erst mit der Auflösung heraus; während der Lektüre kann es schon deshalb nicht relativierend wirken, weil die relativierende Wirkung des Verhaltens von Madame Breitung bereits im dritten Stadium zweifelhaft geblieben ist, vor allem aber, weil der Text unmittelbar anschließend auf die Reaktion der übrigen Figuren zu sprechen kommt, die das Geschehen ganz in der Richtung jener Deutung auffassen: „Die ganze übrige Gesellschaft", so heißt es, „war verstört und verlegen."[12]

Es ist gar nichts passiert, jedenfalls nichts Nennenswertes: mit diesem Aufschluß gibt der Autor im fünften Stadium endlich die richtige Deutung des Geschehens frei, jedoch nicht ohne vorher die irrige Deutung, die er bis dahin suggestiv nahegelegt hat, durch eine Figur offen aussprechen und durch eine andere Figur als grandioses Mißverständnis verlachen zu lassen. Zunächst antwortet Ritter, der im Gespräch mit Madame Breitung, ohne zu wissen worum es geht, ihren Mann vor ihren Vorwürfen in Schutz nimmt, auf die Frage, was er denn glaube, das ihrem Mann widerfahren sei: „Es wäre indiskret . . ., hier forschen zu wollen. Einigen Äußerungen nach betrifft seine ängstliche Sorge einen teuern Freund, einen Baron, den ich nicht kenne, und der sich seiner Beobachtung entzogen hat, vielleicht um – nun er soll gefunden worden sein – aus einer Wunde blutend."[13] Darauf wird das Rätselspiel erst richtig ausgekostet. Der Autor mutet dem Leser zu, daß Madame Breitung sich erst jetzt des Doppelsinnes bewußt wird, der in dem Namen Baron liegt, und läßt sie lachend damit spielen. Ohne ihren Gesprächspartner sogleich aufzuklären, lediglich durch ihr Lachen anzeigend, daß hier von einem ernsten Vorfall wahrlich nicht die Rede sein kann, vollendet sie das Vexierspiel: „Ach der gute Baron . . . der gute blondbärtige interessante junge Mann; er hatte etwas Melancholisches in seinem Blick, doch schien er sich ganz gemütlich in seinem Pelze zu befinden."[14] Auch im Gestus der Erklärung kostet sie noch eine Weile den Doppelsinn aus: „. . . der Baron ist nämlich ein großer Liebhaber der niedern Jagd. Dort sollte er verwundet, dort tot gefunden worden sein, bis er plötzlich und unerwartet aus irgend einer Ecke, wo er sanft geschlafen hatte, mit graziösem Dehnen und leisem Tritte ganz gemütlich in das allgemeine Lamento hereingesponnen kam. Wahr ist's, man kann nicht leicht einen schönern Kater sehn, als den Kater Baron."[15]

Unter den Verrätselungstechniken, die für die verschiedenen Deutungen des Lesers verantwortlich sind, ist die perspektivische Darstellung die wichtigste. Erzählt wird jeweils nur so viel, wie die uneingeweihten Betrachterfiguren

Ritter und Eisener wahrnehmen: unbestimmtes Tun und Treiben im ersten, zweiten und vierten Stadium; undurchsichtiges Verhalten der Gegenfiguren im dritten und vierten Stadium. Dabei aber ist nicht zu übersehen, daß die perspektivisch vermittelten Details auf der Ebene der auktorialen Konstruktion bereits planmäßig manipuliert werden. Die Erzählung nähert sich ihrem zentralen Gegenstand stufenweise an: der Kater bleibt im ersten Stadium noch gänzlich ungenannt, wird im zweiten Stadium mit dem Personalpronomen („so ist er hin") vorbezeichnet, im vierten mit dem zwar zutreffenden, hier aber nur mißzuverstehenden Namen „Baron" benannt und erst im fünften Stadium als „Kater", das missing link von Anfang an, bezeichnet. Hinzu kommt, als ein Mittel, das die Verrätselung fördert, die weitgehende Unterdrückung des analytischen Moments; der Text bleibt im wesentlichen auf das Wahrnehmungsmoment konzentriert. Zwar läßt der Autor Ritter und Eisener gelegentlich über das, was sie beobachten, reflektieren und er läßt sie auch Mutmaßungen darüber anstellen, was es mit den diversen Seltsamkeiten auf sich habe, aber er läßt sie nicht aktiv werden, er läßt sie keine noch so naheliegenden Fragen an ihr Gegenüber stellen. Diese Unwahrscheinlichkeit, die auch dadurch nicht aufgehoben wird, daß Ritter seine Zurückhaltung nachträglich als Diskretion zu begründen versucht, ist jedoch die einzige Unwahrscheinlichkeit der Episode. Im übrigen funktioniert der Verrätselungsmechanismus reibungslos, alle Irreführung ist in die äußere oder innere Figurenrede verlegt, der Erzähler macht sich keines verfälschenden Wortes schuldig, das sich in Kenntnis des Ganzen als unangemessen erweisen würde. Insofern erfüllt die Episode in mustergültiger Form die Bedingungen einer listigen Verrätselungskunst, die ihr eigenes Alibi gleich mitproduziert und sich dadurch selber kaschiert – mit Raymond Chandlers treffender, auf den Detektivroman gemünzter Formel: ein Musterfall in der „Kunst, den Leser zum Narren zu halten, ohne ihn zu betrügen".[16]

Anzumerken bleibt zum Besseren Otto Ludwigs, daß die Episode im Kontext seiner Erzählung nicht ganz so banal ist, wie sie bei isolierter Betrachtung allein des Verrätselungsmechanismus erscheinen muß. Sie ist durch verschiedene Bezüge sinnvoll in das Erzählganze integriert: nicht nur als heiterer Kontrast zum ernsten Thema, nicht nur als retardierendes und zugleich spiegelbildliches Moment innerhalb einer umfassenden Rätsel-Lösungs-Konstruktion, sie dient mit dem Kontrast zwischen den Ehegatten Breitung, ihrer unbefangenen Heiterkeit und seiner Hypochondrie, auch als anschauliches Exempel für das in den Figurengesprächen thematisierte Verhältnis der Geschlechter und ist auf diese Weise wiederum mit dem Hauptthema der ersten drei Kapitel verflochten – Eisener unentschieden zwischen Julie, dem „reizenden Weltkind",[17] und Marie, die ihm „wie ein Heiligenbild"[18] erscheint.

3

Auch das zweite Beispiel, das hier besprochen werden soll, ist dadurch gekennzeichnet, daß eine zwar kuriose, aber immerhin nichts als natürliche Erscheinung vorübergehend den Charakter einer Ungeheuerlichkeit gewinnt: ‚Devilliers Erzählung von den Hexen auf dem Austerfelsen' aus Brentanos ‚Die mehreren Wehmüller und ungarischen Nationalgesichter'. Das Rätsel-Lösungs-Schema ist hier jedoch nicht auf das technische Prinzip vorgängiger Verrätselung mit nachträglicher Enträtselung zurückzuführen, sondern mit dem Sujet der Erzählung bereits gegeben. Es handelt sich um eine Erlebniserzählung, die von einem rätselhaft-mysteriösen Faktum ausgeht und mit seiner natürlichen Erklärung endet. Das Rätsel ist nicht dermaßen durchsichtig mittelbar an den Leser gerichtet wie bei Otto Ludwig; der Text gibt sich vielmehr als schlichte Icherzählung aus der Erlebnisperspektive, die den Leser nur indirekt für eine Weile an der Ungewißheit beteiligt, in der sich die Figuren in der erzählten Situation befinden. Daß es dem Autor dennoch nicht etwa darauf ankommt, ganz auf Darstellung konzentriert, lediglich Figuren in Konfrontation mit Rätselhaftem zu zeigen, sondern gerade darauf, mittels dieser Darstellung den Leser für eine Weile zu irritieren, geht zum einen daraus hervor, daß Devillier auf eben diesen Effekt bei seinen Hörern in der Erzählrunde abzielt, und zum andern aus der ganzen Sujetkonstruktion überhaupt, vor allem aus der – im Rückblick betrachtet – spezifisch komischen Differenz zwischen dem ausgefallenen Naturphänomen und seiner sensationellen Wirkung – ganz abgesehen davon, wie man in einer Art negativen Schlußverfahrens hinzufügen könnte, daß der Autor, wenn es ihm wirklich nur im Sinn einer Beispielerzählung um die Darstellung der Regel gegangen wäre, daß kleine Ursachen manchmal große Wirkungen haben, durchaus die Form des Sachberichts hätte wählen können, der aus dem, was den Figuren in der Situation ein Rätsel ist, für den Leser auch vorübergehend kein Rätsel macht. Wie nahe diese Form als Opposition zu der hier gewählten gelegen ist, verrät die Formel, mit der Devillier am Ende enthüllt, was er am Anfang durch die Wahl des Erlebnisberichts nur aufschiebt: „Die Sache aber war folgende: ...“[19]

Die Sache ist einigermaßen kompliziert. Ausgangspunkt der Handlung ist: Ein Major, zu dessen Majorschaft ein unweit vom Ufer im Meer liegender, bei Ebbe trockenen Fußes zu erreichender Austerfelsen gehört, bemerkt seit einiger Zeit, daß die meisten zutage liegenden Austern leer sind, und beschließt daher, eines Nachts zusammen mit Devillier dem vermeintlichen Dieb aufzulauern. Ergebnis der Handlung ist: Es stellt sich heraus, daß Katzen die Diebe sind. Dieser nüchterne Umstand gewinnt indessen durch seine Modalitäten einige Kuriosität: Was sich mit ihm herausstellt, ist, daß die Katzen, während sie die Austern mit den Pfoten aus den Schalen herausziehen, immer wieder von den sich schließenden Muscheln festgeklemmt werden, worauf sie so lange in klägliches Jammergeschrei ausbrechen, bis die Austern sich bei eintretender Flut wieder öffnen und sie entlassen.

Aus diesem bei aller Kuriosität harmlosen, aber für die Betrachter nicht auf den ersten Blick durchschaubaren Umstand schlägt die Erzählung ihr Kapital für ein sensationelles Abenteuer, das die beteiligten Figuren in bedrohlichste Gefahr zu stürzen scheint, wenn es nicht sogar den Anschein erweckt, als ginge es hier nicht mit rechten Dingen zu. Das erste, was Devillier und dem Major widerfährt, ist bereits seltsam genug: Sie hören von der See her ein „schreckliches Katzengeheul" und finden zu ihrem Erstaunen „den Felsen mit einer Unzahl von Katzen besetzt . . ., die, ohne sich von der Stelle zu bewegen, das durchdringendste Jammergeschrei ausstießen".[20] Der Major, ängstlich und wundergläubig, hält die seltsame Erscheinung prima vista für Zauberei: er warnt Devillier, der unter die Katzen schießen will, mit dem Bedenken, daß „es gewiß eine Gesellschaft von Zauberern und Hexen sei und ich durch den Schuß ihre Rache auf uns ziehen könnte".[21] Devillier, skeptisch und aufgeklärt, tut die Warnung zwar lachend ab, begibt sich jedoch, gleichermaßen unheimlich berührt, alsbald auf die Flucht, als er die sonderbare Erfahrung macht, daß die Katzen sich, obwohl er mit dem Säbel auf sie einschlägt, nicht von der Stelle rühren, ja daß sie „wie angewurzelt" verharren, wie er feststellen muß, als er eine von ihnen, mit seinem Mantel bedeckt, aufzuheben versucht.[22] Beide sind schließlich aufs äußerste bestürzt, als die „ganze Hexengesellschaft", wie sie nun auch von Devillier genannt wird, bei eintretender Flut „mit solchem Ungestüm gegen das Ufer und auf uns los stürzte, daß wir in der größten Eile Reißaus nahmen".[23] Das Fazit aus dem Erlebnis wird in der Erzählung selbst gezogen. Der Major sieht sich in seinem Wunderglauben bestätigt, er meldet dem Gouverneur, „wie die ganze Festung voll Hexen und Zauberern sei, deren Versammlung er auf seinem Austerfelsen entdeckt habe"; Devillier, nach wie vor zurückhaltender, bestätigt als Zeuge immerhin „die wunderbare Erscheinung von Unbeweglichkeit der Katzen".[24] Die Klärung ergibt sich in der folgenden Nacht, als der Gouverneur trotz all seiner Skepsis dem Ersuchen des Majors nachkommt und mit einer Hundertschaft Voltigeurs anrückt, die die Katzen erlegen.

Daß der Text dazu angetan ist, während der Rezeption eine Fülle von Vorstellungen auszulösen, die bei synthetischer Version des Substrats nicht ausgelöst würden, steht aufgrund der für die längste Strecke der Erzählung ausgehaltenen Rätselhaftigkeit des erzählten Geschehens außer Zweifel. Welcher Art diese Vorstellungen sind, entzieht sich zwar prinzipiell der Bestimmbarkeit, doch lassen sich immerhin einige davon als Möglichkeit präzisieren und jedenfalls eine unzweifelhaft dingfest machen.

Die auf den ersten Blick nächstliegende Möglichkeit besteht darin, daß der

Leser sich dazu aufgerufen sieht, die textimmanenten Deutungen des Geschehens gegeneinander abzuwägen. Der Rezeptionsprozeß wäre dann im wesentlichen durch die Frage bestimmt, ob der wundergläubige Major mit seiner Deutung des Geschehens als Zauberei oder ob Devillier und der Gouverneur mit ihrer Skepsis recht behalten. Für diese Möglichkeit sprechen verschiedene Anzeichen. Zunächst der Titel, der irreführend von Hexen statt von Katzen spricht, ferner die ebenso irreführenden Bezeichnungen „Hexenmeister" und „Hexengesellschaft", die Devillier im Text gelegentlich gebraucht, und schließlich auch in einer Hinsicht der Kontext, nämlich die in der Rahmenerzählung vorangehende wunderbare Geschichte ‚Das Pickenick des Katers Mores', die tatsächlich unaufgelöst bleibt. Gegen diese Möglichkeit spricht allerdings der Kontext in einer anderen Hinsicht. Devillier spielt nämlich seine Geschichte gerade gegen die Geschichte vom Kater Mores aus. Das Fazit der Erzählung von den Hexen auf dem Austerfelsen lautet in direkter Wiederanknüpfung an die voraufgegangene Erzählung: „ich glaube, bei strenger Untersuchung und weniger Phantasie würde unser Freund bei seinem Katzenabenteuer ebensogut lauter Fischdiebe, wie wir Austerdiebe, entdeckt haben".[25] Und Devillier, der sich bereits vorher in der Rahmenerzählung durch verschiedene Einwürfe als aufgeklärter Skeptiker erwiesen hat, läßt die Aufklärungstendenz seiner Erzählung bereits erkennen, wenn er sie mit den ironischen Worten ankündigt: „Damit Sie nicht länger meinen Glauben an den Hexenmeister Mores in Katzengestalt bezweifeln, will ich Ihnen eine Geschichte erzählen, bei welcher ich selbst geholfen habe, ein paar hundert solcher Zauberer zu töten".[26] Die Möglichkeit, daß der Rezeptionsprozeß durch die Frage nach der Lösbarkeit oder Unlösbarkeit des Rätsels bestimmt werde, ist also nur bei isolierter Betrachtung oder, bei einer den Kontext einbeziehenden Betrachtung, nur unter der Voraussetzung eines naiven Lesers, der die Ironie in Devilliers Ankündigung übersieht, ins Feld zu führen.

Weniger hypothetisch ist dagegen die Möglichkeit, daß der Leser sich in die Rolle der beteiligten Figuren versetzt und die Unheimlichkeit dessen, was ihnen widerfährt, seinerseits auf sich wirken läßt. Auch wenn die Frage, ob es in der Geschichte mit rechten Dingen zugeht oder nicht, schon vorentschieden ist, ist freilich nicht zu übersehen, daß der Text seinem Sujet und seiner Anlage nach auf Schauereffekte nicht nur bei den Hörern in der Erzählrunde, sondern auch beim Leser abzielt. Ob er indessen diese Wirkung erreicht, hängt vom Leser ab, von seiner Identifikationsfähigkeit und Identifikationswilligkeit. Der Text macht nur das Angebot, es kommt auf den Leser an, ob er es annimmt.

Keinerlei Voraussetzung, nicht der eines naiven Lesers, nicht der eines identifikationsbereiten Lesers, bedarf es jedoch, um in einem Punkt eine vom Text angebahnte Leservorstellung zu präzisieren, nämlich die vorübergehend nahegelegte, am Ende aber als abwegig erwiesene Deutung des Geschehens als eines höchst bedrohlichen Geschehens. Zu dieser Deutung fordert während der Lektüre die Tatsache auf, daß die „ganze Hexengesellschaft" bei eintretender Flut „mit solchem Ungestüm gegen das Ufer und auf uns los stürzte, daß wir in der größten Eile Reißaus nahmen". Auch wenn man darin nicht gleich die Furcht des wundergläubigen Majors vor der „Rache" der vermeintlichen Hexen bestätigt sieht, wird man doch nicht umhin können, aus diesem Umstand den Schluß zu ziehen, daß sich die beteiligten Figuren tatsächlich in Gefahr befinden, daß sie wirklich von den Katzen angegriffen werden. Eben dies aber ist, wie sich am Ende herausstellt, nicht der Fall, und daß es während der Lektüre so erscheint, liegt allein am Arrangement des Textes. Die Formulierung „auf uns los" bedeutet im Kontext der ganzen Erzählung nichts weiter als eine zufällige Richtung; im Kontext, der dem Leser während der Lektüre bis zu dieser Stelle zur Verfügung steht, bedeutet sie dagegen Angriff und Gefahr. Der Text erhält also durch sein Arrangement nach dem analytischen Schema „Ein Rätsel und seine Lösung" zumindest in diesem Punkt vorübergehend eine Bedeutung, die er am Ende verliert und die er in synthetischer Version desselben Substrats gar nicht hätte. In der probeweise anzunehmenden synthetischen Darstellung – am Anfang die kuriose Naturerscheinung mit ihrer Ursache, dann das abenteuerliche Erlebnis der Figuren mit ihrer Entdekkung – wäre zwar die bedrohliche Situation, in der sich die noch unwissenden Figuren ihrem Vermeinen nach befinden, ebenso ein Bestandteil der Erzählung wie in der vorliegenden analytischen, aber der Leser würde sie von vornherein als bloß vermeintlich bedrohlich durchschauen.

4

Auf besondere Weise wird das Mehrdeutigkeitspotential der analytischen Form in Erzählungen ausgeschöpft, die wie das romantische Novellenmärchen[27] insgesamt auf Mehrdeutigkeit angelegt sind. Eichendorffs Erzählungen ‚Die Zauberei im Herbste' und ‚Das Marmorbild' sind signifikante Beispiele dafür. Wie in Tiecks ‚Tannenhäuser', von dem beide Erzählungen beeinflußt sind und den die ‚Zauberei im Herbste' in Komposition, Thematik, Haupt- und Nebenmotiven nahezu kopiert, wird das zentrale Geschehen zwischen Phantasiegeschehen, das allein im Bewußtsein des Helden vor sich geht, und phantastischem Geschehen, das seinen Ort in einer Zauberwelt hat, unentscheidbar in der Schwebe gehalten. Wie Tieck es dahingestellt sein läßt, ob der langjährig verschollene Tannenhäuser gemäß der Sage wirklich im Venusberg gewesen ist oder ob er sich dies, in seinen Sinnen verwirrt und dem Wahnsinn verfallen, nur einbildet, so läßt Eichendorff es dahingestellt sein, ob der gleichfalls für lange Zeit verschollene Raimund sein Leben im Zauberreich der Herbstgöttin oder im Wahn verbracht hat und ob Florio das Blendwerk, in dem die heidnische Welt der Venus im Frühling wiederaufersteht, wirklich oder nur in der Phantasie erlebt. Anders jedoch als bei Tieck erscheint das fragliche Geschehen, das sich am Ende als unauflösbar zweideutig erweist, bei Eichendorff während der Lektüre um eine weitere Bedeutungsdimension bereichert, und dies allein kraft der analytischen Form. Tieck vermittelt das Abenteuer des Tannenhäuser, das dieser seinem Freund Friedrich von Wolfsburg erzählt, vor dem Hintergrund der – durch die Exposition sowohl wie die vorangehende Geschichte vom getreuen Eckart – explizit namhaft gemachten Tannhäusersage und lenkt damit die Leseerwartung von vornherein auf die Alternative, über die die Erzählung dann nicht hinauskommt: Imitation des Mythos im Sinn des Märchens oder Psychologisierung des Mythos im Sinn der modernen Novelle. Eichendorff dagegen geht nicht von dieser Alternative aus, sondern macht sie zum Ergebnis der Erzählung. In der Sicht des Lesers schillert das Geschehen nicht nur zwischen Phantasiegeschehen und phantastischem Geschehen, sondern hat dabei streckenweise auch den Anschein des schlicht Realen.

In der ‚Zauberei im Herbste' gilt dies vor allem für die Gestalt der Geliebten in Raimunds Abenteuer. Wie sich später herausstellt, ist es entweder eine Phantasiegestalt, Ausgeburt von Raimunds erotischem Begehren, oder eine Zaubergestalt aus dem Reich des Wunderbaren, Allegorie des Herbstes, Personifikation des Herbstzaubers; es ist jedenfalls nicht die wirkliche Berta, Ubaldos Braut, die von Raimund heimlich geliebt wird. Während der Lektüre aber ist diese dritte Möglichkeit keineswegs ausgeschlossen. So sehr die Gestalt sich schon zu Beginn als das „Zauberfräulein" gebärdet, das später aus der Sicht des sinnverwirrten und daher unverläßlichen Raimund namhaft gemacht wird, wenn sie dem Liebenden ihre Liebe gesteht: „Schöner, unglücklicher Jüngling, wie lieb' ich dich! Schon lange liebt' ich dich, und wenn der Herbst seine geheimnisvolle Feier beginnt, erwacht mit jedem Jahre mein Verlangen mit neuer, unwiderstehlicher Gewalt. Unglücklicher! Wie bist du in den Kreis meiner Klänge gekommen? Laß mich und fliehe!";[28]so sehr sie als phantastische ebenso wie als bloß phantasierte Gestalt anmuten kann, wenn es in der Folge von ihr heißt: „Da verbreitete sich eine ernste Hoheit über ihre ganze Gestalt";[29] so sehr kann sie auch als ganz alltäglich real erscheinen, wenn sie ihre Situation in aller Nüchternheit erklärt: „So wisse denn, ... dein Jugendfreund, der heute von dir geschieden ist, ist ein Verräter. Ich bin *gezwungen* seine verlobte Braut. Aus wilder Eifersucht verhehlte er dir seine Liebe. Er ist nicht nach Palästina, sondern kommt morgen, um mich abzuholen und in einem abgelegenen Schlosse vor allen menschlichen Augen auf ewig zu verbergen".[30] In dem Maß, wie das Abenteuer im weiteren Verlauf mehr und mehr den Charakter des Phantastischen oder des Phantasierten gewinnt, verliert zwar die Möglichkeit, es als alltäglich real zu deuten, immer mehr an Wahrscheinlichkeit; aber daß es überhaupt jeder realen Grundlage entbehrt, ergibt sich erst gegen Ende, als der offensichtlich nur in der Phantasie von Raimund ermordete Ubaldo glaubhaft versichert, daß auch die Begegnungen mit Berta, von denen Raimund erzählt hat, in Wirklichkeit nicht stattgefunden haben. Raimunds Abenteuer ist, wie Ubaldo zunächst erklärt, „eitel Phantasie" oder aber, wie er im weiteren anheimstellt, Zauberei: „Ein böser Zauber, jeden Herbst neu erwachend und dann wieder samt dir versinkend, mein armer Raimund, hielt dich viele Jahre lang mit lügenhaften Spielen umstrickt. Du hast unbemerkt Monate wie einzelne Tage verlebt".[31]

Noch einen Schritt weiter geht Eichendorff im ‚Marmorbild'. Hier wird nicht nur wie in der ‚Zauberei im Herbste' Irreales vorübergehend (und scheinbar) realisiert, sondern in konsequenter Fortführung des Prinzips auch Reales vorübergehend (und scheinbar) irrealisiert. Die Realisierung des Irrealen betrifft vor allem die Gestalt Donatis, von dessen realer Existenz in der Gegenwart am Ende niemand weiß (er ist mitsamt seiner Villa, an deren Stelle jetzt eine niedere Hütte steht, in die Vergangenheit zurückgesunken), obwohl er doch anfangs leibhaftig aufgetreten ist, und zwar nicht nur in Gegenwart Florios allein, sondern vor Augen der gesamten geselligen Runde und zumal in Gegenwart des, aufs Ganze gesehen, verläßlichen Zeugen Fortunato. Die vorübergehende Irrealisierung des Realen umgekehrt betrifft gerade diesen Fortunato, den „frischen klaren Sänger" und gleichsam „Boten des Friedens",[32] an dessen Zugehörigkeit zur realen Schicht der Erzählung, aufs Ganze gesehen, kein Zweifel bestehen kann. Der Prozeß verläuft über mehrere Stationen. Unbegreiflich, aber nicht unheimlich erscheint Fortunato zu Beginn, als er sich in der fröhlichen Gesellschaft „fast einsam" ausnimmt: „Er war ausgelassen lustig, und mancher hätte ihn wohl übermütig genannt, wie er so wildwechselnd in Witz, Ernst und Scherz sich ganz und gar losließ, hätte er dabei nicht wieder mit so frommklaren Augen beinah wunderbar dreingeschaut"; Florios Versuche, ihm seine Liebe und Ehrfurcht auszusprechen, „glitten an der spröden Lustigkeit des Sängers ab. Er konnte ihn gar nicht begreifen".[33] Geheimnisvoll, aber nicht verdächtig, an der dunklen Welt, die Florio verlockt, irgend Anteil zu haben, erscheint er, als er Florio in der Folge eine Einladung nach dem Landhaus vor der Stadt überbringt, dabei andeutet, Florio werde dort eine alte Bekannte treffen, und „lustig" alle Erklärung ablehnt – geheimnisvoll, aber nicht verdächtig, obwohl Florio sogleich an seine „schöne Sängerin" denkt, die jener dunklen Welt angehört; in der Sicht des Lesers dominieren hier eher die Zeichen spielerischer Camouflage.[34] Zerrissen, aber nicht dämonisch erscheint er auf dem Fest selbst, wo er sich „mehreremal verkleidet" und „fortwährend seltsam wechselnd sinnreichen Spuk" treibt, „immer neu und unerkannt und oft sich selber überraschend durch die Kühnheit und tiefe Bedeutsamkeit seines Spieles, so daß er manchmal plötzlich still wurde vor Wehmut, wenn die andern sich halb totlachen wollten".[35] Zweifel, ob er wirklich jetzt und hier anwesend ist, aber damit noch nicht Zweifel, ob es ihn wirklich gibt, entstehen, als er in Florios phantastisches oder phantasiertes Abenteuer hineingezogen wird: Florio hört von fern ein „altes frommes Lied“ und es kommt ihm vor, „als wäre es Fortunatos Stimme“,[36] und nachdem der innere oder äußere Spuk verflogen ist, meint er, Fortunato zu sehen: „abgewendet und hoch aufrecht stehend im Kahne mitten auf dem Weiher, noch einzelne Akkorde in seine Gitarre greifend“, aber er „hielt auch diese Erscheinung für ein verwirrendes Blendwerk der Nacht“.[37] Zwielichtig zwischen Realität und Irrealität, als Spukgestalt, wenn auch nur für die Dauer eines flüchtigen Augenblicks, erscheint er endlich in der Schlußphase vor der Enthüllung: Florio, der in der „frühesten Morgendämmerung“ aufgebrochen ist, um „diese Gegend gänzlich zu verlassen“, gesellen sich drei Reiter zu, und es heißt: „Nicht ohne heimlichen Schauer erkannte er in dem einen den Sänger Fortunato“.[38]

Die Zweideutigkeit des zentralen Geschehens als phantasiertes oder als phantastisches Geschehen liegt in den beiden Erzählungen Eichendorffs ebenso wie in Tiecks ‚Tannenhäuser‘ bereits im Substrat; sie würde sich in jedweder nur denkbaren Version des Stoffes gleichermaßen geltend machen, auch in der synthetischen. Die Mehrdeutigkeit darüber hinaus aber, die Tatsache, daß das so oder so irreale Geschehen in der ‚Zauberei im Herbste‘ und im ‚Marmorbild‘ anders als im ‚Tannenhäuser‘ streckenweise als real erscheint und daß im ‚Marmorbild‘ sogar nachträglich als real ausgewiesenes Geschehen seinerseits streckenweise als irreal anmutet, ist eine Leistung allein der analytischen Vermittlungsform, die die beiden Erzählungen Eichendorffs für eine längere Strecke beherrscht als die von Tieck. Diese Art Mehrdeutigkeit fiele dahin, wenn das Substrat so weit wie möglich synthetisch und unverrätselt präsentiert würde: wenn in der ‚Zauberei im Herbste‘ am Anfang der Mythos des Herbstzaubers ausgebreitet und vor oder während der Erzählung von Raimunds zweideutigem Abenteuer zum mindesten festgestellt würde, daß es nicht die wirkliche Berta ist, der er begegnet, und wenn im ‚Marmorbild‘ der Mythos des Frühlingszaubers am Anfang stünde und vor oder während der Erzählung von Florios phantasiertem oder phantastischem Erlebnis mitgeteilt würde, daß Fortunato, der sich zur gleichen Zeit am gleichen Ort befindet, von alledem nichts bemerkt: keine Göttin, nicht ihren Staat, keinen Tempel, sondern „nichts ... als den stillen Weiher und die weißen rätselhaften Steine im Mondlicht umher und den weiten unendlichen Sternenhimmel darüber“,[39] wie es in der vorliegenden analytischen Version am Ende in Form der nachträglichen Erklärung heißt.

Alle drei Erzählungen changieren zwischen Märchen und Novelle. Sie sind weder das eine noch das andere. Das ‚Marmorbild‘ kündigt Eichendorff am 15. März 1817 in einem Brief an Fouqué als eine „Novelle“ an, „die ich für das Frauentaschenbuch geschrieben habe“.[40] Als er die Erzählung am 2. Dezember desselben Jahres übersendet, nennt er sie im Begleitschreiben „eine Novelle oder Märchen, zu dem irgend eine Anekdote aus einem alten Buche, ich glaube es waren ‚Happellii Curiositates', die entfernte Veranlassung, aber weiter auch nichts, gegeben hat", und spricht im weiteren von dem „vorliegenden Märchen".[41] Fouqué entscheidet in seiner Antwort die terminologische Unsicherheit, er dankt Eichendorff für sein „lieblich blühendes und glühendes Novellenmärchen".[42] Dasselbe läßt sich vom ‚Tannenhäuser' und von der ‚Zauberei im Herbste' sagen, und das heißt, ihr Charakter als Novellenmärchen ist unabhängig von der mehr oder weniger ausgeprägten analytischen Form. In bezug auf die analytische Form läßt sich allenfalls feststellen, daß sie aufgrund ihrer Affinität zum novellistischen Realismus vorübergehend eher den Novellencharakter als den Märchencharakter unterstützt.

Im übrigen ist festzustellen, daß sich die für die analytische Erzählung charakteristische vorübergehende Mehrdeutigkeit in diesem Genre nur in dem Maß auswirkt, wie die Erzählung auf ihre äußere Handlung hin gelesen wird. Sie wird unerheblich, sobald die Handlung bereits während des Rezeptionsprozesses ihre symbolische Bedeutung unmißverständlich zu erkennen gibt. So etwa gerät im ‚Marmorbild' die Frage, in welchen Wirklichkeitsbereichen das Geschehen jeweils angesiedelt ist, zunehmend in den Hintergrund, wenn die Erzählung ihre geistliche Thematik erkennen läßt: Florio als christlicher Ritter zwischen Gut und Böse, vorübergehend der Anfechtung erliegend; Donati als Versucher und Verführer zum Bösen; Fortunato als Mahner und Retter zum Guten; Venus als Bezugspunkt dort, Maria hier. Ähnlich wie durch diese geistliche Lösung verliert die Frage nach der Zuordnung der Erlebnisbereiche in der ‚Zauberei im Herbste' ihre Bedeutung. Auch hier geht es wie bereits im ‚Tannenhäuser' ausdrücklich um Verlockung und Sünde, und auch hier hält die Erzählung für das, was sie pragmatisch als Rätsel bestehen läßt, eine poetische Lösung bereit. Sie besteht in der spezifisch romantischen Annahme einer Korrespondenz von äußerer und innerer Dunkelheit, von gleichermaßen rational unzugänglichen Kräften außen und innen. Beides, Magie der Natur und Magie der Seele einerseits und die religiöse Thematik andrerseits, wird gegen Ende von Raimunds Erzählung in einem Satz zusammengefaßt: „Und als nun der Herbst wieder sein wunderlich farbiges Netz über Berg und Tal ausspreitete, da schweiften von neuem einzelne wohlbekannte Töne aus dem Walde in meine Einsamkeit, und dunkle Stimmen in mir klangen sie wider und gaben ihnen Antwort, und im Innersten erschreckten mich noch immer die Glockenklänge des fernen Doms, wenn sie am klaren Sonntagsmorgen über die Berge zu mir herüberlangten, als suchten sie das alte, stille Gottesreich der Kindheit in meiner Brust, das nicht mehr in ihr war".[43] Im Ganzen ist durch diese poetische Vereindeutigung die im Pragmatischen bewahrte Zweideutigkeit schon überholt, und in dem Maß, wie die Erzählung bereits in der Einstellung auf solche poetische Lösung rezipiert wird, erscheint nicht nur die pragmatische Zweideutigkeit, sondern vollends die durch die analytische Form bewirkte vorübergehende Mehrdeutigkeit als belanglos.

5

Analytisches Erzählen als vorübergehend mehrdeutiges Erzählen: bei den angeführten Textbeispielen kann an dieser Funktion kein Zweifel aufkommen – am wenigsten, wenn sie als literarische Vexierspiele dem Leser vorübergehend gerade solche Deutungen zuspielen, die sich später als Mißverständnisse erweisen. Sie locken ihn auf falsche Fährten, sei es, daß sie seine Aufmerksamkeit in eben die falsche Richtung lenken, die eine Figur mit ihrer irrigen Deutung des Geschehens verfolgt, sei es, daß sie ihn unabhängig von Figuren durch die Art der Informationsvermittlung zu abwegigen Deutungen verführen. Die falsche Fährte oder falsche Spur („red herring") in beiden Spielarten gilt mit Recht als Charakteristikum des Detektivromans, ist jedoch ebenso nur eine spezielle Ausprägung analytischen Erzählens, wie der Detektivroman nur ein Spezialfall der analytischen Erzählung ist. Für die analytische Erzählung generell sind nicht derartige Irreführungen konstitutiv, sondern im Unterschied zur synthetischen Version desselben Substrats lediglich das größere Angebot verschiedener Deutungsmöglichkeiten. Die in diesem Kapitel aufgestellte These ist daher erst vollständig demonstriert, wenn sie an Texten überprüft ist, bei denen sich die formal bedingte Mehrdeutigkeit auch dann durchsetzt, wenn sie nicht vom Autor intendiert ist. Ein instruktives Beispiel für diese gleichsam automatische Mehrdeutigkeit scheint mir die folgende kleine Passage aus Frischs ‚Homo faber' zu sein.

Der Rahmen ist eine analytische Rätsel-Lösungs-Konstruktion. Faber berichtet davon, daß ihn bei seinem Aufenthalt in einem Hotel in Mexiko, in dem er mit dem Bruder seines Jugendfreundes auf eine Fahrgelegenheit wartet, jeden Morgen „ein sonderbarer Lärm" weckt, „halb Industrie, halb Musik, ein Geräusch, das ich mir nicht erklären konnte, nicht laut, aber rasend wie Grillen, metallisch, monoton, es mußte eine Mechanik sein, aber ich erriet sie nicht, und später, wenn wir zum Frühstück ins Dorf gingen, war es verstummt, nichts zu sehen".[44] Das Motiv wird zwei Seiten später wiederaufgenommen: „wieder der unverständliche Lärm ..., halb Klavier, halb Maschinengewehr, dazu Gesang – jedesmal zwischen 6.00 und 7.00 Uhr, jedesmal will ich der Sache nachgehen, vergesse es aber im Lauf des Tages".[45] Die Klärung ergibt sich weitere vier Seiten später: „der sonderbare Lärm, der mich jeden Morgen geweckt hatte, erwies sich als Musik, Geklimper einer altertümlichen Marimba, Gehämmer ohne Klang, eine fürchterliche Musik, geradezu epileptisch. Es war irgendein Fest, das mit dem Vollmond zu tun hat. Jeden Morgen vor der Feldarbeit hatten sie trainiert, um jetzt zum Tanz aufzuspielen, fünf Indios, die mit rasenden Hämmerchen auf ihr Instrument schlugen, eine Art hölzernes Xylophon, lang wie ein Tisch".[46] Zwischen der ersten und der zweiten Rätselstelle werden nun zwei Motive entwickelt, die, wie sich im Klärungsmoment ergibt, mit dem Rätselmotiv nicht das geringste zu tun haben und die doch während der Lektüre damit in Zusammenhang zu stehen scheinen. Das eine ist Fabers Bemerkung, daß sein Begleiter „von der fixen Idee besessen" sei, „es müßte irgendwo in diesem Hühnerdorf, wenn man es gründlich untersuchte, irgendeinen Jeep geben – irgendwo hinter einer Hütte, irgendwo im Dickicht von Kürbis und Bananen und Mais. Ich ließ ihn. Es war Blödsinn, schien mir, wie alles, aber es war mir einerlei".[47] Das andere ist die explizite Wiederholung des unmittelbar vor Einführung des Rätselmotivs schon erwähnten Umstandes, daß der dritte Hotelgast ein Musiker ist („Musiker aus Boston, wie gesagt").[48] Beide Umstände erhalten, weil zwischen Rätsel und Lösung plaziert, während der Lektüre einen Bedeutungsakzent, der ihnen objektiv, d. h. in der Übersicht über den ganzen Text, nicht zukommt und der meines Erachtens auch als Effekt während der Lektüre nicht im Interesse des Autors liegen kann. Im Horizont des Rätselmotivs „halb Industrie, halb Musik" gelesen, können die Stichworte „metallisch" und „Mechanik" die Vorstellung nähren, daß die „fixe Idee", es sei dort irgendwo ein Fahrzeug versteckt, nicht ganz und gar abwegig ist, und das Stichwort „halb Musik" die Vorstellung eines verborgenen Zusammenhangs zwischen jenem Hotelgast und dem unverständlichen Geräusch. So flüchtig der Leseeindruck und so unbedeutsam die Sache, mag dieses Beispiel immerhin die allgemein zu hypostasierende Tatsache illustrieren, daß prinzipiell alle erzählten Details im Rahmen von Rätsel-Lösungs-Konstruktionen vorübergehend, um das mindeste zu sagen, diffusen Charakter annehmen.

6

Die Antwort auf die Funktionsfrage, die in diesem Kapitel mit dem Nachweis der vorübergehenden Mehrdeutigkeit analytischen Erzählens gegeben wurde, eröffnet wiederum, wie schon im Fall der Spannung, die weitergehende Frage nach der Funktion der Funktion und ihrer kritischen Einschätzung, die im Rahmen typologischer Betrachtung allerdings nicht beantwortet, sondern nur angedeutet werden kann. Auch hier ist sicherlich vor allem der Unterhaltungswert in Rechnung zu stellen, doch bedarf die Funktion von Mehrdeutigkeit grundsätzlich differenzierter Analyse von Fall zu Fall. Im Detektivroman beispielsweise ist die formal bedingte Mehrdeutigkeit nicht nur die Bedingung der kombinatorischen Denksportaufgabe, sondern durch ihre Konkretisierung im Verdacht – wobei im Extremfall ein Klima des totalen Mißtrauens erzeugt wird – auch Ausdruck einer ganz bestimmten Wirklichkeitsauffassung.[49] In bezug auf romantische Erzählungen, soweit sie insgesamt auf Mehrdeutigkeit angelegt sind, die durch die analytische Form vorübergehend noch potenziert wird, gilt allgemein, was Hoffmann im Anschluß an die „von Haus

aus fragmentarisch angelegte“ Erzählung ‚Die Automate‘ in den ‚Serapionsbrüdern‘ zu bedenken gibt, nämlich daß sie sich ebenso als „unartige Mystifikation“ verurteilen lassen, wie ihnen positiv nachgesagt werden kann, daß sie die „Fantasie des Lesers“ anregen: „die Fantasie des Lesers oder Hörers soll nur ein paar etwas heftige Rucke erhalten und dann sich selbst beliebig fortschwingen“.[50] Aber auch da, wo die Mehrdeutigkeit am Ende restlos beseitigt wird, läßt sie sich ebenso positiv wie negativ einschätzen. Negativ, wenn man den Akzent auf den diffusen Charakter legt, den das Erzählte durch die Form gewinnt; positiv, wenn man den Akzent auf die damit ermöglichte intensivere Beteiligung des Lesers am Textvollzug legt, auf den Freiraum, der ihm zur Aktivierung eigner Vorstellungen und zur Mitdeutung gewährt wird. Věra Linhartová hat den letzteren Aspekt in ihrem ‚Diskurs über den Lift‘ auf ebenso anschauliche wie ironische Weise demonstriert. Ihre Erzählung, keine regelrecht analytische Erzählung, wohl aber dieser im hier interessierenden Punkt analog, ist unbeschadet dessen, daß sie auch eine Geschichte oder besser Geschichten zum Gegenstand hat, in den immer wieder sichtbar gemachten Rahmen eines Gesprächs mit dem Leser gestellt; sie reflektiert zusammen mit der Information über Dinge und Personen auch deren mögliche Rezeptionsweise. So heißt es im Zusammenhang mit der Vorstellung ihrer Hauptfigur, Herrn Jesvels, von dem beiläufig mitgeteilt wird, daß ihn jede Reise auf eine Unmenge merkwürdiger Einfälle bringe: „Jetzt wäre es wohl angebracht, auch mitzuteilen, von wo aus, wohin und wie oft Herr Jesvel Reisen unternahm, denn der Lauf der Dinge ist nun einmal so: kaum sind wir mit einer Figur bekannt geworden, die Reisen unternimmt, wollen wir auch gleich wissen, warum und zu welchem Zweck sie unterwegs ist und wieso sie eigentlich nicht ordnungsgemäß an einem Ort fest ansässig ist, was für ein Leben sie wohl führen mag? Aber alles zu seiner Zeit. Nur über eines kann ich Ihnen sogleich Gewißheit geben: Herr Jesvel ist ganz im Gegenteil eine durchaus seßhafte Person, und seine Reisen – wenn man sie überhaupt so nennen kann – sind im Hinblick auf Ausmaß und Bedeutung kaum der Rede wert. Deshalb wäre es im Augenblick auch überflüssig, durch deren nähere Bestimmung dem dafür vorgesehenen Zeitpunkt vorauseilen zu wollen. Darüber hinaus würden Sie sich unbedachterweise um das Vergnügen Ihrer eigenen Vorstellungen bringen, Vorstellungen, die von größerer Vielfalt sein dürften, als die spätere Feststellung der Tatsachen. Selbst wenn Sie überzeugt sind, daß sich Ihre Vorstellungen nicht verwirklichen werden, warum sollten Sie sich nicht trotzdem mit ihnen befassen, solange Sie daran Gefallen und Genüge finden?“[51]

9. Kapitel

Affektion

1

Die Frage nach den Funktionen analytischen Erzählens wurde in den vorangehenden Kapiteln jeweils grundsätzlich ohne Berücksichtigung der inhaltlichen Spezifizierung des formalen Modells gestellt. Die Antworten fielen dementsprechend pauschal aus. Sie ergeben zusammengenommen nicht mehr als eine allgemeine Funktionstypologie. Offen bleiben damit mindestens zwei Grundfragen. Zum einen, wie mehrfach erwähnt, die Frage nach der Funktion der jeweils behandelten Funktion analytischen Erzählens, durch deren Beantwortung sich die Verwendung der Form letzten Endes erst erklärt. Zum andern die Frage nach der Funktion analytischen Erzählens selbst in Verbindung mit den jeweiligen Inhalten, in denen die Form sich konkretisiert. Für die Beantwortung jener Frage ist die Basis der vorliegenden Abhandlung zu schmal. Eine Untersuchung der Funktion von Spannung beispielsweise könnte sich nicht auf die ganz spezielle Spannung, die ein Produkt der analytischen Form ist, stützen, sondern müßte dem ganzen Repertoire von Spannungsmitteln gelten. Der Beantwortung der anderen Grundfrage ist dagegen auch im Rahmen typologischer Betrachtungsweise näherzukommen – insoweit nämlich, wie es sich bei den zu ermittelnden Funktionen noch nicht um ausgesprochen individuelle Funktionen handelt. Die Frage nach den individuellen Funktionen – wer zu welchen Zeiten, aus welchen Gründen und zu welchen Zwecken welche Motive in analytischer Form behandelt – ist selbstverständlich nur im Rahmen historischer Textinterpretation zu klären. Der Versuch, im Rahmen typologischer Betrachtungsweise der Textinterpretation vorzuarbeiten, der mit der Abhandlung der allgemeinen Funktionen in den vorangehenden Kapiteln begonnen wurde, läßt sich noch ein Stück fortführen durch die Sichtung relativ allgemeiner Funktionen. Gemeint sind Funktionen analytischen Erzählens, die zwar schon als speziell zu gelten haben, weil sie an Inhalte gebunden sind, dabei aber noch nicht als individuell gelten können, weil die Inhalte, in deren Verbindung sie sich entfalten, noch variabel sind. Im folgenden werden derartige nicht mehr ganz allgemeine, noch nicht ganz individuelle Funktionen wiederum in Form von These und Exemplifizierung erörtert: Affektion, Distanzierung, Beglaubigung und Desillusionierung.

2

Analytisches Erzählen als spannendes, überraschendes und vorübergehend mehrdeutiges Erzählen wurde in den vorangehenden Kapiteln im wesentlichen von der kombinatorischen Seite des Prozesses her begriffen. Wie aber der Erfahrungsprozeß der Betrachterfigur nicht immer ein bloß kombinatorischer, sondern oftmals ein mehr oder weniger affektiv aufgeladener Prozeß ist, so ist in vielen Fällen die affektive Komponente auch beim Rezeptionsprozeß nicht zu übergehen: Analytisches Erzählen also – die entsprechenden stofflichen Bedingungen vorausgesetzt – als affizierendes Erzählen.

Mehr noch als die anderen leserbezogenen Funktionen ist jedoch der affizierende Charakter analytischen Erzählens nur bedingt demonstrierbar. Bisher war nur die kategoriale Differenz zwischen Leserfrage und Figurenfrage bzw. zwischen Leserdeutung und Figurendeutung einzubeziehen: der Umstand, daß Frage und Deutung von seiten der Figur immer nur dem erzählten Geschehen gelten, während dem fragenden und deutenden Leser außerdem immer auch Elemente des erzählenden Textes zugute kommen. Nunmehr ist außerdem noch die kategoriale Differenz zwischen dem dargestellten bzw. zu unterstellenden Wirklichkeitserlebnis der Figuren und dem durch das Dargestellte sowohl wie durch die Darstellung bedingten und zudem noch vom Temperament des einzelnen Lesers, seiner Wirklichkeitserfahrung und seiner Leseerfahrung abhängigen Leseerlebnis zu berücksichtigen. Kam bisher als Komplikation hinzu, daß Figurenfrage und Figurendeutung praktisch in aller Regel keineswegs methodisch und vollständig im Text expliziert sind, so daß also zu einem mehr oder weniger großen Teil auch die Fragen an das erzählte Geschehen und ebenso die Deutungen innerhalb der Erfahrung des Geschehens dem Leser überlassen bleiben, so kommt nunmehr hinzu, daß die Affektion des Lesers sich bei geringstem Gefühlsengagement der Figur ebenso einstellen kann, wie sie selbst bei höchster Erregung der Figur ausbleiben kann. Wurde bei der These zur Spannung mit einem Leser gerechnet, der die vom erzählten Geschehen provozierten Fragen aufnimmt und sie sich entweder bewußt macht oder unbewußt in gezielte Erwartung im Hinblick auf den weiteren Text umsetzt, und wurde von der These zur Mehrdeutigkeit ein Leser gefordert, der die vom Text nahegelegten Deutungen mehr oder weniger bewußt aktualisiert, so verlangt die jetzt aufgestellte These einen Leser, der sich von dem im Text dargestellten Erlebnisprozeß affizieren läßt. Ließ sich der Leseprozeß dementsprechend im ersten Fall als Abfolge nach dem Schema von Frage und Antwort bestimmen und zugleich auch verhältnismäßig leicht beschreiben, und war er im zweiten Fall als Abfolge nach dem Schema vorgängiger Deutung und Deutungskorrektur nur an ganz spezifischen Beispielen demonstrierbar, immerhin aber noch deutlich bestimmbar, so entzieht er sich im dritten Fall als psychologischer Prozeß vollends der Beschreibbarkeit, er ist hier nur mehr hypostasierbar. Festgehalten werden kann allenfalls die Erlebniskurve in den wechselnden Zuständen der Figur, und nur hypothetisch gefolgert werden kann daraus, daß ihr eine Erlebniskurve im Leseprozeß entspricht. Im übrigen aber unterliegt die These demselben Kontrollschema wie die beiden anderen: Dasselbe stoffliche Substrat würde in synthetischer Version seinen affizierenden Charakter, wie immer er beschaffen sein mag, ebenso verlieren wie seine besondere Spannung und seine besondere Mehrdeutigkeit. Und dies ist es vor allem, was die Aufstellung dieser These nicht nur ermöglicht, sondern erfordert.

Als Beispiele für die – was nach alledem deutlich geworden sein sollte, sehr bedingte – Demonstration der These eignen sich am ehesten solche Texte, bei denen wenigstens darüber kein Zweifel besteht, daß die Betrachterfigur einen affektiv bestimmten Prozeß durchläuft, und bei denen sich zudem wenigstens eine formale Differenz zwischen der Gefühlslage während der Rezeption der Rätselphase und der Gefühlslage im Moment der Lösung annehmen läßt. Beides ist in verschiedener Ausprägung bei den beiden im vorigen Kapitel behandelten Beispielen von Otto Ludwig und Brentano der Fall. Es gilt hier also nur ein paar Ergänzungen zum bisher Dargelegten hinzuzufügen.

3

Besonders deutlich ist die affektive Komponente in Brentanos Erzählung von den Hexen auf dem Austerfelsen ausgeprägt. Devillier und der Major durchlaufen einen Erlebnisprozeß, der sich vom Erstaunen zur Irritierung und vom Entsetzen zum Gefühl unmittelbarer Bedrohung steigert und der sich dann in der zweiten Nacht teilweise wiederholt, ehe sich die befreiende Entdeckung ergibt. Erstaunen bei der Wahrnehmung, daß der „Felsen mit einer Unzahl von Katzen besetzt" ist, „die, ohne sich von der Stelle zu bewegen, das durchdringendste Jammergeschrei ausstießen"; Irritierung („aber wie ward mir zumute") und Entsetzen („Da lief es mir eiskalt über den Rücken") bei der Erfahrung, daß sich die Katzen nicht von der Stelle bewegen lassen, sondern wie „angewurzelt" verharren; (vermeintliche) Bedrohung, als die ganze „Hexengesellschaft" auf sie los stürzt; Wiederholung: „Als wir dem Gehölz nahten, tönte dasselbe Katzengeschrei, und wir hatten vom Ufer dasselbe eigentümlich-schauerliche Schauspiel: den lebendigen heulenden Felsen im Mondschein über der weiten, unbegrenzten Meeresfläche."[1] Trotz aller Vorankündigungen, daß das erzählte Geschehen seine natürliche Auflösung finden werde, ist die Erzählung offensichtlich darauf aus, die schauerlichen Reize, die das seltsame Naturschauspiel auf die Figuren ausübt, nicht nur auf die Hörer in der Erzählrunde, sondern auch auf den Leser zu übertragen. Ob und wieweit ihr das gelingt und ob sich dementsprechend eine spezifische Gefühlskurve im Leseprozeß annehmen läßt, die mit der Gefühlskurve der Figuren im Erlebnisprozeß korrespondiert, hängt, wie bereits erörtert, von dem Maß der Identifikationsbereitschaft des Lesers ab. Immerhin aber ist festzuhalten, daß die zentrale Stelle, die dem Leser eine später als irrig ausgewiesene Deutung zwingend nahelegt – die Deutung des Geschehens als Bedrohung –, in jedem denkbaren Leseprozeß nicht nur ein kombinatorisches, sondern zugleich ein unmittelbar affektiv besetztes Detail ist. Und aufgrund dessen ist jedenfalls die im vorigen Kapitel vertretene These, daß die Erzählung in synthetischer Version ihre besondere Spannung ebenso verlieren würde wie ihre besondere Mehrdeutigkeit, zu ergänzen durch die These, daß sie damit auch ihren affizierenden Charakter verlieren würde: distanziert, zu keinerlei emotionalem Engagement angehalten, würde der Leser einem Prozeß folgen, in dem die Figuren durch etwas allein aus ihrer Sicht Rätselhaftes zuerst irritiert, dann verstört und schließlich in Schrecken versetzt werden, ehe sie die dem Leser im voraus bekannte Harmlosigkeit der Erscheinung erkennen, und die Erzählung hätte von vornherein den satirisch-komischen Charakter, den sie in der vorliegenden analytischen Version erst am Ende und eher beiläufig mit der Verspottung des wundergläubigen Majors erhält.

Ebensowenig wie in diesem Fall ist die affektive Komponente in der angeführten Episode aus Otto Ludwigs ‚Maria' zu übersehen. Die Spannung, die sie beherrscht, ist als bloß formale „Erkenntnisspannung" zweifellos unzureichend charakterisiert; sie ist zugleich „Gefühlsspannung",[2] und zwar im Leseprozeß mehr noch als im dargestellten Erfahrungsprozeß, da dieser, wie gezeigt, nicht vollständig expliziert ist und die Erzählung somit die Aktualisierung von Deutungen des Geschehens nahezu ausschließlich dem Leser abverlangt. Dabei wird nun der Leser nicht nur im Sinn eines gefühlsneutralen Kombinationsspiels dazu provoziert, sich die Frage zu stellen, was für ein vergangenes Geschehen den gegenwärtigen Vorgängen, die Ritter und Eisener beobachten, zugrunde liegt, sondern er wird zugleich dazu angehalten, sich emotional von den bangen Erwartungen affizieren zu lassen, die bei den beobachtenden Figuren zu unterstellen sind. Wenn es bei den im vorigen Kapitel von Stufe zu Stufe durchgespielten Möglichkeiten der Deutung des bruchstückweise zum Vorschein kommenden Geschehens nur darum ging, zu zeigen, daß die Erzählung vorübergehend lauter Deutungen nahelegt, die von der richtigen Deutung des Geschehens abweichen und die am Ende als irrig erwiesen werden, so ist nunmehr nachzutragen, daß die Erzählung damit nicht bloß an das kombinatorische Vermögen des Lesers appelliert, sondern daß sie den Leser zugleich in eine Art Sog des Schreckens hineinzieht. So planmäßig das ganze Geschehen für die längste Strecke nach dem Prinzip der Verrätselung vermittelt wird, so planmäßig folgen die einzelnen Stadien einander nach dem Prinzip der Steigerung, das nicht bloß formal aufzufassen ist, sondern ausgesprochen affektbezogen einen Prozeß zunehmender Erregung konstituiert: zuerst lediglich Irritierung durch Undurchsichtiges, dann Verstörung durch Befremdliches, zuletzt Erschrecken durch (scheinbar) Entsetzliches, ehe sich schließlich alles zusammen als nichtig erklärt und in Wohlgefallen auflöst. Auch hier ließe sich unschwer die Gegenprobe machen: in synthetischer Version würde die Erzählung aller der Reize, die nur im Halbwissen gedeihen, entbehren.

Freud hat in seiner Abhandlung über das Unheimliche gezeigt, wie sehr „in der Welt der Fiktion die Gefühlswirkung von der Stoffwahl unabhängig", von der Wahl der Form abhängig sein kann, und dabei auch die Form berücksichtigt, die hier als analytische Form bezeichnet wird. Er führt Beispiele an, in denen bei gleichem Motiv die unheimliche Wirkung das eine Mal sich einstellt, das andere Mal ausbleibt, je nach dem, aus welcher allgemeinen Haltung und besonderen Perspektive davon erzählt wird: „Sogar ein ‚wirkliches' *Gespenst* wie das in O. Wildes Erzählung ‚Der Geist von Canterville' muß all seiner Ansprüche, wenigstens Grauen zu erregen, verlustig werden, wenn der Dichter sich den Scherz macht, es zu ironisieren und hänseln zu lassen".[3] Die Episode aus Otto Ludwigs ‚Maria' ist ein Beispiel für den umgekehrten Fall: ein Motiv, das von sich aus keinerlei besondere Gefühlswirkung beim Leser verspricht, gewinnt diese allein durch die Erzählweise.

Beide Beispiele dürften bereits als Beleg dafür ausreichen, daß die Affektion des Lesers ebenso wie Spannung und Mehrdeutigkeit als Grundfunktion analytischen Erzählens zu gelten hat, wenn nur die Bedingung erfüllt ist, daß das zu enthüllende und am Ende enthüllte Geschehen entweder selbst dunkles Geschehen ist – Verbrechen, Sünde, Schuld, mysteriöse Begebenheiten, Makel, die das Licht scheuen – oder wenn die Gegenwartshandlung während der Lektüre wenigstens den Anschein erweckt, daß ihr solcherart dunkle Geschehnisse zugrunde liegen.

Weiterhin können die beiden Beispiele als repräsentativ gelten, insofern sie die beiden grundsätzlichen Möglichkeiten des affektiv bestimmten Rezeptionsprozesses schon erkennen lassen: zum einen die Identifikation mit der affektiv bestimmten Objekterfahrung der Betrachterfigur auch unabhängig von dem affizierenden Charakter des Erfahrungsobjekts, zum andern die Faszination durch das Erfahrungsobjekt auch unabhängig von dem Verhalten der Betrachterfigur. Brentanos Erzählung kommt dem ersten, Ludwigs Erzählung dem zweiten Typus nahe.

Nicht repräsentativ für den Gesamtbereich analytischen Erzählens mit affektiver Komponente sind die beiden Beispiele dagegen insofern, als sie der Schauergeschichte bzw. dem künstlich zur Schreckensgeschichte stilisierten Vexierspiel zuzuordnen sind. In dieser Hinsicht sind sie nur Fälle gröberen Korns, die sich freilich für den Nachweis um so besser eignen und denen sich noch die ganze Masse jener Detektivgeschichten und Detektivromane zur Seite stellen ließe, die über das Ratespiel zum Zweck der Ermittlung des Täters hinaus die Möglichkeit wahrnehmen, den Leser an der Bedrohung der Figuren durch den noch unbekannten Verbrecher teilnehmen zu lassen, und also „Erkenntnisspannung" und „Gefühlsspannung" miteinander verbinden. Im übrigen ist der affizierende Charakter analytischen Erzählens zwar nicht immer nachzuweisen, wohl aber zu hypostasieren überall da, wo die analytische Erzählkonstruktion nicht restlos im intellektuellen Kombinationsspiel und im Appell an den Scharfsinn des Lesers aufgeht.

4

Der Begriff „Affektion" ist Schillers Bemerkungen zum ‚König Ödipus' entnommen; ein weiterer der Vorteile eines Stoffes von der Art dieses Dramas besteht für ihn darin, „daß das Geschehene, als unabänderlich, seiner Natur nach viel fürchterlicher ist, und die Furcht, daß etwas *geschehen sein* möchte, das Gemüt ganz anders affiziert, als die Furcht, daß etwas geschehen möchte".[4] Beides – die „Furcht, daß etwas geschehen sein möchte" und die „Furcht, daß etwas geschehen möchte"– kann freilich in analytischen Erzählungen ebenso wie in analytischen Dramen entsprechend der hier möglichen Verbindung von Rätselspannung und Zukunftsspannung auch zusammenkommen. Die affektive Spannung wird dadurch potenziert. Das gilt prinzipiell schon für den ‚König Ödipus', mit dessen Beginn, wie gegen Schillers lapidare Formel eingewendet werden muß, genau genommen noch nicht „alles schon da" ist und in der Folge „nur herausgewickelt" wird. Die Enthüllung vergangenen Geschehens ist hier vielmehr zugleich auslösendes Moment für die künftige Katastrophe, und das Drama wird dementsprechend für die längste Strecke von einem doppelten Spannungsprozeß beherrscht, von der vergangenheitsorientierten Spannung und von der zukunftsgerichteten, im eigentlichen Sinn dramatischen Spannung, wobei aufgrund des stofflichen Substrats die eine ebenso affektiv bestimmt ist wie die andere. Was hier indessen nur prinzipiell gilt, nämlich solange man davon absieht, daß der Mythos dem Zuschauer bereits bekannt ist, gilt auf jeden Fall für das romantische Schicksalsdrama und auch für Ibsens analytische Gesellschaftsdramen, insofern hier wie dort ein mehr oder weniger tief in die Vergangenheit zurückreichendes, ausgesprochen düsteres – sei es schuldhaftes, sei es fluchbeladenes – Geschehen in der Gegenwart nicht nur enthüllt, sondern auch erfüllt wird und der Rezeptionsprozeß dementsprechend von der doppelten Frage nach dem vergangenen Hergang und nach dem künftigen Ausgang gelenkt wird.[5]

Erzählungen ordnen sich diesem Typus zu, soweit sie nicht in der Analyse von Vergangenheit aufgehen, sondern die Enthüllung zugleich zum Instrument einer zukunftsgerichteten Gegenwartshandlung machen: Hoffmanns

‚Elixiere des Teufels' etwa, in denen im Fortschritt der Geschichte des Medardus die fluchbeladene Geschichte seines Stammes ans Licht kommt und sich in der Gegenwart erfüllt, oder auch Fontanes ‚Cécile', wo die Enthüllung der Vorgeschichte der Titelheldin die künftige Katastrophe vorbereitet, um nur zwei im übrigen höchst unterschiedliche Beispiele anzuführen, die jedoch die affektive Komponente ihrer doppelten Spannung miteinander gemeinsam haben. Wie im analytischen Drama lösen sich dabei Zeichen, die auf die Vergangenheit zurückdeuten, nicht selten mit Zeichen, die auf die Zukunft vorausdeuten, ab und beides fällt gelegentlich sogar in einer Art doppelten Omens zusammen. In Zacharias Werners ‚Vierundzwanzigstem Februar' verdichtet sich diese Funktion beispielsweise in dem Requisit des Messers, das von Anfang an sichtbar auf der Szene ist und das sich dann als unheilvoll in Vergangenheit und Zukunft zugleich erweist: Kunz hat es im Zorn nach seinem Vater geworfen, den daraufhin der Schlag traf; Kurt hat damit als Kind seine Schwester getötet und er wird damit jetzt von Kunz getötet. Eine ähnliche Rolle spielt der Brückensteg in Ibsens ‚Rosmersholm': gleich in der ersten Szene Gegenstand des Gesprächs, erweist er sich in der Enthüllungskomponente des Stückes als der Ort, an dem Beate den Tod gesucht hat, und wird er in der zukunftsgerichteten Komponente der Ort, an dem Rosmer und Rebekka in der letzten Szene den Tod finden. In Fontanes ‚Cécile' ist der Kunstgriff des doppelten Omens innerhalb eines komplexen Systems von Vorausdeutungen besonders ausgeprägt. Neben den Vorausdeutungen, deren spezielle Richtung auf künftiges Geschehen oder auf die künftige Enthüllung vergangenen Geschehens dem Text jeweils bereits während der Lektüre abzulesen ist, gibt es hier auch solche Zeichen, die im Rezeptionsprozeß vorläufig nur auf unbestimmte Art für ein unheilschwangeres Klima sorgen und bei denen sich erst mit ihrer späteren Einlösung herausstellt, ob sie in die eine oder andere der beiden Richtungen abgezielt oder auch daß sie auf doppelte Weise Vergangenheit und Zukunft zugleich gemeint haben. Ein Musterbeispiel bietet das 5. Kapitel: Eine „von einem vergoldeten Drahtgitter eingefaßte, mit wildem Wein und Efeu dicht überwachsene Villa", auf die Gordon und das Ehepaar St. Arnaud auf ihrem ersten gemeinsamen Spaziergang in Thale treffen, mutet Cécile wie „das ‚verwunschene Schloß' im Märchen" an, in dem Friede und Glück wohnen, und ist doch, wie Gordon zu berichten weiß, „bloße Kulisse": „Es geht ein finsterer Geist durch dieses Haus, und sein letzter Bewohner erschoß sich hier". Gordon holt sich, wie er erklärt, von diesem Haus täglich die „Predigt", „daß man darauf verzichten soll, ein Idyll oder gar ein Glück von außen her aufbauen zu wollen", und er beschließt seine Rede mit dem Satz: „Plätze, daran Blut klebt, erfüllen mich mit Grauen."[6] Der hier – nicht zufällig mit einem Wallenstein-Zitat – beschworene „finstere Geist" gerade angesichts des idyllischen Anblicks ist derselbe finstere Geist, der durch den ganzen Roman geht: die „Gewitterschwüle", die seine Atmosphäre charakterisiert,[7] oder auch geradewegs das Schicksal – zumal wenn man bei der Anspielung auf Theklas Worte: „Es geht ein finstrer Geist durch unser Haus“ auch die Fortsetzung des Zitats assoziiert: „Und schleunig will das Schicksal mit uns enden“.[8] Was während der Lektüre aus diesen und ähnlichen Zeichen nur diffus hervorgeht, wird mit der Enthüllung der Vergangenheit und mit der Erfüllung in der Zukunft präzis eingelöst, wenn sich herausstellt, daß ein Duell mit tödlichem Ausgang am Anfang von Céciles Ehe gestanden hat, und wenn sich ergibt, daß ein ebensolches Duell, bei dem Gordon fällt, an ihrem Ende steht und sie selbst sich daraufhin den Tod gibt.

10. Kapitel

Distanzierung

1

Im Mechanismus analytischen Erzählens ist das Verhältnis zwischen Erfahrungsgeschichte und erfahrener Geschichte generell als Verhältnis von Vordergrund zu Hintergrund, Direktheit zu Indirektheit, Ausführlichkeit zu Gerafftheit, Nähe zu Ferne zu konkretisieren. Die erfahrene Geschichte wird durch die Erfahrungsgeschichte, mit einem Wort, in eine spezifische Distanz gerückt. Speziell machen sich diesen Umstand alle diejenigen Erzählungen zunutze, die wenn nicht bestimmte Stoffe, so doch deren direkte und ausführliche Darstellung aus welchen Gründen immer tabuisieren. Was nach der einmal getroffenen Wahl des Substrats erzählt werden muß, aber nicht ausgebreitet werden kann oder soll, läßt sich zwar auch in synthetischer Version beschwichtigen, da dem Erzähler neben der szenischen Darstellung immer auch der geraffte Bericht als Vermittlungsform zu Gebot steht, doch müßte eben dazu das Medium jeweils gewechselt werden. Durch die Wahl der analytischen Version dagegen wird derselbe Zweck mühelos ohne Eingriff in das Kontinuum der Erfahrungsgeschichte erreicht.

Analytisches Erzählen als distanzierendes Erzählen: der Nachweis dieser These hängt allgemein davon ab, was für den Autor und sein Publikum in einer bestimmten historischen Situation als tabu gilt. Er fällt, abgesehen davon, daß sich dies nicht immer exakt feststellen läßt, im besonderen um so schwerer, als es sich dabei um ein mehrfach nuanciertes Problem handelt: wegen der nur geringen Abweichung von dem, was in synthetischer Darstellung möglich ist, wegen der Tabuisierung nur der ausführlichen Darstellung, nicht des Stoffes selbst, und nicht zuletzt deswegen, weil das Genre der Erzählung aufgrund seiner Indirektheit allgemein flexibler gegenüber Tabus ist als etwa das Drama, dem durch seine Bestimmung für die Bühne bereits eine ganze Reihe von Beschränkungen auferlegt sind. Was sich aus technischen Gründen schlechterdings nicht sinnlich zeigen läßt oder was sich nach jeweils herrschenden Anschauungen für die sinnliche Darstellung verbietet, läßt sich noch immer bequem erzählen. Für den Nachweis, der nach alledem wiederum nur exemplarisch sein kann, sollen hier zwei Beispiele dienen, in denen die Tabus im Umfeld des Textes namhaft gemacht werden bzw. aus der Schreibweise des Autors allgemein bekannt sind: eine Erzählung aus Hoffmanns ‚Serapionsbrüdern', die das Monströse beschwichtigt, und Fontanes schon mehrfach herangezogener Roman ‚Cécile', der das Skandalöse beschwichtigt.

2

Im vierten Band der ‚Serapionsbrüder' erzählt Cyprian eine „gräßliche Geschichte", wie er sie nennt, die ihm bei dem vorangehenden Gespräch über Vampirismus eingefallen sei; er habe sie vor langer Zeit entweder gehört oder gelesen.[1] Sie handelt nicht eigentlich, wie oft angenommen wird, von Vampirismus, sondern von Nekrophagie, was sie freilich nicht weniger gräßlich macht. Im Gegenteil: Lothar meint im Nachgespräch, der Vampirismus sei gegen diese Geschichte „ein wahrer Kinderspaß, ein drolliges Fastnachtsspiel zum Totlachen".[2] Das Urteil betrifft jedoch nur den Stoff; allein dieser ist mit Lothars Worten „scheußlich interessant, und mit Asa foetida so überreichlich gewürzt, daß ein überreizter Gaumen, dem alle gesunde natürliche Kost nicht mehr mundet, sich daran sehr erlustieren mag".[3] Zur Darstellungsweise meint Theodor, Cyprian habe „gar manches verschleiert, und ist über anderes so schnell hinweggeschlüpft, daß es nur eine vorübergehende schreckhaft schauerliche Ahnung erregt, wofür wir ihm dankbar sein wollen".[4] Theodor erinnert sich, „die gräßlich gespenstische Geschichte in einem alten Buche gelesen zu haben", nur sei darin alles, im Unterschied zu Cyprians knapper Darstellung, „mit weitschweifiger Genauigkeit" erzählt worden, „es wurden vorzüglich die Abscheulichkeiten der Alten recht con amore auseinandergesetzt, so daß das Ganze einen überaus widerwärtigen Eindruck zurückließ, den ich lange nicht verwinden konnte".[5]

Bei aller Gräßlichkeit des Stoffs ist Cyprians Erzählung in der Tat verhältnismäßig zurückhaltend, und dies nicht zuletzt aufgrund der analytischen Form, in die die Geschichte gefaßt ist. Die Geschichte der beiden „Hyänen", der alten Baronesse und ihrer Tochter Aurelie, wird nicht für sich erzählt, sondern im Medium der Erfahrung des Grafen Hyppolit und durch diese Perspektive nicht in allen Einzelheiten ausgeleuchtet. Die Abscheulichkeiten der Alten bleiben so tief im Dunkeln, daß sich erst am Ende und erst durch Analogieschluß erkennen läßt, was es damit überhaupt auf sich hat, und die einzige wahrhaft gräßlich zu nennende Szene, die die Erzählung enthält, steht erst am Ende und ist hier auf zwei, drei knappe Sätze zusammengedrängt. Graf Hyppolit „gewahrt" auf dem Kirchhof „im hellsten Mondesschimmer dicht vor sich einen Kreis furchtbar gespenstischer Gestalten. Alte halbnackte Weiber mit fliegendem Haar hatten sich niedergekauert auf den Boden, und mitten in dem Kreise lag der Leichnam eines Menschen, an dem sie zehrten mit Wolfesgier. – Aurelie war unter ihnen!'"[6] Die Szene kann bequem derart knapp sein, da ihr im Mechanismus der analytischen Erzählung der Status der Lösung aller vorhergehenden Rätsel zukommt. Hier löst sich das vordergründige Rätsel, weshalb Aurelie allnächtlich das Schloß verläßt. Hier klärt sich der bis dahin „unerklärliche Zustand“[7] Aurelies, die seit einiger Zeit rätselhaft erkrankt ist („Das Unerklärlichste dieses Zustandes der Gräfin lag ... darin, daß sie auch nicht das mindeste an Speise zu sich nahm, vielmehr gegen alles, vorzüglich aber gegen Fleisch, den unüberwindlichsten Abscheu bewies“).[8] Und hier fällt schließlich auch bezeichnendes Licht auf die längst gestorbene alte Baronesse, auf ihre angebliche Starrsucht, auf ihren vermeintlichen „Hang zu düstrer Schwärmerei“, der bis dahin als Erklärung für ihre „nächtlichen Spaziergänge ... durch den Park nach dem Kirchhofe zu“[9] gelten konnte, auf ihr „verruchtes“ Verhältnis mit einem Scharfrichterknecht und endlich auf die „tiefste Indignation“, ja den „Abscheu“, mit dem, wie es schon zu Anfang der Erzählung heißt, Graf Hyppolits Vater von der Baronesse gesprochen habe, ohne den Grund dafür anzugeben: „Befragte man den Grafen näher, so pflegte er zu sagen, es gäbe gewisse Dinge, über die es besser sei zu schweigen als zu reden“.[10] Alles das klärt sich mit einem Schlag in jener knappen Szene, deren Rezeption somit durch die Überlagerung der verschiedensten Vorstellungen bestimmt ist. Das bedeutet im Hinblick auf den hier zur Diskussion stehenden Punkt, daß die Szene nicht nur in distanzierter Form zu Wort kommt, sondern daß sie sich auch nicht bloß als das, was sie stofflich besagt, auswirkt. Das Stoffliche an ihr bildet nur eine der vielen Vorstellungen, die sie auslöst, und unter den Reaktionen auf sie dürften im übrigen auch Überraschung und Desillusionierung (Aurelie wurde anfangs als „wunderbar liebliches anmutiges Wesen“[11] eingeführt) nicht fehlen. Mit alledem wird das Gräßliche beschwichtigt – was freilich nicht ausreicht, um dem Autor den, wie man will, signifikanten oder anrüchigen Titel des Gespensterhoffmann abzusprechen. Es bleibt dem Leser überlassen, ob er hier den „richtigen poetischen Takt“, den Cyprian vom Dichter verlangt, bewahrt oder verfehlt sieht, den Takt nämlich, der dafür sorgt, „daß das Grauenhafte nicht ausarte ins Widerwärtige und Ekelhafte“, daß es „den Sinn erschüttert, ohne ihn zu verstören“.[12] Ein zeitgenössischer Rezensent hat in dieser Erzählung „nicht nur das physisch – sondern auch das moralisch Ekelhafte“ dargestellt gefunden und daher die „ganze Geschichte eine abscheuliche, diabolische Erfindung“ genannt,[13] und kein Zweifel dürfte daran bestehen, wie das Urteil des Klassikers ausgefallen wäre, dem bereits der ‚Goldne Topf‘ schlecht bekommt: „Den Goldenen Becher angefangen zu lesen. Bekam mir schlecht; ich verwünschte die goldnen Schlänglein“.[14]

3

Distanzierung und Beschwichtigung bei ganz anderem Stoff, aber auf vergleichbare Art in Fontanes Roman ‚Cécile‘. Fontanes Abneigung gegen dramatisch zugespitzte Szenen, große Geschichten, sogenannte Hauptsachen ist bekannt. 1883 schreibt er über ‚Graf Petöfy‘: „Alles flink, knapp, unterhaltlich, so weit espritvolles Geplauder unterhaltlich sein kann; wer auf plots und große Geschehnisse wartet, ist verloren. Für solche Leute schreib' ich nicht.“[15] 1890 über ‚Irrungen Wirrungen‘ und ‚Stine‘: „Mir sind die Pittelkow und der alte Graf die Hauptpersonen, und ihre Porträtierung war mir wichtiger als die Geschichte. Das soll gewiß nicht sein, und der eigentliche Fabulist muß der Erzählung als solcher gerechter werden. Aber das steckt nun mal nicht in mir. In meinen ganzen Schreibereien suche ich mich mit den sogenannten Hauptsachen immer schnell abzufinden, um bei den Nebensachen liebevoll, vielleicht zu liebevoll verweilen zu können. Die großen Geschichten interessieren mich in der *Geschichte;* sonst ist mir das Kleinste das Liebste.“[16] 1894 lehnt er einen Beitrag für die Zeitschrift ‚Romanwelt‘ mit dem Argument ab: „Ich entferne mich in meinem Geschmack immer mehr von dem, was das Publikum will, und was ihm, *weil* es es will, auch geboten wird. Was ich noch einen Zug fühle zur Darstellung zu bringen, das sind die kleinsten alltäglichen Hergänge. Verführungen, Entführungen, Radauszenen und alles das, was an den Müllkasten des Polizeiberichts erinnert, ist mir ein Greul“.[17] 1897 notiert er in einem Briefentwurf über den ‚Stechlin‘: „Zum Schluß stirbt ein Alter und zwei Junge heiraten sich; – das ist so ziemlich alles, was auf 500 Seiten geschieht. Von Verwicklungen und Lösungen, von Herzenskonflikten oder Konflikten überhaupt, von Spannungen und Überraschungen findet sich nichts ... Alles Plauderei, Dialog, in dem sich die Charaktere geben, mit und in ihnen die Geschichte.“[18]

Ganz im Sinn dieser Äußerungen will der Roman ‚Cécile‘, der seinem Stoff nach alle Eigenschaften einer verwickelten, an Begebenheiten und Konflikten reichen Geschichte hat, gleichwohl in erster Linie Porträt und erst in zweiter Linie Geschichte sein. Das Werk, so schreibt Fontane 1887, „setzt sich erstens vor, einen Charakter zu zeichnen, der, soweit meine Novellenkenntnis reicht (freilich nicht sehr weit), noch nicht gezeichnet ist, und will zweitens den Satz illustrieren: ‚Wer mal drin sitzt, gleichviel mit oder ohne Schuld, kommt nicht wieder heraus.‘ Also etwas wie Tendenz. Auch das, wenigstens in dieser Gestaltung, ist neu.“[19]

In der Tat besteht der Roman im Vordergrund aus nicht viel mehr als aus Zustandsschilderungen, in denen sich die Charaktere geben und mit ihnen die Geschichte. Den umfangreichsten Teil (16 von insgesamt 29 Kapiteln) bildet die Schilderung des Ferienaufenthalts in Thale, wo Gordon das Ehepaar von St. Arnaud kennenlernt; ein Idyll, wie man oft gesagt hat – mit Recht nur, wenn hinzugefügt wird, daß es ein Idyll auf dunklem Grund ist. Ihm folgen ebenso handlungsarme Begegnungen in Berlin und dramatische Zuspitzung allenfalls in den letzten Kapiteln. Doch wird dies eher als Nachgeschichte behandelt und wie die Vorgeschichte indirekt dargestellt und damit in den

Hintergrund abgedrängt. Das erste Stück Nachgeschichte, das Duell zwischen St. Arnaud und Gordon, in Form der Zeitungsnotiz am Tag danach und ergänzend in Form eines Briefs von St. Arnaud an Cécile; das andere Stück Nachgeschichte, Céciles Selbstmord, ganz in Briefform. Die Vorgeschichte, auf die es im Zusammenhang mit der analytischen Form vor allem ankommt, wird im 21. und 22. Kapitel nachgeholt und ist ebenfalls in der indirekten und distanzierenden Form des Briefes gehalten, wobei das ohnehin längst vergangene Geschehen dadurch, daß es teilweise vom Hörensagen berichtet wird, in noch fernere Distanz gerückt erscheint. Gordons Schwester Klothilde berichtet ihm auf seine Anfrage, was sie über Cécile weiß, und fügt eine Auskunft hinzu, die sie bei einer Freundin eingeholt hat. Was sich dabei abklärt, ist das Bild einer „Dame von zweifelhaftem oder, um milder und rücksichtsvoller zu sprechen, von eigenartigem Ruf",[20] wie Klothilde sich ausdrückt, und das zynische Resümee des erregten und enttäuschten Gordon lautet: „Fürstengeliebte, Favoritin in duplo, Erbschaftsstück von Onkel auf Neffe! Und dazwischen der Kammerherr . . ."[21] Dadurch, daß es sich hierbei nur um eine – von Beginn des Romans an der Erwartung des Lesers ausgesetzte Auskunft über Fakten handelt, Endpunkt eines von Gordon getragenen analytischen Erzählstrangs, kann sich der Autor die ihm mißliebige Ausmalung der Skandalaffäre, die damit ans Licht kommt, ersparen. Aufs Ganze gesehen wird so die Lebensgeschichte Céciles entdramatisiert. Von dem Stoff, der, synthetisch erzählt und in seinen Höhepunkten gleichmäßig ausgeführt, eine Skandalchronik hätte abgeben können, bleibt nicht viel mehr übrig als die Darstellung einer Frau mit Vergangenheit, einer rätselhaften Frau und damit, nach den Worten der Baronin von Berchtesgaden im ‚Stechlin', einer Frau, wie sie sein soll: „eine Frau, die nicht rätselhaft ist, ist eigentlich gar keine".[22] Jedenfalls Verlagerung des Akzents von der Geschichte auf den Charakter.

4

Der Spielraum für die inhaltliche Konkretisierung analytischen Erzählens in der Funktion der Distanzierung und Beschwichtigung ist, wie diese beiden Beispiele schon zeigen können, sehr weit. So wird nicht nur Gräßliches oder Monströses, sondern, um bei allgemeinen Kategorien zu bleiben, oft auch Unglaubwürdiges, Triviales, rational Unzugängliches durch die analytische Form in Distanz gehalten. Unglaubwürdiges etwa in Friedrich Halms ‚Freundinnen',[23] wo die Enthüllung ergibt, daß ein Liebesakt unter dreifacher Verkennung der wahren Situation zustande gekommen ist: Isabella, von der delirierenden Elisabeth angewiesen, den Grafen von Ormonde, Elisabeths Verlobten, zu trösten, vereinigt sich, ihrer selbst nicht bewußt, mit dem Grafen, der sie für seine Verlobte hält. Monströses wie bei Hoffmann und zugleich, wenn man es sich für sich erzählt vorstellt, Unglaubhaftes in Doderers ‚Person von Porzellan', der nur halb enthüllten Geschichte einer offenbar Wahnsinnigen, die „wie ein Aasgeier" „hingebungsvoll" in Leichen „herumhackt".[24] Triviales und zugleich rational Unzugängliches – Fluch, Zauberei, Zigeunerunwesen – etwa in der Geschichte Angelikas, die Theodor in Hoffmanns Erzählung ‚Das öde Haus' am Ende erfährt.

Auf das Problem der Glaubhaftigkeit wird im nächsten Kapitel genauer eingegangen. Hier sei lediglich noch vermerkt, daß sich gegen das Prinzip der Distanzierung, das am Beispiel Hoffmanns und Fontanes im Sinn der Poetik der Autoren positiv ausgelegt wurde, auch Einwände erheben lassen. Die distanzierte Form, in der die erfahrene Geschichte zur Darstellung kommt, braucht der Erzählung nicht unbedingt zum Vorteil gereichen, sie kann ihr von Fall zu Fall auch als eine mit der Wahl der Form bereits in Kauf genommene Beschränkung angelastet werden. So ist beispielsweise gegen den klassischen Detektivroman nicht selten eingewendet worden, daß gerade durch die analytische Form die volle Einsicht sowohl in die Motivation der Tat, in die sozialen und psychologischen Beweggründe des Täters, wie in seine Psyche nach der Überführung zu kurz kommt. Das letztere, dadurch bedingt, daß der klassische Detektivroman mit der Aufklärung endgültig abgeschlossen ist, deutet Dorothy Sayers an: „Das Motiv des Mörders ist enthüllt, aber nichts, gar nichts ist gesagt worden über die Gesundung der Seele des Mörders".[25] Das erstere hängt mit der perspektivierten und damit distanzierten Form zusammen, in der die Geschichte des Verbrechers und des Verbrechens im klassischen Detektivroman zur Darstellung kommt. Den Orientierungspunkt für eine Kritik daran hat Schiller in seiner Einleitung zum ‚Verbrecher aus verlorener Ehre' bereits vorweggenommen, wenn er die Forderung aufstellt, wir müßten mit dem Helden „bekannt werden, *eh'* er handelt; wir müssen ihn seine Handlung nicht bloß *vollbringen,* sondern auch *wollen* sehen. An seinen Gedanken liegt uns unendlich mehr als an seinen Taten, und noch weit mehr an den Quellen dieser Gedanken als an den Folgen jener Taten".[26] Das Für und Wider solcher Kritik der Form in Verbindung mit bestimmten Inhalten kann hier nicht diskutiert werden. Das Beispiel sollte wiederum nur als Hinweis dienen, daß sich auch in diesem Fall an die Frage nach der Funktion analytischen Erzählens sogleich die weiterführende Frage nach der Funktion der Funktion, hier also der Distanzierung, anschließt, für deren Erörterung es einer breiteren Basis bedarf, als sie im Rahmen typologischer Sichtung von Funktionen analytischen Erzählens gegeben ist.

11. Kapitel

Beglaubigung

1

Die analytische Form erlaubt es, wie im fünften Kapitel im Zusammenhang technischer Erwägungen ausgeführt, Motivationsschwierigkeiten, die sich synthetischer Darstellung hinderlich in den Weg legen, zu umgehen, Motivationsschwächen des Substrats zu überspielen und sogar Motivationsfehler notdürftig zu kaschieren, da es in analytischer Darstellung einleuchtender Motivierung von Schritt zu Schritt nicht für das gesamte erzählte Geschehen, sondern lediglich für das Erfahrungskontinuum der Betrachterfigur bedarf. Das bedeutet, anders gewandt, daß Erzählungen, die ihrem Substrat nach hier und da Unglaubwürdigkeiten aufweisen, in analytischer Version mehr oder weniger an Glaubwürdigkeit gewinnen. Und das wiederum gilt nicht nur für realistische Erzählungen, denen im nachhinein Mängel an Wahrscheinlichkeit nachzuweisen sind, sondern sogar für phantastische Erzählungen. Selbst das phantastischste Substrat läßt sich mithilfe der analytischen Form im Rahmen realistischer Darstellung für eine mehr oder weniger lange Strecke glaubhaft machen. Genutzt wird diese Möglichkeit insbesondere von Gespenstergeschichten, wenn sie, ohne von vornherein an Gespensterglauben zu appellieren, gleichwohl erzählerisch suggestiv für die Existenz von Gespenstern plädieren wollen, oder auch nur, wenn sie – wie in vielen Fällen dieses Genres – lediglich während der Lektüre die Reize des Unheimlichen vermitteln wollen, da diese nicht zuletzt von der Glaubwürdigkeit der Fiktion abhängen. Weiterhin wird die analytische Form als Beglaubigungsform nicht selten in Erzählungen eingesetzt, die wenn nicht schlechterdings Unglaubliches, so doch Zweifelhaftes zum Gegenstand haben: „problematisch Wahres", mit Goethe zu sprechen,[1] dessen Wahrheit sie nur anheimstellen. Sie sollen hier summarisch als mysteriöse Erzählungen bezeichnet werden – in Abgrenzung gegen phantastische Erzählungen, von denen sie sich im wesentlichen dadurch unterscheiden, daß sie den Boden des Realen nicht gänzlich verlassen und die Grenzen dessen, was jeweils als real gilt, nicht sprengen, sondern nur erweitern.

Analytisches Erzählen als beglaubigendes Erzählen: zur Veranschaulichung dieser These werden im folgenden zunächst zwei phantastische Gespenstergeschichten herangezogen, die beide realistisch einsetzen, früher oder später aber ins Phantastische umschlagen – die eine bereits nach der Eingangsphase

(Hauffs ‚Geschichte von dem Gespensterschiff'), die andere erst ganz am Ende (Marie Luise Kaschnitz' ‚Gespenster'); dann eine mysteriöse Gespenstergeschichte, die in der Schwebe zwischen Realistik und Phantastik verharrt (Franz Hohlers ‚Erzählung'); und schließlich eine mysteriöse Erzählung, die dasselbe Prinzip in anderem Motivzusammenhang zeigt (Marie Luise Kaschnitz' ‚Eines Mittags, Mitte Juni').

2

Hauffs ‚Geschichte von dem Gespensterschiff' ist in der hier gewählten Terminologie eine phantastische Geschichte im Medium realistisch dargestellter Erfahrung; in der Terminologie des Autors ist sie eine „Geschichte", die sich als „Märchen" enthüllt, oder, wie man will, ein „Märchen", das sich als „Geschichte" verkleidet.

In seinem zweiten ‚Märchen-Almanach' trifft Hauff eine theoretische Unterscheidung zwischen „Märchen" und „Erzählungen, die man gemeinhin Geschichten nennt".[2] Das „Märchen" erzählt „eine Begebenheit . . ., die von dem gewöhnlichen Gang des Lebens abschweift und sich in einem Gebiet bewegt, das nicht mehr durchaus irdischer Natur ist"; es läßt „andere Wesen als allein sterbliche Menschen" auftreten; „es greifen in das Schicksal der Person, von welcher das Märchen handelt, fremde Mächte, wie Feen und Zauberer, Genien und Geisterfürsten ein; die ganze Erzählung nimmt eine außergewöhnliche, wunderbare Gestalt an".[3] „Geschichten" dagegen „bleiben ganz ordentlich auf der Erde, tragen sich im gewöhnlichen Leben zu, und wunderbar ist an ihnen meistens nur die Verkettung der Schicksale eines Menschen, der nicht durch Zauber, Verwünschung oder Feenspuk, wie im Märchen, sondern durch sich selbst oder die sonderbare Fügung der Umstände reich oder arm, glücklich oder unglücklich wird".[4] Trotz ihres Unterschieds gehen nach dieser Theorie beide Gattungen auf eine Grundursache zurück: „Aber am Ende ist es dennoch *eine* Grundursache, die beiden ihren eigentümlichen Reiz gibt, nämlich das, daß wir etwas Auffallendes, Außergewöhnliches mit erleben. Bei dem Märchen liegt dieses Außergewöhnliche in jener Einmischung eines fabelhaften Zaubers in das gewöhnliche Menschenleben; bei den Geschichten geschieht etwas zwar nach *natürlichen* Gesetzen, aber auf überraschende, ungewöhnliche Weise".[5]

Im Licht dieser Theorie, die von den einzelnen Stücken der ‚Märchen-Almanache' im großen und ganzen bestätigt wird, erscheint die ‚Geschichte von dem Gespensterschiff' als Sonderfall. Sie ist nicht eigentlich Mischform zwischen „Märchen" und „Geschichte", die die Theorie auch gar nicht zuläßt, da die eine der beiden Erzählgattungen, das „Märchen", bereits als Mischung von Fabelhaftem und Gewöhnlichem definiert ist; sie gibt sich vielmehr zu

Beginn als „Geschichte“ und erweist sich am Ende als „Märchen“ – und dies allein aufgrund ihrer analytischen Form und der damit vorgeschriebenen Rezeptionsweise.

Synthetisch erzählt, hätte sie von vornherein als „Märchen“ zu gelten: Ein Seeräuber tötet im Zorn einen Derwisch, der ihm seinen sündigen Lebenswandel vorgehalten hatte, und wird mitsamt seiner Mannschaft von dem Sterbenden verflucht, dessen Verwünschung, „nicht sterben und nicht leben zu können, bis wir unser Haupt auf die Erde legen“,[6] sich alsbald erfüllt. Die Seeleute bringen einander noch in derselben Nacht um, erwachen allnächtlich zu gespenstischem Leben und treiben fünfzig Jahre lang ruhelos auf dem Meer, bis sie endlich von einem Schiffbrüchigen, der sich auf ihr Gespensterschiff rettet und es an Land führt, erlöst werden.

Hauff erzählt diese „wunderbare“, vom „gewöhnlichen Gang des Lebens abschweifende“ und aufgrund aller Motive nur als „Märchen“ zu klassifizierende Begebenheit nicht synthetisch für sich, sondern in Form der Enthüllung einer analytisch angelegten Erlebniserzählung und damit schon nicht mehr als „Märchen“, sondern als Bestandteil einer „Geschichte“. Er läßt den Schiffbrüchigen sein Abenteuer erzählen, und dieses ist bei aller Außergewöhnlichkeit nicht von vornherein märchenhaft. Zwar werden gleich zu Beginn die prophetischen Worte des Kapitäns: „Mein Schiff ist verloren . . . dort segelt der Tod!“,[7] die er beim Anblick des Gespensterschiffs ausstößt, durch den Schiffbruch „furchtbar bestätigt“,[8] doch läßt sich dies während der Lektüre vorerst durchaus nur dem sprichwörtlichen Aberglauben des Seemanns zuschreiben, und selbst am Ende der Erzählung nötigt nichts dazu, den Schiffbruch auf etwas anderes als auf den Sturm zurückzuführen. Zwar wird der Erzähler gleich in der ersten Nacht auf dem Gespensterschiff Zeuge des gespenstischen Wiederauflebens der Toten, doch wird dies zunächst nicht direkt, sondern als Traum im Halbschlaf dargestellt und durch Mutmaßungsperspektive in seiner Wirklichkeit relativiert („glaubte ich . . . zu hören“, „es war mir, als wenn . . .“, „kam mir wie ein Traum vor“).[9] Zwar wird das im Traum Erlebte am anderen Morgen durch die Aussage eines alten Bedienten, der nicht nur Ohrenzeuge, sondern Augenzeuge des nächtlichen Treibens auf dem „verhexten Schiff“[10] gewesen ist, als handhaft wirklich verbürgt, doch bleibt der Erzähler auch dann noch zumindest insofern skeptisch, als er an die Sprüche gegen Spuk, die der Alte empfiehlt, „gar nicht recht“ glaubt.[11] Erst in der zweiten Nacht wird das Wunderbare zum nicht mehr bezweifelten Ereignis, und erst in diesem Stadium gibt sich die Erzählung als phantastisch zu erkennen, in Hauffs Terminologie: die bis dahin als „Geschichte“ verkleidete Begebenheit erweist sich als „Märchen“.

Diesem ersten analytischen Strang der Erzählung, der mit der Enthüllung des Wunderbaren endet, folgt dann im Rahmen des Wunderbaren der zweite, an dessen Ende der Seeräuber im Augenblick seiner Erlösung die Vorgeschichte des ganzen Abenteuers enthüllt. Für die sorgfältige Anlage und die Geschlossenheit der Erzählung zeugt, daß in dieser Enthüllung selbst ein unscheinbares Detail aus der Anfangsphase seine Erklärung findet. Als sich das Gespensterschiff nähert, vernimmt man „wildes Jauchzen und Geschrei ... aus dem Verdeck herüber", worüber sich der Erzähler „zu dieser angstvollen Stunde vor einem Sturm nicht wenig wunderte".[12] Die Erklärung dafür bieten die Worte des Seeräubers am Schluß: „Mit toller Freude segelten wir allemal mit vollen Segeln in den Sturm, weil wir hofften, endlich an einer Klippe zu zerschellen und das müde Haupt auf dem Grund des Meeres zur Ruhe zu legen".[13] Es muß jedoch fraglich bleiben, ob sich diese objektive Spannung zwischen Anfang und Ende während der Lektüre subjektiv aktualisieren kann. Da die Erzählung inzwischen in den Bereich des Wunderbaren übergegangen ist, in dem Ungewöhnlichkeiten an der Tagesordnung sind, verliert die Rätselspannung Sinn und Wirkung: wo alles möglich ist, können noch so präzise Fragen, die der vorangehende Text aufgibt, im späteren Text sowohl die unverhofftesten Antworten finden wie auch gänzlich ohne Antwort bleiben.

Vielsagend im Licht jener Theorie erscheint übrigens das Verhalten des Erzählers in der Erzählrunde, bevor er zu erzählen beginnt. Aufgefordert, sein Teil beizusteuern, „sei es nun aus Eurem langen Leben, das wohl viele Abenteuer aufzuweisen hat, oder sei es auch ein hübsches Märchen", zögert er eine Weile, „wie wenn er bei sich im Zweifel wäre, ob er dies oder jenes sagen sollte oder nicht", und gibt dann eine Antwort, die gerade kein „Märchen" erwarten läßt: „Liebe Freunde! Ihr habt euch auf dieser unserer Reise als treue Gesellen erprobt, und auch Selim verdient mein Vertrauen; daher will ich euch etwas aus meinem Leben mitteilen, das ich sonst ungern und nicht jedem erzähle".[14] Selbst wenn man die Stelle für sich betrachtet, erscheint das Zögern zwar einigermaßen plausibel, aber doch nicht mit letzter Sicherheit allein dadurch bedingt, daß der Erzähler sich erst der Vertrauenswürdigkeit seiner Zuhörer vergewissern will; betrachtet man sie dagegen im Zusammenhang mit der im zweiten ‚Märchen-Almanach' niedergelegten Theorie, so wird hier bereits die in der Erzählung selbst angewandte Strategie des Autors sinnfällig, der die Leseerwartung listig in die falsche Richtung lenkt – zumal die Theorie ausgesprochen rezeptionsbezogen entwickelt wird. Die oben abgekürzt zitierte Passage zu Beginn der theoretischen Erläuterungen lautet vollständig: „Wenn ich euch sage, ich will euch ein *Märchen* erzählen, so werdet ihr zum voraus darauf rechnen, daß es eine Begebenheit ist, die von dem gewöhnlichen Gang des Lebens abschweift und sich in einem Gebiet bewegt, das nicht mehr durchaus irdischer Natur ist".[15] Formuliert man den Satz mutatis mutandis in bezug auf die „Geschichte", so wird das Prinzip der Gattungskombination, das Hauff mit der ‚Geschichte von dem Gespensterschiff' anwendet, vollends unübersehbar: „Märchen" als „Geschichte" – entsprechend der Allegorie ‚Märchen als Almanach', die der ganzen Sammlung als Einleitung voransteht.

Wie Königin Phantasie ihre älteste Tochter Märchen bei den allem Phantastischen abholden, nüchternen Zeitgenossen, die eigens kritische Grenzwächter aufgestellt haben, im Gewand des Almanachs „einschwärzt“,[16] so wird hier das „Märchen“ im Gewand der „Geschichte“ eingeschwärzt. Man braucht es indessen bei dieser gattungstheoretischen Feststellung nicht bewenden zu lassen. Ihren Sinn erfüllt die Strategie der Erwartungserweckung und Erwartungsenttäuschung erst in der dadurch ermöglichten unheimlichen Wirkung des Erzählten. Von vornherein als „Märchen“ präsentiert, würde die Erzählung aller der Reize des Unheimlichen entbehren, die sich, Empfänglichkeit des Lesers vorausgesetzt, in der Phase des Übergangs von der „Geschichte“ zum „Märchen“ einstellen. Freud hat diesen Umstand in seiner Abhandlung über das Unheimliche präzis dargelegt. Unheimlichkeit wird erspart, wo der Autor unverschlüsselt zu erkennen gibt, daß seine Fiktion auf phantastischen Voraussetzungen aufbaut: „Wir passen unser Urteil den Bedingungen dieser vom Dichter fingierten Realität an und behandeln Seelen, Geister und Gespenster, als wären sie vollberechtigte Existenzen, wie wir es selbst in der materiellen Realität sind“.[17] Anders jedoch, „wenn der Dichter sich dem Anscheine nach auf den Boden der gemeinen Realität gestellt hat. Dann übernimmt er auch alle Bedingungen, die im Erleben für die Entstehung des unheimlichen Gefühls gelten, und alles was im Leben unheimlich wirkt, wirkt auch so in der Dichtung“.[18] Hauffs Erzählung bewegt sich allerdings nur für eine kleine Strecke „auf dem Boden der gemeinen Realität“, und der Eindruck des Unheimlichen, der sich einstellt, indem Gespenstisches in diese Welt eindringt, verflüchtigt sich dementsprechend binnen kurzem, sobald die Erzählung keinen Zweifel mehr daran läßt, daß sie in Wahrheit in einer Märchenwelt spielt.

Wie das Beispiel schon zeigen kann, bestimmt die analytische Form wenn nicht geradewegs als Beglaubigungsform, so doch als eine Strategie, die das, was realistisch betrachtet unglaubhaft erscheint, näher an glaubhafte Situationen des realen Alltags heranrückt, in vielen Fällen phantastischen Erzählens die Eingangsphase. Die Erzählung schafft sich solchermaßen eine reale Basis, von der aus sie dann ins Phantastische übergeht, und das mindeste, was sie damit erreicht, ist, daß sie sich auch solchen Lesern empfiehlt, deren Leseerwartung auf nichts als Realitätsabbilder eingeschworen ist. So etwa verfährt bereits Tieck im ‚Blonden Eckbert‘ oder Hoffmann in vielen seiner Erzählungen vom Typus des „Märchens aus der neuen Zeit“, wie der signifikante Untertitel zum ‚Goldnen Topf‘ lautet, so auch, ein Beispiel aus allerjüngster Zeit, Franz Hohler in seiner ebenso phantastisch-absurden wie humoristisch-satirischen Kurzgeschichte ‚Das Haustier‘. Der Icherzähler mutet dem Leser nicht unvermittelt zu, daß das Haustier, das er bei sich beherbergt, nichts anderes als ein Teufel ist, sondern er beginnt mit der schlichten Auskunft, er habe ein Haustier, und schildert mit allen Mitteln der realistischen Schreibweise und mit allen Raffinessen der analytischen Form, wie er dazu gekommen ist und wie er entdeckt hat, daß es ein Teufel ist. Nach und nach zeigt das in der Tierhandlung erworbene, eben erst aus Malaya eingetroffene und, da die Lieferpapiere unterwegs verloren gegangen seien, nicht recht identifizierbare Exemplar („ein kleiner Pelzklumpen", der sich „bisher nicht aufgerollt" hat)[19] die herkömmlichen Attribute des Teufels, wobei jedes zum Vorschein kommende Detail zu immer neuen Mutmaßungen über seine Identität Anlaß gibt. Die Pfote, die „eher eine Hand" ist (mit „außerordentlich scharfen Nägeln"), läßt es als Affe erscheinen;[20] der erstaunlich lange, unmuskulöse Schwanz als Faultier oder Meerkatzenart;[21] der „in der Mitte gespaltene Huf", den ein Fuß aufweist, als ein Exemplar, wie der Erzähler dem Lexikon entnimmt, aus der „Familie der Kamele, Hirsche, oder Giraffen" oder auch aus „mehreren ausgestorbenen Gruppen",[22] was alles sich nicht zusammenreimen läßt, bis das Wesen eines Sonntagmorgens, als im Radio die Übertragung eines katholischen Festgottesdiensts angekündigt wird, verängstigt und haßerfüllt aufspringt und sich endlich in voller Gestalt sehen läßt („auf der Stirne zwei kleine Hörner").[23]

3

Einen Schritt weiter als diese Autoren, die ihre Erzählungen dem Leser alsbald als phantastische Erfindungen zu erkennen geben, geht Marie Luise Kaschnitz in ihrer Kurzgeschichte ‚Gespenster'. Auch ihr kommt es wie allen Verfassern von Gespenstergeschichten, wenn sie die Reize des Unheimlichen auslösen wollen, darauf an, ihren phantastischen Gegenstand so glaubhaft wie möglich zu machen, und sie gesteht das in einem Werkstattgespräch auch ausdrücklich ein. Sie habe, so erklärt sie, dem Ich in dieser Erzählung, „der keinerlei persönliches Erlebnis zugrunde liegt", „nur die Rolle einer Chronistin zugeteilt", und fährt dann fort: „Eine Chronistin, eine sozusagen lebendige Zeugin, mußte aber sein, sonst wäre die phantastische Geschichte niemandem glaubhaft geworden".[24]

Das Substrat der Erzählung ist allerdings phantastisch und als solches unglaubhaft genug. Es besteht im wesentlichen aus fünf Begebenheiten, die in der ihnen eigenen Chronologie, synthetisch referiert, folgendes Bild ergeben: Zwei Geschwister, Touristen aus London, begegnen auf einer Reise in Österreich flüchtig („ein Hinüber- und Herübersehen von Wagen zu Wagen")[25] einem anderen Reisenden (1). Sie kommen wenig später bei einem Verkehrsunfall ums Leben (2). Sie zeigen sich drei Monate danach gespenstisch-lebendig bei einem Theaterbesuch im Old Vic Theatre in London, werden dort von jenem Reisenden angesprochen (3), und treffen sich anschließend mit dem Reisenden und dessen Frau in ihrem Londoner Haus zum Tee (4). Am anderen Morgen erfährt das Ehepaar von einer Nachbarin, daß die jungen Herrschaften seit drei Monaten tot sind und daß ihr Haus seitdem leer steht (5).

Marie Luise Kaschnitz erzählt diese Geschichte nun natürlich nicht synthetisch, an der Chronologie der zugrunde liegenden Begebenheiten orientiert und von den beiden Geschwistern als Hauptfiguren ausgehend, sondern analytisch aus der Erlebnisperspektive des Ehepaars. Am Anfang der Theaterbesuch, bei dem der Ehegatte das Schauspiel über der Faszination, die für ihn von den Geschwistern ausgeht, ganz und gar vergißt, was ihrerseits die Erzählerin nicht wenig befremdet (3); dann die nächtliche Begegnung beim Tee (4); im Nachgespräch dazu die Erinnerung an die frühere flüchtige Begegnung (1); zum Schluß die Szene am anderen Morgen (2 in 5).

Der grundlegende Unterschied zwischen beiden Versionen dürfte schon durch diese schematische Gegenüberstellung deutlich geworden sein. In synthetischer Version ginge die Erzählung bereits an der Stelle, wo sie auf die dritte Begebenheit zu sprechen kommt, ins Phantastische über; in analytischer Version enthüllt sie sich erst in der Schlußphase als phantastisch. Der Unterschied wird noch deutlicher, wenn man die vorliegende analytische Version genauer betrachtet. Die Erzählung überläßt sich dem Phantastischen keineswegs widerstandslos. Von naivem Wunder- und Gespensterglauben der Figuren kann keine Rede sein; die Figuren verhalten sich vielmehr grundsätzlich kritisch, hauptsächlich die Erzählerin, aber auch der Ehemann. Seine entsetzte Reaktion, als die Nachbarin von dem tödlichen Verkehrsunfall der Geschwister „im Ausland . . . irgendwo in den Bergen“[26] berichtet, scheint zwar darauf hinzudeuten, daß er, noch bevor alle Umstände überprüft sind, bereit ist, an das Unglaubliche zu glauben („In Kitzbühel, fragte mein Mann entsetzt“),[27] doch ist dies nur eine flüchtige Regung; gleich danach schließt er sich den skeptischen Argumenten der Erzählerin an („Ja, sagte Anton ganz erleichtert, du hast recht“). [28] Die Erzählerin bringt alle die Argumente vor, mit denen in Gespenstergeschichten immer wieder versucht wird, das Unerklärliche abzuweisen, und deren Versagen das Unerklärliche dann als unabweisbar bestätigt: Irrtum (in der Hausnummer), Verwechslung (der Straße), Sinnestäuschung („oder wir haben alles nur geträumt, zwei Menschen können genau denselben Traum haben in derselben Nacht, so etwas gibt es“)[29] und schließlich Einbildung.

Bei alledem ist die Schlußszene ihrerseits kunstvoll nach dem analytischen Schema angelegt. Wie die Erzählung vorher von den Fragen beherrscht wurde, was es mit dem sonderbaren Geschwisterpaar auf sich habe, woher die faszinierende Wirkung auf den Ehemann rühre, ob und wo genau er die beiden schon einmal gesehen habe, so ergeben sich am Ende aufgrund neuer Beobachtungen neue Fragen und neue Rätsel. Rätselhaft der Verbleib der Geschwister, da sich auf das Klingeln niemand rührt; rätselhaft das Erschrecken der Nachbarin, als man sie nach den Geschwistern fragt; rätselhaft ihre erste Auskunft, daß das Haus leer stehe und nur sie den Schlüssel dazu habe; rätselhaft schließlich ihre zweite Auskunft, daß die Geschwister seit drei Monaten tot seien. Ein besonderer Kunstgriff besteht darin, daß diese Fragen, soweit sie sich nicht im Vollzug des Frageprozesses gegenseitig beantworten, allesamt auf eine einzige Antwort hindrängen und diese dann doch nicht ausgesprochen wird. Daß es hier in der Tat nur eine einzige Antwort gibt, bezeugt der Schluß. Alle dem Unerklärlichen ausweichenden Antworten, die die Figuren sich nach der skeptischen Devise, daß nicht sein kann, was nicht sein darf, zurechtlegen, werden am Ende durch ein wiederum für viele Gespenstergeschichten typisches, nicht zu bezweifelndes Sachindiz desavouiert. Gerade als sie schon „ganz sicher" sind, „daß das Ganze eine Verwechslung oder eine Einbildung war", zeugt ein am fraglichen Ort vergessenes und nunmehr wiederaufgefundenes Zigarettenetui, das symbolisch genug im Sonnenstrahl des hellen Tageslichts aufleuchtet, unmißverständlich dafür, daß das Ganze weder als Verwechslung noch als Einbildung abzutun ist.[30]

Bei diesem negativen Schluß läßt die Erzählung es bewenden. Der Schluß wird nicht einmal explizit gezogen, sondern lediglich durch szenische Darstellung dem Leser anheimgestellt. Die Figuren verstummen. Keine weitere Reaktion, keine weitere Reflexion. Die letztere ist allerdings durch Titel und Vorspruch vorweggenommen; der Erzählung steht eine Wahrheitsbeteuerung voran: „Ob ich schon einmal eine Gespenstergeschichte erlebt habe? O ja, gewiß – ich habe sie auch noch gut im Gedächtnis, und will sie Ihnen erzählen. Aber wenn ich damit zu Ende bin, dürfen Sie mich nichts fragen und keine Erklärung verlangen, denn ich weiß gerade nur soviel, wie ich Ihnen berichte und kein Wort mehr."[31]

Titel und Vorspruch präformieren die Leseerwartung zweifellos von vornherein im Hinblick auf das Ergebnis der Erzählung. Dennoch gibt die Erzählung vor ihrem Schluß keinerlei Handhabe dafür, unter der als real vorgestellten Oberfläche mit Sicherheit schon den phantastischen Untergrund auszumachen. Sie bewegt sich durchweg im Rahmen der Alltagsrealität und läßt sich erst nach beendeter Lektüre dem phantastischen Genre zuordnen, und dies nicht einmal dann, wenn man sie beim Wort nimmt, sondern erst wenn man zum Wort macht, was sie unausgesprochen läßt. Überdies bringt es der realistische Charakter der Erzählung mit sich, daß während der Lektüre der Schlußszene gerade das Reale für einen Augenblick als phantastisch erscheint, nämlich die Auskunft der Nachbarin, die denn auch nach dem Willen der Autorin ihre Normalität eigens beteuern muß („Ich bin nicht verrückt, sagte sie, ich weiß, was ich sage"),[32] und daß sich somit erst über die Brücke des scheinbar Phantastischen, in Wahrheit Realen das in Wahrheit Phantastische, scheinbar Reale der ganzen Erfindung im Bewußtsein des Lesers herstellt.

Die probeweise Ausformulierung der Begebenheitsfolge in synthetischer Version, von der die Untersuchung ausgegangen ist, erscheint nach alledem nicht nur als Vergröberung, die sie notwendigerweise sein muß, sondern fast als Verfälschung. Was sie gleichwohl berechtigt, ist, daß die Erzählung nur den

Zusammenhang der ihr zugrunde liegenden Fakten unbesprochen läßt, diese selbst aber immerhin so deutlich vermittelt, daß sie sich ablösen lassen und daß sich auch ihr Motivationszusammenhang rekonstruieren läßt. Auch wenn man zugesteht, daß die erste Begebenheit, die flüchtige Begegnung im Blickwechsel, eben wegen ihrer Flüchtigkeit kaum als bemerkenswert gelten kann, vielmehr erst in der Erinnerung ihre Merkwürdigkeit gewinnt und also plausibel nur in Form der späteren Erinnerung erzählbar ist, und auch wenn man einräumt, daß die dritte Begebenheit, die Begegnung im Theater, für sich genommen noch die Möglichkeit einer Verwechslung oder bloßer Einbildung in sich beschließt und also nicht mit Sicherheit als faktisch gelten kann, so ist doch nicht zu bezweifeln, daß beide zusammen mit der vierten Begebenheit, der durch das Sachindiz faktisch verbürgten Begegnung beim Tee, eine unverbrüchliche Motivationskette bilden, deren Glieder sich gegenseitig bedingen. Material und Motivation genug jedenfalls, um den Vergleich der vorliegenden analytischen Version mit ihrem hypothetisch anzunehmenden synthetischen Pendant auch ohne den Selbstkommentar zu rechtfertigen, in dem die Autorin mit schöner Deutlichkeit den Konstruktionscharakter der Erzählung verrät und ihr Konstruktionsprinzip ausplaudert. Analytische Version also und damit so weit wie möglich realistische, damit wiederum so weit wie möglich glaubhafte und damit erst den Eindruck des Unheimlichen vermittelnde Version eines phantastischen Substrats, das in synthetischer Version eine nichts als phantastische, schlechterdings unglaubwürdige, bestenfalls poetisch sinnfällige Erzählung außer Konkurrenz mit der Realität und ohne den Reiz des Unheimlichen ergäbe.

Genauer noch als durch die Hauffsche Erzählung wird Freuds Theorie des Unheimlichen in der Fiktion durch diese virtuose Erzählung bestätigt. Man kann hier sogar noch weitergehen und auch die Kritik, die Freud angesichts solcher Erzählungen zu bedenken gibt, übernehmen. Der Autor, so meint Freud, der im Rahmen der Realitätsfiktion „Ereignisse vorfallen läßt, die in der Wirklichkeit nicht oder nur sehr selten zur Erfahrung gekommen wären", „verrät uns dann gewissermaßen an unseren für überwunden gehaltenen Aberglauben, er betrügt uns, indem er uns die gemeine Wirklichkeit verspricht und dann doch über diese hinausgeht. Wir reagieren auf seine Fiktionen so, wie wir auf eigene Erlebnisse reagiert hätten; wenn wir den Betrug merken, ist es zu spät, der Dichter hat seine Absicht bereits erreicht, aber ich muß behaupten, er hat keine reine Wirkung erzielt. Bei uns bleibt ein Gefühl von Unbefriedigung, eine Art von Groll über die versuchte Täuschung, wie ich es besonders deutlich nach der Lektüre von Schnitzlers Erzählung ‚Die Weissagung' und ähnlichen mit dem Wunderbaren liebäugelnden Produktionen verspürt habe".[33]

Wie die Erzählung von Hauff, so ist auch die von Marie Luise Kaschnitz nur ein Beispiel für viele desselben Typs. Dasselbe Verfahren verwendet beispielsweise A. J. Alan in seiner unterhaltsamen Kurzgeschichte ‚Mein Abenteuer in Norfolk'.[34] Anders als Marie Luise Kaschnitz verzichtet er zu Beginn sogar auf die unscheinbarste Signalisierung einer Gespenstergeschichte und läßt die Erzählung am Ende pointiert in eine solche übergehen. Der Erlebende muß sich darüber belehren lassen, daß sein Abenteuer der gerade vergangenen Nacht, das wiederum typischerweise durch Sachindizien (Fingerabdrücke des „Gespensts" auf einem Whiskyglas) faktisch verbürgt ist, in Wahrheit Begebenheiten aus ferner Vergangenheit, mit Personen, die seit Jahren tot sind, vorgespiegelt hat und also, ebenso offensichtlich wie widersinnig, deren gespenstische Rekapitulation gewesen ist. Auch hier wird zugleich die Möglichkeit zu pointiert-überraschendem Erzählen genutzt, die die analytische Form gewährt. Die Erzählung endet effektvoll mit einem Understatement; auf die Eröffnung des Beamten von Scotland Yard, der Vorfall, den der Erzähler jetzt zur Anzeige bringe, sei bereits seit Jahren in den Polizeiakten dokumentiert, folgt die trockene Reaktion: „‚Oh!' sagte ich nur."[35]

Was diese Erzählung aufs Ganze gesehen dem Genre des Phantastischen zuordnet, ist wie in Marie Luise Kaschnitz' ‚Gespenstern' vor allem die im Stoff angelegte faktische Beglaubigung des gespenstischen Erlebnisses durch das Sachindiz. Dieses „Mehr" an Beglaubigung ist jedoch zugleich ein „Weniger". Die anfangs glaubhaft wirkende Geschichte wird gerade durch die faktische Beglaubigung der Existenz des Gespensts insgesamt unglaubwürdig. Und so gesehen stehen die beiden Geschichten alles in allem noch auf derselben Stufe wie die Erzählung von Hauff. Es sind phantastische Gespenstergeschichten, die ihren phantastischen Charakter nur eine Zeitlang verleugnen.

4

Als realistisch können Gespenstergeschichten erst dann gelten, wenn sie auf die faktische Beglaubigung verzichten und die Existenz von Gespenstern im Rahmen der Fiktion nicht dingfest machen, sondern nur anheimstellen. Auch derartige Gespenstergeschichten haben indessen schon aufgrund ihres dubiosen Motivs Beglaubigung nötig und auch in ihnen wird deshalb nicht selten die analytische Form als ein Beglaubigungsinstrument unter anderen eingesetzt. Beispielhaft für diesen Typus der Gespenstergeschichte ist eine andere Kurzgeschichte Franz Hohlers.

Die ‚Erzählung' – sie ist schlicht so betitelt: ‚Erzählung' – bewegt sich vom Alltäglichen über das Seltsame – nun nicht ins Phantastische, sondern nur ins Mysteriöse. Alltäglich: ein Handelsvertreter, noch abends mit seinem Wagen unterwegs, wird auf der Landstraße von einem Mädchen angehalten und nimmt sie auf ihren Wunsch bis zur Bäckerei im nächsten Dorf mit. Seltsam: das Mädchen ist bei der Ankunft im Dorf plötzlich nicht mehr da. Mysteriös:

der Vertreter erfährt auf seine Nachfrage in der Bäckerei, ob sie vielleicht schon im Haus sei, von einer älteren Frau, „das Mädchen / das er mitgenommen habe / müsse ihre Tochter sein / die vier Monate vorher / in einem Wagen / den sie angehalten habe / umgekommen sei / und er / er sei jetzt schon der dritte / der nach ihrem Tode komme / und erzähle / daß er ein Mädchen mitge / das hieher / frage / ob sie schon zu Hause".[36] Anders als in den Geschichten von Marie Luise Kaschnitz und A. J. Alan gibt es hier kein Sachindiz, das das Vorkommnis faktisch verbürgte, und anders als in jenen Fällen läßt sich dementsprechend auch das hypothetisch anzunehmende synthetische Pendant der vorliegenden analytischen Version nicht eindeutig formulieren. Eindeutig faßbar ist nicht viel mehr als die zeitlich früheste Phase des erzählten Geschehens: Ein Mädchen hält auf der Landstraße ein Auto an, wird mitgenommen und kommt bei einem Unfall ums Leben. Die darauf folgenden Begebenheiten entsprechend der möglichen synthetischen Version des Substrats zu formulieren, hieße bereits, gerade das auszusprechen, was die Erzählung unausgesprochen läßt. Hier wäre es in der Tat nicht nur Vergröberung, sondern schon Verfälschung, geradewegs von gespenstischen Vorgängen zu sprechen, so sehr dies von der Erzählung durch die Auskunft der Mutter nahegelegt wird; denn es wird eben nur nahegelegt, nicht festgelegt. Umgekehrt aber wäre es ebenso Verfälschung, jeglichen Zusammenhang zwischen den erzählten Begebenheiten zu leugnen und geradewegs davon auszugehen, daß das Mädchen, das der Vertreter mitgenommen hat, offensichtlich jemand anders gewesen sein müsse als die seit vier Monaten tote Bäckerstochter; denn dazu wird der Zusammenhang zu suggestiv nahegelegt. Das eine hieße den erzählten Sachverhalt überformulieren, das andere ihn unterformulieren. Der Text kommt der abergläubischen gleichermaßen wie der skeptischen Deutung entgegen und läßt beides als Möglichkeit bestehen. Anhaltspunkte für die Entscheidung dieser Frage ergeben sich auch nicht, wie man vielleicht annehmen könnte, aus dem engeren oder weiteren Kontext, weder aus der Einleitung noch aus dem Schluß. Die Begebenheit wird in vielfacher Brechung überliefert und zudem durchweg im Konjunktiv erzählt: der Icherzähler hat sie, wie er in der Einleitung bemerkt, von einer „Bekannten in Bern" erzählt bekommen, diese von einem „Bekannten in Deutschland" und der von einem „Unbekannten" – eben jenem Vertreter, der sie erlebt hat,[37] doch kann dieser Überlieferungsmodus ebensowohl als ironische Distanzierung des Erzählers erster Instanz im Sinn der Skepsis ausgelegt werden wie als Beglaubigung durch Quellennachweis. Der Schluß zeigt eine ihrerseits in jedem Sinn glaubwürdige Reaktion des Betroffenen, mit der ein Grundzug aller im Grenzbereich zwischen Realem und Irrealem angesiedelten Literatur bewahrt ist, nämlich die Irritation konventionellen Wirklichkeitsverständnisses, was zudem – ähnlich wie schon das verstörte Gestammel der Frau – stilistisch und sogar typographisch sinnfällig artikuliert wird: „(Er sei dann ratlos weggefahren / und seit diesem Vorfall / fühle er sich sehr allein / und wisse nicht was machen / weil)“,[38] doch läßt sich aus dieser angesichts der Situation hinreichend verständlichen Reaktion des Betroffenen nichts entnehmen, was zur Klärung der Frage nach dem Wirklichkeitsgrad des Erlebten irgendetwas beitrüge. So viel immerhin aber läßt sich sagen – und gerade darauf kommt es im Zusammenhang dieses Kapitels an –, daß demjenigen, der die Geschichte als phantastische Erfindung einstuft und als schlechterdings unglaublich abtut, das entscheidende Argument dafür erst in der Schlußphase geliefert wird. In synthetischer Version hätte sich die Geschichte schon viel früher dem Zweifel des Lesers ausgesetzt, und daß sie in der vorliegenden Version erst gegen Ende fraglich gerät, bis dahin aber durchaus glaubhaft erscheint, ist auf nichts anderes zurückzuführen als auf die analytische Form.

Wie immer das Unglaubliche plausibel aus dem Realen entwickelt und suggestiv nahegelegt sein mag: die Wirksamkeit des Prinzips bleibt natürlich bei einem derartigen Stoff, wie er hier zugrunde liegt, auf den Rahmen der Fiktion beschränkt. Auch wenn das Gespenstermotiv gar nicht beim Namen genannt ist, kompromittiert sich die Erzählung doch aufs Ganze gesehen durch ihr Motiv und die damit verbundene Zumutung des Glaubens an die Wiederkehr Gestorbener. Wenngleich als mysteriöse Erzählung zu klassifizieren, hat sie mit den vordem angeführten phantastischen gemein, daß ihr Glaubwürdigkeitsanspruch allenfalls für die Dauer der Lektüre vorhält. Auch ihnen könnte als Vorzeichen voranstehen, was Baciochi sich in Brentanos ‚Mehreren Wehmüllern‘ von seiner ‚Erzählung vom wilden Jäger‘ von seinen Zuhörern ausbittet, daß man „wenigstens so lange daran glauben“ möge, „bis die Geschichte zu Ende ist“, worauf Devillier mit den Worten zustimmt: „Erzählen Sie . . ., wenn wir die Geschichte auch am Ende für eine Lüge erklären, so soll Ihnen bis dahin geglaubt werden“.[39] Im übrigen dürfte für alle Geschichten aus diesem Motivbereich immer noch Wielands Aperçu gelten: „Wir sind bei der allgemeinen Aufklärung unsrer Zeit *zu viel* Philosophen, um Geistererscheinungen *zu glauben*; und wir sind mit aller unsrer Aufklärung nicht Philosophen genug, um sie *nicht zu glauben.* Zwischen diesem Glauben und Nichtglauben hin und her schwankend, werden wir größtentheils immer so *raisonniren* oder *scherzen,* als ob wir sie *nicht* glaubten, und, sobald uns ein neues Geistergeschichtchen erzählt wird, so andächtig *zuhören* – auch bei Gelegenheit uns ebenso herzhaft – vor Geistern *fürchten,* als ob wir sie glaubten.“[40]

5

Beglaubigung des Unglaublichen über die Dauer der Lektüre hinaus kann allenfalls Erzählungen gelingen, die in der Motivwahl auf dem Gebiet des

Mysteriösen noch mehr Zurückhaltung üben und sich etwa parapsychologische Erkenntnisse zu eigen machen, wie z. B. André Maurois' Kurzgeschichte ‚Das Haus'.[41] Auch hier ist durch analytische Darstellung dafür gesorgt, daß das Erzählte bis gegen Ende glaubhaft erscheint und sich dann erst der Kritik des skeptischen Lesers preisgibt. Die fiktive Erzählerin hat für längere Zeit, während einer Krankheit, einen regelmäßig in allen Einzelheiten wiederkehrenden Traum, in dem sie ein Haus sieht, das sie gern besichtigen möchte; sie gelangt aber im Traum immer nur bis an die Tür des Hauses, ohne Einlaß zu finden. Überzeugt, daß sie das Haus in Wirklichkeit nie gesehen hat, versucht sie es nach ihrer Gesundung gleichwohl in der Wirklichkeit ausfindig zu machen und hat dabei schließlich auch Erfolg. Von einem Bedienten erfährt sie nun, das Haus sei zu mieten, die Besitzer hätten es verlassen, seit es hier spuke, vertrieben von einem Gespenst, das sich oft des Nachts im Park habe sehen lassen. Die Erzählerin äußert darauf ihre Verwunderung, daß man in Frankreich auf dem Land noch an Geister glaube, und findet die Versicherung des Alten, daß er das Gespenst selber gesehen habe, unglaublich. Der Schlußpassus lautet: „‚Unglaublich!' meinte ich und versuchte zu lächeln. – ‚Nicht ganz so unglaublich', sagte der Greis in vorwurfsvollem Tone, ‚daß gerade Sie darüber lachen dürften, denn das Gespenst, Madame, waren Sie.'"[42]

Voraussetzung der erzählten Welt dieser freilich auf Witz und Pointe angelegten Geschichte ist die Möglichkeit, daß einerseits Träume konkrete Gegenstände der Realität vorstellen können, die aus der Realitätserfahrung bisher nicht bekannt sind, und daß andrerseits das Subjekt des Traumgeschehens am betreffenden Ort von anderen Personen wahrgenommen werden kann – eine Voraussetzung, die man für unglaublich halten wird, für deren Möglichkeit die Parapsychologie jedoch praktische Proben zu haben scheint.[43] Trotz Parapsychologie immerhin Grund genug, wo immer Derartiges vermittelt wird, mit dem Unglauben des Lesers zu rechnen und also die Darstellungsform so zu wählen, daß die Artikulation der Skepsis von seiten des Lesers während der Rezeption so spät wie möglich erfolgen kann, und jedenfalls nicht durch synthetische Erzählung – zuerst der erste Traum, dann die erste „Gespenstererscheinung" usf. bis hin zur wechselseitigen Aufklärung der Figuren – außer der Pointe auch die Glaubwürdigkeit des Erzählten zu verschenken.

Ein vergleichbares Beispiel ist Marie Luise Kaschnitz' bereits mehrfach herangezogene Kurzgeschichte ‚Eines Mittags, Mitte Juni', mit der die Autorin systematisch einen Schritt über die Position ihrer ‚Gespenster' hinausgeht. Beide haben die realistische Ausgangsbasis miteinander gemeinsam, unterscheiden sich jedoch in der stofflichen Grundlage und in der Art der Desavouierung des Realen am Ende. In den ‚Gespenstern' erweist sich das anfangs real erscheinende Geschehen am Ende eindeutig als irreal und die ganze Erzählung damit als phantastisch. In ‚Mitte Juni' dagegen erweist es sich am Ende nur als zwielichtig in der Schwebe zwischen Realität und Irrealität. Was hier geschieht, ist nicht dermaßen real, daß man die erzählte Welt mit der Alltagswelt verwechseln könnte, aber auch nicht dermaßen irreal, daß man gleich von einer phantastischen Erfindung sprechen müßte, in der die Gesetze des Realen außer Kurs gesetzt sind. Schlägt jene Erzählung am Ende ins Phantastische um, so geht diese am Ende ins Mysteriöse über. Wird dort wahrhaft Unglaubliches im Interesse, die Reize des Unheimlichen auszulösen, glaubhaft zu machen versucht, so wird hier im Interesse, Irreales als Realitätsbestandteil zu erweisen, „problematisch Wahres" als wahr zu insinuieren versucht.

Die Insinuierungstechnik läßt sich an einem grammatischen Detail konkret nachweisen. Gegen Ende des Versuchs, den Vorfall, der sich während der Abwesenheit der Hauptfigur und Erzählerin in ihrem Haus zugetragen hat, aufgrund von Aussagen der Nachbarn zu rekonstruieren, heißt es: „der Herr Teichmann hat nur zu seiner Frau ganz leise etwas von der Polizei geredet, und *daraufhin, oder gar nicht daraufhin,* hat die Fremde ihre Zeitschrift in eine Mappe gesteckt und hat sich, aber keineswegs fluchtartig, entfernt".[44] Am Ende der ganzen Erzählung wird die hier offengelassene Frage wiederaufgenommen und einer zweideutigen Antwort zugeführt. Zunächst heißt es nach der Erinnerung an das mittlerweile verdrängte Erlebnis im Meer: „Das war um zwölf Uhr zwanzig, *da* hatte daheim die fremde Frau unser Haus schon verlassen, *warum* eigentlich, doch nicht aus Furcht vor der Polizei?"[45] Dann stellt die Erzählerin die Frage, die sie hier nur sich stellt, ihrer Nachbarin: „ich habe nicht recht verstanden, *warum* die Frau, die mich totgesagt hat, schließlich fortgegangen ist, und ich wüßte es gern", worauf sie zur Antwort erhält: „Jemand hat von Ihrer Tochter gesprochen. *Da* hat sie es aufgegeben und ist fort".[46] Wie dieses „da" zu verstehen ist, bleibt dem Leser überlassen. Es kann lediglich temporal aufgefaßt werden (in diesem Moment) und es kann als Artikulation eines Kausalzusammenhangs begriffen werden (deshalb): Als oder weil jemand von der Tochter gesprochen hat, hat die Fremde es aufgegeben. Dafür, daß es im letzteren Sinn aufgefaßt werden soll, bietet der Text mehrere suggestive Indizien. Zum einen die Tatsache, daß die Antwort in der Kommunikation der Figuren untereinander eine Antwort auf die Frage „warum?" ist; zum andern die Tatsache, daß hier am Ende in der Kommunikation zwischen Autor und Leser die vorher mit den Stichworten „daraufhin, oder gar nicht daraufhin" signalisierte Unbestimmtheit des Textes eine Bestimmung erfährt (das „da" wäre dementsprechend in „daraufhin" aufzulösen); zum dritten und vor allem die Tatsache, daß die Erzählerin sich mit dieser Antwort zufrieden gibt. Die Erzählerin, die vorher das „daraufhin" skeptisch relativiert hat, zeigt sich nunmehr nicht skeptisch, stellt nicht die naheliegende Rückfrage, ob die Nachbarin meine, daß die Fremde wirklich „daraufhin" oder doch wohl nur „in diesem Augenblick" das Haus verlassen habe, sondern nimmt nur indirekt Stellung, indem sie in der ganzen Angelegenheit jedenfalls keine Sache sieht, die die Polizei etwas anginge. Auf die Frage der Nachbarin: „Haben Sie es auf der Polizei gemeldet?“ folgt als Schlußsatz der Erzählung: „Aber das hatte ich nicht getan, und ich würde es auch nicht mehr tun“.[47] Wie immer alle diese Indizien auf den Kausalzusammenhang der beiden Begebenheiten hindeuten, so läßt sich der Text doch nicht darauf festlegen. Der Bezug wird nicht ausgesprochen, sondern nur insinuiert.[48]

Zu prüfen bleibt, ob diese Äquilibristik eine spezifische Leistung der analytischen Form ist oder zumindest im Zusammenhang mit der analytischen Form der Erzählung steht. Dazu ist es abermals erforderlich, die vorliegende analytische Version des Substrats mit ihrem synthetischen Pendant zu vergleichen. Nimmt man zum Zweck dieses Vergleichs für die synthetische Version lediglich die umgekehrte Folge der beiden Begebenheiten an – zuerst die Begebenheit im Meer, dann die Begebenheit im Haus –, wie es für den Nachweis etwa der Ökonomie analytischen Erzählens genügen würde, so fällt die Probe allerdings negativ aus. Auch in einer solchen synthetischen Version ließe sich eine explizite Stellungnahme zu dem Zusammenhang der simultan abgelaufenen Ereignisse an verschiedenen Orten ersparen, dabei aber eine Kausalbeziehung insinuieren. Anders jedoch, wenn auch nur in Nuancen, bei einer konsequent synthetischen Version, die sich auf den jeweils zwei Einzelbegebenheiten, aus denen sich die Ereignisse zusammensetzen, aufbauen und sie in ihrer chronologischen Folge vermitteln würde: zuerst das Sichtreibenlassen im Meer und die Selbstaufgabe (1), dann der gleichzeitig erfolgende Auftritt der fremden Frau im Haus, die die Erzählerin totsagt (2), danach die Umkehr der fast schon Verlorenen (3) und schließlich der zeitlich damit zusammenfallende Abgang der Fremden (4). Legt man dem Vergleich diese konsequent synthetische Version zugrunde, so ist zwar auch noch festzustellen, daß sie, was die Insinuierung des Zusammenhangs betrifft, nichts anderes besagen würde als die vorliegende analytische Version, doch müßte dabei gleichermaßen festgestellt werden, daß die Insinuierung hier im Unterschied zur analytischen Version gleich zweimal erfolgen würde. Nacheinander ginge dem Leser die Korrespondenz zwischen Selbstaufgabe und Totsagung und die Korrespondenz zwischen Umkehr der Erzählerin und Aufgabe der Fremden im Zug der Rezeption auf. Mehr noch: sie ginge nicht nur auf, sondern sie drängte sich auf, sie wäre faustdick und so gut wie ausgesprochen, und gerade das würde die Illusion der gesamten Erzählung empfindlich stören – gemäß Lessings auf die Darstellung von Gespenstern in der Literatur gemünztem Grundsatz: „alles, was die Illusion hier nicht befördert, störet die Illusion“.[49] Eben dies aber wird durch die analytische Version vermieden, und das bedeutet, daß der Insinuierungseffekt – das Verfahren, etwas auf das subtilste nahezulegen, ohne es auszusprechen –, wenn er schon nicht allein auf die analytische Technik zurückgeht, so doch durch diese, um das mindeste zu sagen, vor der hier allemal drohenden Gefahr bewahrt wird, verspielt zu werden.

6

Das Prinzip, Phantastisches oder Mysteriöses im Medium des Realen zu vermitteln, das die in diesem Kapitel herangezogenen Erzählungen aus dem 20. Jahrhundert so virtuos handhaben, ist freilich keine Errungenschaft des 20. Jahrhunderts. Es ist im Grunde romantisch, und die Erzählungen ordnen sich im ganzen in die Tradition romantischen und romantisierenden Erzählens ein. Was sie zeigen, ließe sich ebenso auch an Erzählungen von Tieck oder Eichendorff oder Hoffmann zeigen.[50] Sie wurden hier im wesentlichen aus zwei Gründen als Demonstrationsobjekte vorgezogen. Zum einen, weil sie einfachere und deutlichere Beispiele sind als romantische Erzählungen, die in den meisten Fällen mit der groben Alternative von Phantastik und Realistik nicht zu erschöpfen sind, sondern ein differenzierteres Spektrum von Wirklichkeitsdimensionen aufweisen, zwischen denen sie changieren; zum andern, um die Demonstration, die freilich davon abhängt, was zu welchen Zeiten als unglaublich oder glaubhaft gilt und damit als mehr oder weniger beglaubigungsbedürftig erscheint, nicht durch historisch-hermeneutische Erörterungen von Konventionen unnötig zu komplizieren. Zu berücksichtigen bleibt allerdings hier wie bei romantischen Erzählungen – ähnlich wie dies schon im Kapitel über Mehrdeutigkeit geltend gemacht wurde –, daß die Wirksamkeit des Prinzips der Beglaubigung eben an dem Punkt endet, wo die Erzählung nicht mehr in der Einstellung auf äußere Handlung rezipiert wird. In dem Maß, wie sich beispielsweise in Marie Luise Kaschnitz' ‚Eines Mittags, Mitte Juni' die Aufmerksamkeit des Lesers während der Rezeption auf den poetisch-mythologischen Aspekt des Erzählten konzentriert (die fremde Frau, die „ganz langsam, wie eine beleidigte Königin",[51] das Haus verläßt, als symbolische Todesgestalt; die geheimnisvolle Flötenstimme als Ruf des Lebens), verlieren die Fragen, in welchen Wirklichkeitsbereichen das Erzählte sich abspielt und ob es nun als glaubhaft auch im realistischen Sinn gelten kann oder nicht, zunehmend an Bedeutung. Im übrigen ist zu vermerken, daß analytisches Erzählen als beglaubigendes Erzählen wiederum nur ein Spezialproblem ist, das eine ganze Reihe von weiterführenden Fragestellungen aufwirft, in deren Zusammenhang es erst erschöpfend behandelt werden kann. Nur andeutungsweise konnte im Rahmen dieser Untersuchung die Frage nach der Funktion von Beglaubigung ihrerseits einbezogen werden; Desiderat bleibt eine Übersicht über das Repertoire von Beglaubigungsstrategien allgemein, in das sich die analytische Form nur als eine neben anderen einordnet.

12. Kapitel

Desillusionierung

1

Analytisches Erzählen ist, wie erörtert, nicht selten überraschendes Erzählen: es bringt am Ende Unerwartetes ans Licht. Es ist gelegentlich, wie nunmehr ergänzt werden soll, noch mehr, nämlich sozusagen doppelt überraschend: es erweist am Ende bis dahin fraglos für zutreffend gehaltene Deutungen des Lesers unerwartet als bloßen Schein. Wo immer dies der Fall ist, läßt sich die These vertreten: „Analytisches Erzählen ist vorgängig illusionierendes und im Effekt desillusionierendes Erzählen.“ Illusion und Desillusion, wie sie hier verstanden werden, sind nicht zu verwechseln mit dem aller Fiktion eigenen illusionären Charakter und deren spielerischer Desavouierung, und auch nicht mit der aller realistischen Fiktion eigenen Realitätsillusion und deren Störung; gemeint ist vielmehr innerhalb jenes generellen und dieses speziellen Illusionsrahmens der Fiktion das listig kalkulierte Verfahren des Autors, den Leser zur Aktualisierung bestimmter Vorstellungen zu verleiten und ihm am Ende deren illusionären, scheinhaften Charakter ad oculos zu demonstrieren.

Analytisches Erzählen als desillusionierendes Erzählen, wie man in Kürze sagen kann, ist nicht nur von bloß überraschendem Erzählen zu unterscheiden; weiterhin ist es, wie in seiner Funktion als spannendes, mehrdeutiges und affizierendes Erzählen, nach zwei Seiten hin abzugrenzen: zum einen gegen Erzählkonstruktionen, die im Effekt auf dasselbe hinauslaufen, deren desillusionierende Wirkung aber, unabhängig von Figuren, allein durch die Art der Informationsvermittlung unmittelbar in der Kommunikation zwischen Autor und Leser zustande kommt; zum andern gegen Erzählkonstruktionen, die einen Illusionierungs-Desillusionierungs-Prozeß einer oder mehrerer Figuren zum Gegenstand haben, bei denen aber dem Leser die überlegene Position des von vornherein in die Irrtümer der Figuren eingeweihten Betrachters eingeräumt wird, so daß der dargestellte Prozeß lediglich ein Objekt innerhalb der Kommunikation zwischen Autor und Leser bildet. Den ersteren Typus repräsentiert etwa die bereits in anderem Zusammenhang herangezogene Anfangsepisode von E. T. A. Hoffmanns ‚Meister Floh‘; ein repräsentatives Beispiel für den letzteren Typus ist Wielands ‚Don Sylvio von Rosalva‘. Dort wird allein der Leser desillusioniert, hier allein die Figur. Möglich wird analytisches Erzählen als desillusionierendes Erzählen erst in der Kreuzung dieser beiden

Typen; es setzt gleichermaßen voraus, daß das Erzählte aus einem Illusionierungs-Desillusionierungs-Prozeß auf seiten der Figuren besteht und daß das Erzählen einen Illusionierungs-Desillusionierungs-Prozeß auf seiten des Lesers bewirkt.

Die textimmanente Bedingung, daß die Betrachterfigur in der erzählten Handlung einen Prozeß nach dem Schema von Illusion und Desillusion durchläuft, ist indessen auch hier, wie bei den bisher erörterten leserbezogenen Thesen, nur idealtypisch geltend zu machen: der Prozeß braucht nicht in allen Einzelheiten expliziert zu sein. Außerdem ist selbst dann, wenn in Realisierung des Idealtyps ein solcher Prozeß bis ins einzelne ausgeführt sein sollte, auch hier der Erfahrungsprozeß der Betrachterfigur kategorial von dem Rezeptionsprozeß des Lesers zu unterscheiden: beide sind allenfalls als parallel, nicht aber als kongruent vorzustellen, und die Desillusionierung der Figur braucht nicht einmal dieselben Vorstellungen zu betreffen wie die Desillusionierung des Lesers, da Deutung und also auch Mißdeutung durch die Figur immer nur Geschehensdeutung sein kann, Deutung und Mißdeutung durch den Leser aber stets integrale, Geschehensdeutung in sich beschließende Textdeutung ist.

Aus diesem Grund versteht es sich auch, daß selbst die analytische Darstellung der Desillusionserfahrung einer Figur keineswegs notwendigerweise eine ebensolche Erfahrung des Lesers nach sich ziehen muß, auch wenn dem Leser durch die analytische Form die Position des eingeweihten Betrachters verwehrt wird. Von Desillusionierung des Lesers kann jedenfalls nicht die Rede sein, wenn der Leser – aufgrund welcher Anzeichen immer – die für die Figuren verhüllten Umstände vorzeitig durchschaut. Wie vorzeitiges Erraten allgemein die Rätselspannung aufhebt, so hebt sie speziell die Desillusionierung des Lesers auf – und diese allerdings total, während die Rätselspannung, wenn sie sich aufhebt, immerhin noch in Spannung auf die Art und Weise, wie die Figuren die Lösung finden, umschlagen und damit eines ihrer Merkmale bewahren kann. Die Grünwieseler in Hauffs Erzählung ‚Der Affe als Mensch' beispielsweise erliegen der Täuschung durch den Fremden und werden desillusioniert, als sie die wahre Identität des vermeintlichen jungen Engländers erkennen; für den Leser dagegen, der den Sachverhalt schon aufgrund des Titels durchschaut, bleibt diese Wirkung aus; er kann allenfalls darauf gespannt sein, zu welchem Zeitpunkt und durch welche Umstände der Trug auffliegt.[1] Aber auch in weniger extremen Fällen unterbleibt der Desillusionseffekt für den Leser, wenn nur der Erwartungshorizont des Lesers – aufgrund der ihm zur Verfügung stehenden Textelemente oder aufgrund seiner Leseerfahrung – den Erwartungshorizont der Figur wenigstens um so viel überschreitet, daß er der Täuschung, so zwingend sie immer für die Figur sein mag, nicht erliegt, sondern sie, auch ohne den Sachverhalt sogleich zu durchschauen, als Täuschung erkennen oder wenigstens eine mögliche Täuschung darin vermuten kann. Das gilt besonders für solche Illusionen, die sichtlich an die Subjektivität einer Figur gebunden sind. Daß Theodor sich aus verschiedenen beobachteten Einzelheiten von der Bewohnerin des öden Hauses die Illusion eines Engelbildes von Frauenschönheit macht, ist so sehr seine Sache, daß der Leser demgegenüber in kritischer Distanz verharrt und also auch nicht desillusioniert werden kann, wenn das volle Licht auf die Gestalt der alten und häßlichen Angelika fällt und Theodors Illusion zerstört.[2] Ähnlich verhält es sich in Marie Luise Kaschnitz' Kurzgeschichte ‚Der Strohhalm', wo umgekehrt schlimme Befürchtungen ein Illusionsgewebe schaffen, das am Ende zerrissen wird. Daß es sich hier um ein Strohfeuer handelt, daß die Heldin der Erzählung ihren Mann grundlos der Untreue verdächtigt, erscheint im Horizont des Lesers um so eher möglich, als die Figur, in ihren Vorstellungen befangen, diese Möglichkeit gänzlich außer Betracht läßt.[3] Unbeschadet der analytischen Form wird in diesen und ähnlichen Fällen durch die extreme Subjektivität der Illusionen, die die Figur sich macht, die Identifikation des Lesers mit deren Sehweise und damit auch die Teilnahme an deren Desillusionierung verhindert.

Der Spielraum für die inhaltliche Spezifizierung analytischen Erzählens in der Funktion der Desillusionierung ist weit. Wie Distanzierung, Beglaubigung und Insinuierung durch analytisches Erzählen kann die Desillusionierung alle möglichen Vorstellungen betreffen. Schon deshalb versteht sich die folgende Demonstration der These an einzelnen Textbeispielen wiederum nur als exemplarisch. Weiterhin kann sie nur als exemplarisch gelten, weil – mehr noch als bei den bisher erörterten Funktionen – die Wirksamkeit der Desillusionierung vom Leser abhängt: allgemein von seinem historischen Abstand vom Text, speziell von seinem Engagement, ob und wieweit er dem Angebot des Textes folgt, sich vorgängig zu Deutungen verleiten zu lassen, die sich dann als Fehldeutungen erweisen, und ob und wieweit er sich schließlich eingesteht, daß er während der Lektüre in die Irre gegangen ist. Zugrunde gelegt werden solche Erzählungen, bei denen wenigstens daran kein Zweifel besteht, daß sie einen Illusionierungs-Desillusionierungs-Prozeß auf seiten der Figuren darstellen, und für die unter jeweils verschiedenen Bedingungen angenommen werden kann, daß sie einen vergleichbaren Prozeß auf seiten des Lesers bewirken: zunächst in Kürze nochmals Wielands Erzählung ‚Die Salamandrin und die Bildsäule' mit einem Seitenblick auf das strukturell ähnlich geartete Genre der unechten Spuk- und Gespenstergeschichte; dann ausführlicher Hebbels Erzählung ‚Eine Nacht im Jägerhause'.

2

In seiner Erzählung ‚Die Salamandrin und die Bildsäule‘ macht Wieland Schwärmerei und ihre heilsame Desillusionierung geradezu zum Thema. Osmandyas wird von seiner Schwärmerei für die Bildsäule geheilt, Klodion von seiner Eingenommenheit von Feen und Elementarwesen. Die vermeintliche Wunderwelt, in der sie befangen waren, wird entzaubert und auf die wirkliche Welt reduziert; was sie für wahr und wunderbar hielten, erweist sich als Schein, als künstlich hergerichtete Staffage. Das Ernüchternde, das die Eröffnung des wahren Sachverhalts für sie hat, wird allerdings mehr als aufgewogen durch den Preis, den sie dafür bekommen. Die Erzählung endet mit dem Satz: „Der Sohn des Kalasiris fand unendliche Mal mehr in der liebenswürdigen Tochter des Druiden, als ihm seine so schwärmerisch geliebte Bildsäule versprochen hatte; und Klodion, dem seine aufs Höchste gespannte Einbildungskraft nichts Vollkommneres als die göttliche Thermutis vorzustellen vermochte, hielt sich nun versichert, daß eine Erdentochter ihrer Art das Urbild zu den Sylphiden und Salamandrinnen gewesen sein müsse, womit eine phantastische Geisterlehre die reinern Elemente bevölkert hat“.[4]

Die Erzählung ist, wie gezeigt, so angelegt, daß der Leser erst am Ende in die wichtigsten Voraussetzungen des erzählten Geschehens Einblick gewinnt. Wie die beiden Hauptfiguren steht er einstweilen vor Rätseln, wie sie erfährt er schließlich deren Lösung, und wie sie kann er durch die Lösung möglicherweise desillusioniert werden – desillusioniert aber natürlich nicht wie sie in bezug auf die ihnen von der Fiktion zugebilligte Vorstellung, daß die wirkliche Welt von Feen bevölkert sei, sondern nur in bezug auf die Vorstellung, daß er es bei der Lektüre mit einem Feenmärchen zu tun habe. Die Erzählung steht in einer Sammlung von Feen- und Geistermärchen und erscheint auch zunächst wie ein Exemplar dieser Gattung, erweist sich dann aber überraschend als zwar phantasievolle, aber doch mitnichten phantastische „Erzählung“ (wie sie allerdings schon im Untertitel signalisiert ist). Im Vergleich mit der Enttäuschung der Figuren, mitnichten in einer Feenwelt gelebt zu haben, ist freilich die Enttäuschung des Lesers, nur eine gewöhnliche Erzählung statt eines Feenmärchens gelesen zu haben, ein derart schwacher – nur literarischer – Effekt, daß sich die Rede davon kaum lohnt. Anders jedoch, wenn man die Erzählung nicht nur formal im Kontext der Sammlung von Feen- und Geistermärchen betrachtet, sondern dazu noch den Sinn berücksichtigt, in dem Wieland diese Gattung auslegt. „Es scheint seltsam“, so heißt es in der Vorrede zum ersten Teil des ‚Dschinnistan‘, „daß zwei so widersprechende Neigungen, als der Hang zum *Wunderbaren* und die Liebe zum *Wahren,* dem Menschen gleich natürlich, gleich wesentlich sein sollen; und doch ist es nicht anders. In das *Wie* und *Warum* wollen wir uns jetzt nicht einlassen; genug *daß* es so ist, und daß die Märchen von der wunderbaren Gattung, wenn sie gut erzählt werden, diese beiden Neigungen zugleich vergnügen, und eben darin der Grund des sonderbaren Reizes liegt, den sie für alle Arten Zuhörer oder Leser haben. – Ich sage, wenn sie gut erzählt werden, und verstehe darunter vornehmlich die Gabe, theils das Wunderbare mit dem Natürlichen so zu verweben, daß beide für die Imagination ein täuschendes Ganzes werden, theils das Herz und die Leidenschaften der Leser so unvermerkt zu gewinnen und in das Spiel zu ziehen, daß sie, des Unglaublichen und sogar des Ungereimten der Begebenheiten und der *Maschinen* ungeachtet, an den handelnden oder leidenden Personen des Stückes Antheil nehmen, Liebe oder Haß, Furcht oder Hoffnung für sie empfinden und, bei aller Überzeugung, daß sie nur ein Märchen lesen, sich doch kaum enthalten können, ingeheim zu wünschen und (wenigstens so lange sie lesen) beinahe zu glauben, daß es wahr sei."[5] Akzeptiert man diese Theorie, so ist in bezug auf ‚Die Salamandrin und die Bildsäule' festzustellen, daß sie dem Leser bis gegen Ende in jenen seinen geheimen Wünschen entgegenkommt und ihn dann damit ernüchtert, daß selbst hier in der Fiktion, wo sich alles so wunderbar ausnahm wie nirgends und niemals in der wirklichen Welt, nichts als die Gesetze der wirklichen Welt gelten. Wieland jedenfalls scheint mit dieser Wirkung auf seine Leser zu rechnen. Der Schluß der Erzählung gibt sich – wenn auch spielerisch – als Entschuldigung. In Form einer allgemeinen Reflexion heißt es: „Die Täuschung des Wunderbaren hat etwas so Anziehendes und Zauberisches für die meisten Menschen, daß man oft schlechten Dank bei ihnen verdient, wenn man sie hinter die Coulissen führt und die vermeinten Wunder einer künstlichen Täuschung vor ihren Augen in ihre wahre Gestalt herabwürdiget".[6] Und die Rechtfertigung lautet: „Aber hier war das Wahre selbst so schön und außerordentlich, daß es aller Vortheile, die es von der Illusion gezogen hatte, leicht entbehrte",[7] worauf dann der oben zitierte Satz die Erzählung beschließt. Desillusionierung also nicht nur der Figuren in bezug auf Wunderglauben, und Desillusionierung des Lesers nicht nur im Sinn literarischer Erwartungsenttäuschung, sondern in bezug auf während der Lektüre gehegte und durch Lektüre zu befriedigende Wunschvorstellungen, daß das Wunderbare, dessen die reale Alltagswelt sichtlich entbehrt, wenigstens in der Fiktion wahr sein möge.

3

Mutatis mutandis läßt sich dieses Prinzip auf das Genre der unechten Spuk- und Gespenstergeschichte übertragen. Nach dem Muster „Immer dieselbe Geschichte: wenn der Morgen anbricht, sieht man, daß es ein Handtuch war, aber in der Nacht hat man sich gegrault",[8] womit Fontane ein allgemeines Erfahrungsmuster auf eine ebenso anschauliche wie ironische Formel bringt, wird hier allemal ein Illusionierungs-Desillusionierungs-Prozeß dargestellt. Sei es, daß wohlkalkulierte Veranstaltungen die suggestive Vorstellung von Nichtgeheurem auslösen wie in Hebels ‚Merkwürdiger Gespenstergeschichte'[9] oder episodisch in Eichendorffs ‚Viel Lärmen um nichts'[10] oder in Launs ‚Gespensterläugner',[11] sei es, daß mangelhaftes Erkennen eines Sachverhalts zu der Annahme verleitet, daß Spukhaftes im Spiel sei, wie in Castellis ‚Drei komischen Gespenstergeschichten'[12] oder in Brentanos ‚Hexen auf dem Austerfelsen' oder in Apels ‚Schwarzer Kammer',[13] einem der reizvollsten Stücke dieser Art „Auflösungsgeschichten",[14] wo eine vermeintliche Gespenstergeschichte vorerst als echte Gespenstergeschichte in allen Einzelheiten so glaubhaft wie möglich ausgeführt wird und dann doch noch, vom „prosaischen Dämon"[15] ereilt, durch eine wiederum in sich geschlossene unechte Gespenstergeschichte, die am selben Schauplatz spielt, ihre natürliche Erklärung findet: allemal werden in diesem Genre mehr oder weniger anfällige Figuren zunächst mehr oder weniger widerwillig davon überzeugt, daß es Gespenster gebe, und schließlich durch handfeste Tatsachen in ihrem gerade erst gewonnenen oder immer schon gehegten Gespensterglauben desillusioniert.

Die Erfahrung der Figuren ist aber natürlich hier ebensowenig wie bei Wieland unmittelbar mit der Leseerfahrung in Beziehung zu setzen. In bezug auf den Rezeptionsprozeß des aufgeklärten Lesers, soweit er nicht schon von vornherein durch Titel oder Vorspruch auf die Auflösung hin gelenkt wird, ist auf den ersten Blick kaum mehr anzunehmen, als daß mit der Auflösung ein Überraschungseffekt erzielt und daß – Interesse vorausgesetzt – allgemein der literarische Reiz ausgekostet wird, der bei unechten Spuk- und Gespenstergeschichten nicht zuletzt darin besteht, daß sie mit den echten bis auf die Schlußphase konkurrieren. Wenn es jedoch richtig ist, daß die faszinierende Wirkung, die Gespenstergeschichten auch auf den aufgeklärten Leser ausüben, nicht nur literarischer Art ist, sondern letzten Endes daher rührt, daß sie „überwundene primitive Überzeugungen" bestätigen,[16] so ist zumindest nicht auszuschließen, daß es nach vorgängiger Nährung solcher Vorstellungen während der Lektüre desillusionierend wirken kann, wenn sie innerhalb der Fiktion selbst am Ende wieder zerstreut werden und wenn damit der rationale Standpunkt, den der Leser in Wirklichkeit vertritt, auch in der Fiktion triumphiert. Auf noch subtilere Weise, als Freud dies für den im vorigen Kapitel behandelten Typus der phantastischen Gespenstergeschichte im Medium realistisch dargestellter Erfahrung geltend macht, würde der Leser demgemäß durch diese Art Gespenstergeschichten genarrt: zunächst: „verraten" an seinen „für überwunden gehaltenen Aberglauben",[17] und dann genötigt, den rationalen Standpunkt wieder einzunehmen, den er gar nicht hätte verlassen müssen.

4

Desillusion als Effekt nicht nur im dargestellten Erfahrungsprozeß, sondern auch im Rezeptionsprozeß ist grundsätzlich nur als Möglichkeit anzunehmen. Der Text macht lediglich das Angebot dazu, es kommt auf den Leser an, ob er es annimmt. Bei den bisher angeführten Beispielen ist gemäß ihrer ganz besonderen stofflichen Spezifizierung nur unter ganz besonderen Bedingungen damit zu rechnen, daß der dargestellten Desillusionierung ein vergleichbarer Effekt im Leseprozeß entspricht. Ein Beispiel, in dem um so eher mit Desillusionierung auch des Lesers gerechnet werden kann, als die Stoffelemente, die vorgängig zu illusionärer Einschätzung verleiten, weniger ausgefallen sind, ist Hebbels Erzählung ‚Eine Nacht im Jägerhause',[18] die sich auch wegen ihrer komplizierten, auf doppelte Enthüllung und doppelte Überraschung angelegten Struktur für eine genauere Analyse anbietet. Sie handelt von einem Abenteuer, das zwei Studenten auf der Wanderung widerfährt. Sie geraten, im Wald verirrt, an ein einsam gelegenes Haus, das ein Jäger mit seiner alten Mutter bewohnt, und verbringen dort eine schreckenvolle Nacht. Das Haus erscheint ihnen als Räuber- und Mörderhöhle, der Jäger und die alte Frau gelten ihnen als zwielichtiges Gesindel, dem sie wehrlos ausgeliefert sind, und sie selbst sehen sich lebensgefährlich bedroht. Die erste Enthüllung ergibt, daß die Freunde durch ihre bedenkenlose Verleumdung der alten Frau die Rache des Jägers auf sich gezogen haben: „ich nahm mir vor," so erklärt der Jäger am anderen Morgen in gut Hebbelscher Spitzfindigkeit, „Sie zur Strafe für Ihren ungerechten Verdacht in der Phantasie alles Schreckliche durch empfinden zu lassen, das Sie in Wirklichkeit bei mir getroffen hätten, wenn ich gewesen wäre, wofür Sie mich halten zu dürfen glaubten".[19] Mit der zweiten Enthüllung stellt sich heraus, daß das Abenteuer gleichwohl nicht auf bloß vorgefaßte Meinung einerseits und bloß intrigante Veranstaltung andrerseits zurückzuführen ist, sondern daß unkalkulierbar Zufälliges mit im Spiel gewesen ist. Der ursprüngliche Verdacht der Freunde in bezug auf das Haus erweist sich als nach wie vor nicht ungerechtfertigt. Der Jäger, erst seit kurzem in diesem Revier angestellt, hat hier nur vorübergehend Quartier nehmen müssen; auch ihm gilt das Haus als eine „Mordhöhle",[20] nachdem er von den Freunden erfahren hat, was sie in der ihnen als Schlafstätte angewiesenen Bodenkammer entdeckt haben.

Daß die beiden Freunde sich bis zu der ersten Enthüllung ein illusionäres Bild von ihrer Situation machen, dessen illusionärer Charakter ihnen nicht bewußt ist, steht außer Zweifel. Es ist ein perfektes Trugbild, das unverzüglich vor ihnen entsteht. Nichts als plausibel erscheint es ihnen, daß das Haus eine verrufene Schenke ist („Eine Schenke ist's ohnehin, denn drüben in der Ecke stehen Flaschen und Gläser"); daß die zahnlose und einäugige Alte, die sie darin beobachten, auf Gäste wartet, von denen „schwer zu sagen“ ist, „welcher Art diese sind“; daß die Alte ihr eines Auge bei der „letzten Schlägerei“ verloren hat;[21] daß der Jäger, der sich ihnen plötzlich nähert – „kurz, gedrungen, mit Augen, die verschlagen und listig von dem Einen zum Andern wanderten, den Jägerhut tief in die Stirn hinab gedrückt“[22] –, ein Gauner ist; daß sie, „mit zudringlicher Höflichkeit“ von dem Jäger eingeladen, der „mit sonderbarer Hastigkeit“ die Tür hinter ihnen schließt und sich dann mit seiner Mutter flüsternd unterredet,[23] alles in allem in Gefahr sind, einem Verbrechen zum Opfer zu fallen. Nicht weniger plausibel fügen sich für sie die weiteren Begebenheiten in das Trugbild ein: als sie in einem alten Kalender, den sie in der Bodenkammer entdecken, den Namen eines berüchtigten, erst vor kurzem enthaupteten Mörders verzeichnet finden, folgern sie, daß sie bei dessen Sohn zu Gast sind; als ihnen ein rostiges, mit Blut beflecktes Beil in die Hände fällt, sehen sie sich in ihren schlimmen Vermutungen bestätigt; und als sie schließlich Geräusche „wie von verhalt'nen Fußtritten“ wahrnehmen, assoziieren sie die Vorstellung von „Helfershelfern“,[24] „Spießgesellen“ des „Gauners“.[25]

Daß umgekehrt der Jäger sich bis zu der zweiten Enthüllung ein illusionäres Bild von seiner Situation macht, dessen illusionärer Charakter ihm nicht bewußt ist, steht ebenso außer Zweifel. Er wähnt sich Herr über die Situation der Freunde – dank deren anfänglich vorurteilsvoller Sicht, die er sogleich durchschaut, und kraft seiner Vorspiegelungen, mit denen er sie in ihrem Vorurteil bestätigt. Beide Parteien werden dementsprechend am Ende desillusioniert: die Freunde, als sie vom Jäger erfahren, daß sie seiner Intrige aufgesessen sind; der Jäger, als er von den Freunden erfährt, daß seine Intrige nur deshalb gelungen ist, weil unkalkulierte, ihm unbekannte Umstände in die gleiche Richtung gewirkt haben.

Die Erzählung ist so angelegt, daß der Leser dazu verführt wird, sich seinerseits vorab ein falsches Bild von den erzählten Tatsachen zu machen, und daß er sich dementsprechend am Ende eingestehen muß, daß und wie sehr er während der Lektüre in die Irre gegangen ist. Vorausgesetzt, daß er der Verführung erliegt, wofür in der Tat alles spricht, kann die Illusion allerdings verschiedene Vorstellungen betreffen – je nachdem, ob er das erzählte Geschehen in Identifikation mit der Sicht der Betrachterfiguren rezipiert (Lektüre I), ob er es sowohl in Identifikation mit den Figuren als auch in perspektivischer Verlängerung der Figurenvorstellungen deutet (Lektüre II), oder ob er es in Distanz zu den Figuren beurteilt (Lektüre III).

Die erste Lesart ist die einfachste. Sie besteht ganz einfach darin, daß der Leser, wenigstens im großen und ganzen, der Strategie erliegt, mit der der Autor darauf aus ist, ihn glauben zu lassen, was die beiden Freunde glauben, und ihm nachher vorzuhalten, daß er mit ihnen in die Irre gegangen ist. Die Strategie geht jedoch noch weiter. Der Autor legt dem Leser auch irrige Deutungen nahe, mit denen er, wenn er sie aktualisiert, über ihre Schlußfolgerungen hinausgeht. Im Sinn dieser zweiten Lesart bleibt es allein dem Leser überlassen, den letzten Baustein in das trügerische Gebäude einzufügen. Die folgende Szene, deren wahrer Sinn durchschaubar ist, wenn man im vorangehenden Text die beiläufige Bemerkung des Jägers über sein krankes Pferd beachtet hat, liest sich, wenn man sie in der Perspektive der schlimmen Vermutungen der Figuren auffaßt, wie eine Mordszene: „Bald hernach hörten sie unten einen schweren Fall, wie von einem lebendigen Körper, den plötzlich ein Messerstich hinwirft. Dröhnende Schritte ließen sich vernehmen, dazwischen die näselnde Stimme des alten Weibes. ‚Wie steht's?' fragte sie. ‚Todt!' antwortete der Jäger dumpf und stieß einen Fluch aus. ‚Jesus Christus!' rief die Alte rauh und gellend. Es wurde wieder still."[26] Mit aller erzählerischen Raffinesse erspart es sich der Autor, diese Szene von den ansonst allezeit zu den übereiltesten Schlußfolgerungen aufgelegten Figuren kommentieren zu lassen – aus der Situation heraus heißt es lediglich: „Die Freunde wußten nicht, was sie aus dem Vorgang machen sollten."[27] Der Autor stellt damit dem Leser eine Falle. Während der identifikationsbereite Leser sich in bezug auf die anderen Szenen nachträglich immerhin darauf berufen kann, daß er zusammen mit den Figuren in die Irre gegangen ist, geht der Irrtum in bezug auf diese Szene ganz auf seine eigenen Kosten, falls er die Szene als Mordszene gelesen hat.

Die Szene muß aber, wie angedeutet, nicht zwangsläufig in diesem Sinn gelesen werden, und ebensowenig muß die ganze Erzählung zwangsläufig in Identifikation mit den Figuren gelesen werden, so sehr immer die Strategie des Autors darauf aus sein mag. Die dritte Lesart besteht darin, das erzählte Geschehen gleichsam gegen den Strich, in Distanz zu den Figuren, zu rezipieren, indem man nicht deren Beobachtungen folgt und schon gar nicht die Schlußfolgerungen teilt, die sie daraus ziehen, sondern gerade das beachtet, was ihnen entgeht, und insbesondere die Art und Weise berücksichtigt, wie die erzählten Begebenheiten vermittelt werden. Einer solchermaßen aufmerksamen Lektüre dürfte sich beispielsweise der wahre Sinn jener Szene schon vor ihrer Erklärung im späteren Text erschließen. Aber auch dieser reflektierteren Rezeptionsweise kommt der Autor mit einer Strategie entgegen, die den Leser gleichfalls auf falsche Fährten verlockt. Sie läuft im wesentlichen darauf hinaus, ihn glauben zu machen, daß alles, was die beiden Freunde in Wirklichkeit zu erleben meinen, nur in ihrer Phantasie existiert. Verführerisch in diese Richtung weisen vor allem zwei kleine, streng parallel gebaute Szenen, die Illusion und Desillusion in der Sicht der Figuren unmittelbar aufeinander folgen lassen. Die eine ist, gleichsam als (trügerisches) Vorzeichen, dem eigentlichen Abenteuer vorangestellt: „ ‚Wer da?' rief Adolph und stand auf einmal still. Es erfolgte keine Antwort. ‚Ich meinte Fußtritte hinter uns zu hören!' sagte er dann. ‚Man verhört sich leicht!' entgegnete Otto."[28] Die andere wiederholt dasselbe Muster in teilweise wörtlichem Anklang innerhalb des nächtlichen Abenteuers: „Ein Schuß fiel. Gleich darauf entstand ein sonderbares Geräusch vor dem Dachfenster. ‚Wer da?‘ rief Adolph und leuchtete mit der Lampe hin. Er brach in lautes Lachen aus, denn er erblickte das philisterhaft-vernünftige Gesicht eines Katers, der, wahrscheinlich durch den Schuß erschreckt und vom Licht angezogen, empor gekrochen war . . .“[29] Beide Szenen leisten der vorgängigen Auffassung Vorschub, daß es sich mit dem ganzen Abenteuer nicht anders verhalte: daß die Figuren auch hier nur Opfer ihrer vorgefaßten Meinung werden, daß es mit dem, was sie wahrnehmen, in Wirklichkeit nichts oder nichts Besonderes auf sich habe. In dem Maß aber, wie diese Auffassung sich verfestigt, wird der Anteil, den die Intrige des Jägers an dem Abenteuer hat, ebenso verkannt wie bei der ersten und zweiten Lesart, und das bedeutet, daß auch der distanzierte Leser, der seine Sicht nicht in Identifikation mit den Figuren auf die Bahnen des erzählten Geschehens beschränkt, sondern zugleich Elemente des erzählenden Textes berücksichtigt, bei aller Distanziertheit in derselben Weise durch die erste Enthüllung überrascht und desillusioniert wird wie der naive Leser. Hat dieser den Aktionen des Jägers – im Konsens mit den Freunden – zu viel Bedeutung beigemessen, nämlich schlimme, so hat jener ihnen umgekehrt zu wenig Bedeutung beigemessen, nämlich gar keine.

In bezug auf alle drei Lesarten ist schließlich ein weiterer Desillusionseffekt durch die zweite Enthüllung anzunehmen. Jedenfalls dann, wenn die erste Enthüllung bei aller Desillusionierung vorheriger Vorstellungen die neuerliche Illusion erzeugt haben sollte, daß mit der Eröffnung der Intrige nunmehr alles erklärt sei, daß das Abenteuer lediglich aus einem Zusammenwirken von vorgefaßter Meinung der Freunde und intriganter Veranstaltung des Jägers bestanden habe. Eben diese Illusion wird durch die zweite Enthüllung zerstört, mit der sich am Ende ergibt, in welcher auch nachträglich schwer zu entwirrenden Weise in diesem Abenteuer Phantasie, Intrige und Zufall einander durchdrungen haben. Konkretisieren läßt sich dies besonders an der in den einzelnen Lesarten verschiedenen und jeweils innerhalb des Leseprozesses wechselnden Einschätzung des Jägerhauses. Der ersten und zweiten Lesart gilt es in der Rätselphase – im Konsens mit den beiden Freunden – als Räuber- und Mörderhöhle, im Augenblick der ersten Enthüllung jedoch als nichts weiter Besonderes als ein Jägerhaus – in eben dem Maß, wie sich hier herausstellt, daß es mit dem Bewohner des Hauses, dem vermeintlichen Gauner, nichts Besonderes auf sich hat. Der dritten Lesart gilt das Haus von vornherein als harmloses Jägerhaus, was sich dann durch die erste Enthüllung zu bestätigen scheint. In allen drei Lesarten werden also durch die zweite Enthüllung mit dem Erweis, daß das Haus tatsächlich nicht unverdächtig ist, falsche Vorstellungen entlarvt und korrigiert.

Die Möglichkeit einer Lektüre, bei der jeglicher Desillusionseffekt ausbleibt, soll indessen nicht ungeprüft bleiben. Sie würde voraussetzen, daß die Erzählung keinerlei Überraschungen bereit hielte und daß sich die Lösung des komplexen Rätsels, das die Erzählung aufgibt, vor ihrer Preisgabe im Text finden ließe. Beides ist in der Tat wenigstens theoretisch nicht auszuschließen. Die Erzählung ist in ihrer Endfassung eine echte Rätselerzählung. Wie eine klassische Rätselaufgabe, enthält und verbirgt sie in ihrer Rätselphase die Lösung. Sie verbirgt sie allerdings dermaßen perfekt, daß sie sich praktisch kaum entschlüsseln läßt. Den Umstand, daß der Jäger mit den Freunden sein Spiel treibt, hieb- und stichfest zu erraten, würde etwa das Kunststück erfordern, in dem Satz: „Ei nun – versetzte der Jäger spöttisch – eine Waldschenke hat bei Nacht den meisten Zuspruch!“[30] nicht etwa eine Bestätigung für die anfängliche Mutmaßung der Freunde zu sehen, daß sie sich in einer Schenke befinden, und in dem Zusatz „spöttisch“ nicht etwa nur die hämische Belustigung des Jägers über die Furcht der beiden, in eine Räuberhöhle geraten zu sein. In der Aufnahme des Stichworts „Waldschenke“ gälte es vielmehr ein ironisches Zitat des Jägers aus dem vorangehenden Gespräch der Freunde zu erkennen, bei dem diese unter sich zu sein glaubten, während der Jäger unfreiwillig Ohrenzeuge war, und das Stichwort „spöttisch“ gälte es zugleich als Signal für diese Ironie aufzufassen. Aber selbst wenn aufgrund dieser und ähnlicher Zeichen die Intrige erraten wäre, so wäre doch damit das ganze Rätsel, das die Erzählung aufgibt, noch nicht gelöst. Denn dazu bedürfte es außerdem der Einsicht, daß das Haus, das der Jäger bewohnt, nicht sein eigenes Haus ist, daß es jedenfalls keinerlei Rückschlüsse auf ihn und sein Verhalten erlaubt. Auch dieser Umstand ist zwar in der Rätselphase verschlüsselt, aber er ist es auf noch unauffälligere Art als die Intrige. Halbwegs ablesbar ist dem Text lediglich eine gewisse Unvertrautheit des Jägers mit dem Haus, und artikuliert wird dies lediglich durch den unscheinbaren – in der Endfassung der Erzählung erst hinzugekommenen – relativierenden Zusatz „wie ich glaube“ zu der Rede des Jägers, als er den Freunden erklärt: „Das Fenster hat die Klinke nur zum Staat, es ist von außen vernagelt, auch sind eiserne Stangen angebracht, wie ich glaube“.[31] Die Möglichkeit, daß der Leser das Rätselspiel vorzeitig durchschaut und damit am Ende von der doppelten Enthüllung nicht überrascht und desillusioniert wird, sondern nur bestätigt bekommt, daß er richtig geraten hat, ist also, wie nach alledem deutlich geworden sein sollte, praktisch äußerst unwahrscheinlich und kann daher außer Betracht bleiben.

5

Mit dem Nachweis, daß der analytischen Form in dieser oder in anderen Erzählungen desillusionierende Funktion zukommt, ist freilich noch nicht eben viel gesagt. Mehr noch als die bisher behandelten Funktionen bedarf die Desillusionierung als Funktion analytischen Erzählens ihrerseits einer differenzierten Funktionsbestimmung. Das liegt vor allem daran, daß diese Funktion grundsätzlich einen kritischen Akzent hat. Illusion ist etwas, das notwendig dem Verdikt (des Autors wie des Lesers) verfällt, und Desillusionierung hebt dementsprechend nicht einfach nur ein vorgängiges Trugbild auf, sondern verschafft zugleich Einsicht in die Mechanismen, die es haben entstehen lassen. Das gilt jedenfalls für den dargestellten Prozeß: die Figuren gewinnen Einsicht in ihre Irrtümer und ziehen Konsequenzen daraus.

In Hebbels Erzählung läßt sich der Sinn des Prozesses, dem die Figuren unterworfen werden, unschwer ablesen. Desillusionierung versteht sich hier als moralische Kritik, die im Fall der beiden Hauptfiguren zugleich eine nicht zu übersehende soziale Komponente hat. Die Kritik trifft speziell die vorurteilsvolle, unbedenklich moralisch disqualifizierende Auffassungsweise, mit der die „vornehmen Herren“, wie es in der Vorfassung heißt, solche, die „von dem Holz sind, aus dem man Geheimeräthe schnitzt“, wie dann in der Endfassung konkretisiert wird,[32] den armen Leuten begegnen, und sie gilt allgemein der fraglosen Annahme einer Korrespondenz von Außen und Innen, Milieu und Charakter. Die Freunde werden darüber belehrt, daß sie voreilig und allzu selbstverständlich von äußerem Anschein auf innere Haltung geschlossen haben: von der Häßlichkeit der Alten auf ihre Bösartigkeit; von der listigen Verschlagenheit, die nur sein aktuelles Gebaren meint, Ausdruck seines Racheplanes ist, auf den Charakter des Jägers; und vor allem von der Behausung auf die Bewohner.

Die Kritik des Autors trifft aber auch die Haltung des Jägers. Und dies nun in einer Weise, die die Kritik an der Haltung der Freunde wenn nicht gänzlich aufhebt, so doch stark relativiert. Was als Schauergeschichte beginnt und dann in eine Intrigengeschichte umschlägt, schlägt weiterhin nicht nur in eine moralische, sondern schließlich in eine Schicksalsgeschichte um. Müssen die Freunde erkennen, daß sie sich mit ihrem ungerechten Verdacht der mutwilligen Verleumdung schuldig gemacht haben, so muß der Jäger erkennen, daß er sich mit seinem Versuch, Schicksal zu spielen, der mutwilligen Selbstüberhebung schuldig gemacht hat. Als er erfährt, daß die Freunde auch den abgerissenen und dadurch mißdeutbaren Wortwechsel über den Tod des Pferdes mitgehört haben, nimmt er dies noch als einen „Zufall“, der ihm bei seiner Absicht, die Freunde „durch Zweideutigkeiten aller Art zu den schlimmsten Vermuthungen aufzuregen“,[33] ungebeten zu Hilfe gekommen ist; als er jedoch von den Freunden gefragt wird, ob er denn etwa nicht der Sohn jenes berüchtigten Mörders sei, dessen Namen sie in dem alten Kalender verzeichnet gefunden haben, zeigt er sich „entsetzt“.[34] Er erkennt seine Hybris, bereut seinen Mutwillen und die Erzählung schließt folgerichtig mit der Aufforderung, sich „gegenseitig zu vergeben“.[35]

Die Erzählung variiert mit alledem ein bei Hebbel immer wieder anzutreffendes Grundmuster, das Verstellung und Verkennung miteinander verschlingt und auf satirische Entlarvung ebenso wie auf Demonstration schicksalhafter Unverfügbarkeit des Handelns angelegt ist. Sein Tagebuch enthält sattsam Beispiele dafür. Etwa: „Einer schwört einen falschen Eid, aber nur in seiner Einbildung, denn er hat sich über die Sache getäuscht, sie verhält sich, ohne daß er's weiß, so, wie er's beschwört."[36] Oder: „Der katholische Pfarrer auf dem Lande, mit einer Bordellwirthin zusammen treffend, die er natürlich für eine ordentliche Tante ihrer Nichten nimmt, von ihr zur Einkehr in der Stadt eingeladen, wirklich kommend und nach dem Frühstück in geistlichem Talar aus dem Fenster sehend, von den Buben verhöhnt, ohne zu wissen warum!"[37] Oder: „Einer wird ermordet. Er lebt noch, wie man ihn findet, er sagt aus, daß er den Mörder gekannt, will ihn aber nicht nennen, weil er nicht will, daß seinetwegen Jemand sterben soll. Das wird anders ausgelegt nach seinem Tode, man glaubt, es sey Einer seiner Freunde pp. gewesen, Nebenumstände häufen sich, und ein Unschuldiger muß sterben."[38] Oder: „Die Zeitungen melden: Ein Geizhals liegt todtkrank darnieder und erfährt von seinem Arzt, es sey keine Rettung. Er steht auf, verbrennt sein ganzes Vermögen (ungefähr 100000 rth. in Papieren), legt sich wieder hin und fällt in tiefen Schlaf. Als der Arzt ihn wieder sieht, sagt er ihm, die Krisis sey vorbei und Nichts mehr zu fürchten. Er erhenkt sich. Wunderbar-herrlicher Humor der Nemesis."[39] Die Erzählung ‚Eine Nacht im Jägerhause' läßt sich, auf ihr Grundmodell reduziert, unschwer in diese Reihe einfügen. Sie beruht auf der Kombination der beiden Vorgänge: „Einer meint, einem Verbrecher ausgeliefert zu sein, und fällt in Wahrheit nur einem Streich zum Opfer" und „Einer meint, einem anderen vorzuspiegeln, daß er sich in einer Räuberhöhle befinde, und das Haus ist wirklich eine Räuberhöhle".

Begreift man diese Vorgänge interpretatorisch als die Substanz der Erzählung, so besteht ihre Intention offenbar darin, die Einsicht zu verschaffen, daß menschliches Auffassen und Handeln einerseits zwar sozialen Bedingungen unterliege, andrerseits aber letzten Endes unverfügbar, weil von Zufall und Schicksal abhängig sei. Es läßt sich nun nicht leugnen, daß die Erzählung um dieser ihrer Intention willen der analytischen Form nicht bedarf. Sie würde in synthetischer Form auf dasselbe hinauslaufen, da der dargestellte Fall für sich genommen, unabhängig von seiner Vermittlung, schon exemplarisch genug ist. Ebensowenig aber ist zu leugnen, daß die analytische Form für die Wirksamkeit jener Einsicht eine nicht unerhebliche Rolle spielt. Durch die Form entzieht der Autor dem Leser bis zum Ende nicht nur die materiellen Voraussetzungen und Zusammenhänge des erzählten Geschehens, sondern auch die Prämissen der hier dargestellten Wirklichkeitsauffassung, und das heißt nicht zuletzt: er entzieht sie bis zum Ende der Kritik des Lesers. Die Einsicht, die hier im Prozeß von satirischer Entlarvung gesellschaftlich bedingter Vorurteile zur Aufhebung dieser konkreten Satire in allgemeiner Menschheitssatire gewonnen werden soll, gerät dadurch, daß der Autor den Leser sie im Leseprozeß selber finden läßt, um so suggestiver. Das im Sinn des Autors kritische Verfahren als Kritik an der Haltung der Figuren und damit auch an der Haltung des Lesers, der sich mit ihrer Sehweise identifiziert, schließt aber natürlich die Kritik aus der distanzierten Position dem Werk als Ganzem gegenüber nicht aus. Nur wer die hier dargestellte Wirklichkeitsauffassung teilt, wird die Form, in der sie vermittelt wird, positiv als angemessene Argumentationsform einschätzen können. Wer sie nicht teilt, wird die provozierte Leseerfahrung negativ als verführerische Einübung in Fatalismus beurteilen und die analytische Form, die dem dienstbar gemacht wird, als Überredungsform.

Schlußbemerkung

Die vorliegende Untersuchung hat sich auf die Erörterung zweier Grundfragen konzentriert. „Was ist analytisches Erzählen generell?", lautete die eine; „was leistet analytisches Erzählen in der Regel?", die andere. Auf die erste Frage ergab sich ein dreifach spezifiziertes idealtypisches Modell, das die formalen Möglichkeiten analytischen Erzählens unter den Aspekten der Handlung, der Darstellung und der Mitteilung im Spielraum jeweils zwischen zwei Extremen einer Typenskala formuliert. Die zweite Frage wurde mit Hilfe eines Katalogs typischer Funktionen zu beantworten versucht, der von allgemeinen gegenstandsunabhängigen bis zu relativ allgemeinen gegenstandsabhängigen Funktionen reicht und der sowohl organisationstechnische und rezeptionsbezogene Funktionen wie Artikulations- und Argumentationsfunktionen umfaßt. Zum Beschluß ist dazu Stellung zu nehmen, was mit derartigen Bemühungen um Strukturerkenntnis allgemein zu gewinnen ist und wie sie sich in den literaturwissenschaftlichen Erkenntnisprozeß einordnen.

Zu gewinnen ist die genauere Kenntnis von Textmustern und ihren Implikationen, und was deren praktischen Wert betrifft, so kommen, wie mir scheint, vor allem vier Richtungen, bzw. Praktiken der Literaturwissenschaft in Betracht, die daraus Nutzen ziehen können. Zunächst die Textbeschreibung: bei ihren Versuchen, das Einmalige, ganz Besondere ihres Gegenstandes herauszuarbeiten, kann es ihr nur gelegen kommen, wenn sie das Besondere vom Allgemeinen abheben kann oder wenigstens nicht Gefahr laufen muß, Allgemeines für Besonderes anzusehen. In bezug auf analytisch strukturierte Texte würde die Kenntnis schon des formalen Musters beispielsweise davor bewahren, das hier gängige Vokabular aus dem Sinnbezirk des Rätselhaften und Geheimnisvollen für autorspezifisch oder werkspezifisch zu halten. Weiterhin dürfte die Kenntnis des Allgemeinen und Gängigen in diesem Zusammenhang in bezug auf solche Texte von Vorteil sein, die das analytische Schema nur scheinbar befolgen und den Leser am Ende dadurch irritieren, daß sie das zentrale Rätsel gerade nicht lösen, sondern erst recht zum Rätsel machen – wie schon Hoffmann im ‚Ritter Gluck' verfährt, auch Fontane (im ‚Karrenschieber von Grisselsbrunn'), besonders aber Autoren im 20. Jahrhundert. Auf vergleichbare Art dürfte, zweitens, die Kenntnis von Textmustern für die Gattungsforschung nutzbar sein, der es darauf ankommen muß, das Besondere ihres jeweiligen Gegenstandes gegen strukturell Allgemeines abzusetzen, Gattungsspezifisches gegen Erzählspezifisches – im vorliegenden Fall etwa in bezug auf den Detektivroman spezifisch „detektivisches" gegen analytisches Erzählen. Zum dritten scheint mir die Kenntnis zumal von leserbezogenen Textmustern eine wichtige Rolle für die empirische Rezeptionsforschung zu spielen. Da die Rezeption weder gänzlich vom Text diktiert wird noch gänzlich in das Belieben des Lesers gestellt ist, sondern sich im Spannungsfeld zwischen Textangebot und Leserfreiheit vollzieht, wird es bei der Ermittlung von Leseverhalten immer wieder darauf ankommen, bei der Beurteilung einzelner Leserreaktionen in Rechnung zu stellen, was davon schon zu den Vorgaben des Textes gehört. Im vorliegenden Fall wäre das beispielsweise die konstitutive Mehrdeutigkeit, in der prinzipiell alle Details in der Phase zwischen Rätsel und Lösung erscheinen. Wenn daher Leserurteile über Figuren und Sachverhalte, die in diesem Rahmen gezeigt werden, beträchtlich differieren würden, so läge das nicht an den Lesern, sondern am Text. Für die Zwecke empirischer Rezeptionsforschung bedürfte es allerdings, was das hier konzipierte Modell analytischen Erzählens angeht, mannigfacher inhaltlicher wie historischer Spezifizierungen, da die Form natürlich immer nur in Verbindung mit ihren jeweiligen Inhalten und im historischen Kontext einen praktisch relevanten Rezeptionsfaktor darstellt. Viertens schließlich – und das ist zweifellos der wichtigste Aspekt der Sache – dürfte es die Interpretation einzelner Texte erleichtern, wenn dabei auf die Kenntnis von Textmustern und ihren Implikationen zurückgegriffen werden kann. Wenn auch die in der vorliegenden Abhandlung im Rahmen der Erzähltheorie verfolgte, durch bloße Form- und Funktionsbeschreibung einzulösende Frage, was analytisches Erzählen allgemein bzw. in der Regel kennzeichnet, kategorial geschieden ist von der nur im Rahmen der Textinterpretation zu erörternden Frage, wodurch sich die Verwendung der Form im jeweils zur Diskussion stehenden Fall erklärt, so ist damit doch nicht ausgeschlossen, daß die durch Funktionsbeschreibung gewonnenen Resultate immer wieder auch als mehr oder weniger zureichende Erklärungsgründe für die Verwendung der Form gelten können. So dürfte sich die Verwendung der analytischen Form in den weitaus meisten Fällen durch den Hinweis auf ihre Spannungsfunktion erklären, deren Erklärung wiederum in nichts anderem als dem damit erreichten Unterhaltungswert der Erzählung zu suchen sein wird.

Die besondere Funktion, die der theoretischen Herausarbeitung einzelner Textmuster und ihrer Implikationen im literaturwissenschaftlichen Erkenntnisprozeß zukommt, ist damit schon angedeutet. Sie besteht einerseits darin, daß im Fortschritt von Formbeschreibung zu Funktionsbeschreibung ein Weg angebahnt wird, der unter Einbeziehung weiteren – formal verschiedenen, funktional gleichartigen – Materials weiterzuführen hätte zur Funktionserklärung und damit wiederum unter Einbeziehung ganzer Textgruppen schließlich über die Grenzen literaturimmanenter Betrachtung hinaus zur Frage nach der Funktion von Literatur im jeweiligen historischen Kontext. Andrerseits besteht die Funktion der Theorie darin, daß sie der Praxis der historischen und kritischen Interpretation ein spezifisches Instrument an die Hand gibt. Die komplexe Interpretationsfrage, die sich aus der hier vorgelegten Theorie ergibt, lautet allgemein, welche Inhalte zu welchen Zeiten, aus welchen Gründen und zu welchen Zwecken nicht synthetisch, sondern analytisch erzählt werden, und wie das jeweils einzuschätzen ist. Im theoretischen Zusammenhang konnte dazu in den letzten Kapiteln bei der Abhandlung zunehmend spezieller Funktionen analytischen Erzählens gelegentlich schon, wenn auch nur exemplarisch, Stellung genommen werden, immer dann nämlich, wenn die Illustration einer erzähltheoretischen These an einzelnen Texten, wobei diese nur als Anschauungsmaterial dienen konnten, im Prinzip schon auf dasselbe hinauslief wie die – freilich nur unter einem sehr speziellen Aspekt vorgenommene – Interpretation der betreffenden ausgewählten Texte selbst. Auf dem Weg von der Erarbeitung abstrakter Strukturerkenntnis zur Herausarbeitung konkreter Texterkenntnis und weiterhin zu deren kritischer Verarbeitung ist die Theorie nur der erste, grundlegende Schritt.

Anmerkungen

Voraussetzungen

1 Poe, Tales, S. 255 ff.
2 Maupassant, S. 13 f.
3 Ausdruck von Baudelaire, vgl. Killy, S. 125, 143.
4 Koopmann, S. 509 f.
5 Ludwig, Studien, Bd 2, S. 100 f. – Vgl. ebd., S. 130 ff. – Dieselbe technische Erscheinung wird auch mit einer ganzen Reihe anderer Namen bezeichnet: „regressiv" (so z. B. Koopmann, neben „analytisch"; vgl. auch Lawson: „‚regressiv' bedeutet ... ‚analytisch'" [S. 36]); „invertiert oder rückläufig, weil ... gegen den Strich" (Alewyn, Anatomie, S. 374); „Bericht gegen den Strom" (Butor, Zeitplan, S. 202; „récit à contre-courant", L'Emploi, S. 171); oder auch „detektivisch" und „detektorisch" (vgl. dazu die folgende Anm.).
6 Es handelt sich dabei vor allem um die verschiedenen Versuche, die Erzählweise, die in der Detektivliteratur dominierend verwendet wird, auf allgemeinere Modelle zurückzuführen, sei es auf das Prinzip Verrätselung und Enträtselung (Jolles), sei es auf das Schema Geheimnis und Aufdeckung (Alewyn), oder auf das „Entlarvende, Aufdeckende" oder „Detektivische" (Bloch). Den bisher umfangreichsten Beitrag zu diesem Themenkomplex hat Schönhaar geliefert (‚Novelle und Kriminalschema'). Er gründet sein Modell auf die Lämmertschen Kategorien „aufbauende Rückwendung" und „auflösende Rückwendung" und ist auch daran interessiert, „dieses Kriminalschema" oder „detektorische" Schema, wie er es im Anschluß an Bloch genauer bezeichnet, „als ein Grundmuster des Erzählens aufzuzeigen" (S. 9), schränkt seinen systematischen Ansatz jedoch dadurch wieder ein, daß er es „in seiner formkünstlerischen Eigenart – also unabhängig von allen trivialen Klischees – ... erfassen" will (ebd.) und zudem nur als Novellenschema gelten läßt. Analytisches Erzählen, wie es in der vorliegenden Abhandlung begriffen wird, überschneidet sich mit dem, was Schönhaar detektorisches Erzählen nennt, teilweise in kompositorischer Hinsicht sowie in kommunikativer Hinsicht (welcher Aspekt bei Schönhaar allerdings nur implizit geltend gemacht wird).
7 Vgl. A. W. Schlegel, Kunstlehre, S. 11 f.
8 Vgl. dazu bes. Todorovs Unterscheidung zwischen „historischen" und „systematischen" Gattungen (Fantastische Literatur, S. 22), Lämmerts Unterscheidung zwischen historischem „Gattungsbegriff" und systematischem „Typusbegriff" (Bauformen, S. 9 ff.), sowie Stanzels Abgrenzung von „historischen Formen des Romans" gegen „Romantypen" als „gedankliche Konstruktionen" (Typische Formen, S. 8).
9 Die zunehmende Beliebtheit des Musters dürfte im Zusammenhang mit der Entstehungsgeschichte der modernen Sensations- und Unterhaltungsliteratur zu sehen

sein. – Es versteht sich, daß es eine geschichtliche Darstellung allein des Musters nicht geben kann, weil dazu bei zu viel Stoff die Basis zu schmal ist. (Zur Frage der historischen Darstellbarkeit von Kleinformen vgl. Müller-Seidel, Versehen und Erkennen, S. 24.) Genetische Untersuchungen sind allenfalls im engeren Rahmen der Gattungsgeschichte möglich – etwa derart, wie Schönhaar den Prozeß der Umgestaltung der Erzählweise in der Kriminalgeschichte im einzelnen verfolgt hat; für das „detektorische Erzählen" findet er das erste bewußt formulierte Programm in Richers Bearbeitung des alten Pitaval (1768–70) und die ersten praktischen Realisierungen in Meißners ‚Skizzen' (3. Aufl. 1792–96) (vgl. Schönhaar, S. 60ff.). – Alewyn hat den Spielraum für die Entstehung der Großform „Geheimnisroman" durch einen summarischen Vergleich zwischen ‚Tom Jones' (1749) und ‚Oliver Twist' (1837–38) sinnfällig gemacht: in beiden Fällen spätere Enthüllung der Vorgeschichte des Helden, bei Dickens bereits nach dem inzwischen gängigen Muster des Schauerromans als Ergebnis eines von Geheimnissen durchsetzten Erzählstrangs, bei Fielding noch nach dem vom griechischen Roman bis zum Barockroman traditionellen Schema im Rahmen einer Abenteuerserie allenfalls als Überraschung, nicht aber als Einlösung eines für die längste Strecke der gespannten Erwartung des Lesers ausgesetzten Aufschlusses (Anatomie, S. 380).

10 Vgl. dazu Schramke, Theorie, S. 15ff.

11 Vgl. Forster, Ansichten, S. 92f. – Forster stellt der allein durch die Zeitfolge bestimmten „Geschichte" die durch den Kausalzusammenhang charakterisierte „Fabel" gegenüber und begreift bei deren Veranschaulichung durch zwei Beispiele die kompliziertere Form („Fabel, die ein Geheimnis birgt") lediglich substantiell: als ‚kompliziertere' Fabel, nicht technisch, was ebensowohl möglich wäre, als ‚komplizierter erzählte' Fabel. Vgl. dazu Kap. 2 dieser Arbeit.

12 Vgl. Naumann, Gesellschaft, S. 85.

13 So z. B. Lämmert, Bauformen, S. 186.

14 Vgl. Ludwig, Studien, Bd 2, S. 82.

15 E. Frenzel, Art. Kriminalgeschichte, in: RL, ^{2}1956, Bd 1, S. 896.

16 Bloch, S. 51.

17 So Alewyn, Anatomie, S. 384ff.

18 Schiller an Goethe, 2. 10. 1797. – Briefwechsel, S. 480.

19 Vgl. Meske, Schicksalskomödie, bes. das Kap.: Das Geheimnis und die Erwartung.

20 Vgl. Kap. 8 dieser Arbeit (zu Eichendorff).

21 Vgl. Kap. 3 dieser Arbeit (zum Begriff Rätsel) sowie Kap. 11 (zu Hauff).

22 Zur Differenzierung zwischen den drei Arten des Leserbegriffs in der neueren Rezeptionsforschung vgl. Naumann, Gesellschaft, bes. S. 53.

23 Vgl. Lämmert, Bauformen, S. 256, Anm. 5.

1. Kapitel

1 Butor, Zeitplan, dt. Übers., S. 202. – Frz. Original (S. 171): „. . . que, dans le roman policier, le récit est fait à contre-courant, puisqu'il commence par le crime, aboutissement de tous les drames que le détective doit retrouver peu à peu, ce qui est à bien des égards plus naturel que de raconter sans jamais revenir en arrière, d'abord le

premier jour de l'histoire, puis le second, et seulement après les jours suivants dans l'ordre du calendrier ..., dans le roman policier le récit explore peu à peu des événements antérieurs à celui par lequel il commence, ce qui peut déconcerter certains, mais qui est tout à fait naturel, puisque, dans la réalité, c'est évidemment seulement après l'avoir rencontré que nous nous intéressons à ce qu'a fait quelqu'un, puisque dans la réalité, trop souvent, c'est seulement lorsque l'explosion du malheur est venue troubler notre vie que, réveillés, nous recherchons ses origines." – Ähnlich argumentiert Uwe Johnson im Gespräch mit Reinhard Baumgart in bezug auf seine ‚Mutmaßungen über Jakob'. Die Schwierigkeiten, die dieses Buch offenbar manchen Lesern mache, seien nicht in der Erzählweise, sondern in der „Geschichte" begründet. Er legt den Akzent nicht auf das Verfahren, in Erinnerungen und Gesprächen so viel wie möglich über das Leben des Titelhelden zu vermitteln, sondern auf den Ablauf der Begebenheiten nach dem Tod Jakobs: „Das schien mir ein natürlicher Ablauf" (Koch, Selbstanzeige, S. 53f.). Vgl. auch den Anhang zur Taschenbuchausgabe von Johnsons ‚Zwei Ansichten', S. 116f.

2 Ludwig, Studien, Bd 2, S. 82.

3 Hoffmann, Bd 1, S. 461.

4 Grillparzer, 1. Abt., Bd 13, S. 40.

5 Fontane, Bd 4, S. 134.

6 Canetti, Verehrung, S. 102f. – Dort auch die folgenden Zitate.

7 Hoffmann, Bd 1, S. 461.

8 Ebd., S. 462.

9 Grillparzer, 1. Abt., Bd 13, S. 43.

10 Ebd., S. 44.

11 Fontane, Bd 4, S. 136.

12 Hoffmann, Bd 1, S. 462.

13 Ebd.

14 Ebd., S. 463.

15 Ebd., S. 467.

16 Ebd., S. 467. – Es ist dies übrigens ein Rätsel, über das die Erzählung auch am Ende nicht hinausgelangt. Auch nach der Eröffnung der Vorgeschichte, die im Sinn der analytischen Erzählkonstruktion das Klärungsmoment bildet, stellt sich nichts Deutlicheres heraus: Einerseits ist niemand anders als die alte Angelika die Bewohnerin des öden Hauses, und alle mitgeteilten Fakten sprechen dafür, daß Theodor bei seinen Beobachtungen niemand anders als sie gesehen hat; andrerseits ist das Bild, das Theodor bei seinen Beobachtungen des Hauses offenbar im Spiegel aufgefangen hat und das ihm dann selbst an anderem Ort gespenstischerweise aus dem Spiegel entgegenblickt, wofür er in Dr. K. sogar einen Zeugen hat, kein anderes als das der jungen Edmonde, die er in Wirklichkeit erst später kennenlernt. Die Erzählung läßt dieses Rätsel in aller Entschiedenheit ungelöst. Theodor hält es, wie er am Ende bemerkt, „für ganz unnütz, mich nun noch darüber etwa zu verbreiten, in welchem geheimen Verhältnis Angelika, Edmonde, ich und der alte Kammerdiener standen, und wie mystische Wechselwirkungen ein dämonisches Spiel trieben" (S. 487f.). Die Erzählung geht zwar von der Wahrnehmung rätselhafter Erscheinungen aus und sie geht auch zu deren Analyse über, das Hauptinteresse liegt jedoch auf dem, was sich nicht mehr analysieren läßt. Sie ist gerade darauf aus, mithilfe der

Erklärung einzelner Teile andere Teile als unerklärlich hinzustellen. Dementsprechend bildet der äußere Erfahrungsprozeß, auf den bei der Darlegung der konstitutiven und typischen Momente analytischen Erzählens allein Rücksicht genommen wird, nur den Anstoß für einen inneren Erfahrungsprozeß, in dem sich auf romantische Weise subjektive Vision und magische Ausstrahlung des erfahrenen Objekts unauflösbar verbinden.

17 Grillparzer, 1. Abt., Bd 13, S. 41f.

18 Ebd., S. 43.

19 Fontane, Bd 4, S. 169.

20 Denselben Zug betont Pütz (Zeit im Drama, S. 205) in bezug auf das analytische Drama: „Es ist charakteristisch für die dramatische Analyse, daß sie nicht zügig fortschreitet, sondern durch Hindernisse und Mißverständnisse verzögert wird."

21 Grillparzer, 1. Abt., Bd 13, S. 42.

22 Fontane, Bd 4, S. 250.

23 Grillparzer, 1. Abt., Bd 13, S. 50.

24 Vischer, Auch Einer, Bd 1, S. 27.

25 Vgl. Jolles, Einfache Formen, S. 148: „. . . Verbrecher, der sich und seine Verbrechen verrätselt . . ."

2. Kapitel

1 Vgl. Lämmert, Bauformen, S. 44 u. ö.

2 Hoffmann, Bd 1, S. 413–438. – Die Erzählung gliedert sich in drei Hauptabschnitte. Rahmen I: S. 413–424; Binnenerzählung: S. 424–437; Rahmen II: S. 437f.

3 Hoffmann, Bd 1, S. 459–488. – Die Gliederung orientiert sich an den Stationen der erzählten Zeit. Szene 1 (S. 461f.): Theodors erste Betrachtung des öden Hauses. Szene 2 (S. 462f.): Begegnung mit Graf P. und vorläufige Aufklärung durch diesen. Szene 3 (S. 463f.): Eindrücke, als Theodor flüchtig eine Frauengestalt am Fenster bemerkt. Szene 4 (S. 464–468): Erkundigung beim Konditor. Szene 5 (S. 468f.): Vision. Szene 6 (S. 469f.): Vorstoß zum Haus, Befragung des Hausverwalters. Szene 7 (S. 470–472): Blick durch den Spiegel. Szene 8 (S. 472–474): Zauber im Spiegel. Szene 9 (S. 474–476): Konsultation Dr. K.s, Bestätigung des Zaubers. Szene 10 (S. 476–479): Abendgesellschaft, Gespräch über Magnetismus, Beispielerzählung. Szene 11 (S. 479–481): Vorstoß ins Haus, Desillusion. Szene 12 (S. 481–483): Gesellschaft, Begegnung mit Edmonde. Szene 13 (S. 483–487): Besuch bei Dr. K., Eröffnung der Vorgeschichte durch diesen. Szene 14 (nur in Form des gerafften Berichts, S. 488): Theodors Mutmaßung über den Zeitpunkt von Angelikas Tod. – Gliederungssignale sind in der bekannten Manier E. T. A. Hoffmanns meist formelhaft gegeben: „eines Tages" (Szene 1, 2, 3), „einst" (Szene 6, 8, 10), „noch in selbiger Nacht" (Szene 5), „den andern Tag" (Szene 7), „später" (Szene 12).

4 Die Vorgeschichte (ebd., S. 483–487) beginnt mit dem erregenden Umstand, daß Graf von S. um Angelika wirbt, bald darauf aber ihre Schwester Gabriele heiratet, gipfelt in dem Ausbruch von Angelikas Umnachtung, als Graf von S. einem Nervenschlag erliegt, und endet mit ihrem Dahindämmern im öden Haus. Durch szenische Ausführung herausgehoben sind – bald nach der Heirat zwischen Gabriele und dem Grafen S. – ein „sonderbarer Vorfall", der die vom Grafen S. im Stich gelassene

Angelika im Bund mit einer unheimlichen Zigeunerin zeigt; ferner teilweise auch die dichte Folge sich überstürzender, verworrener und nicht weniger unheimlicher Ereignisse im zweiten Ehejahr, bei denen wiederum die Zigeunerin insgeheim die Schlüsselrolle zu spielen scheint (der Graf erkrankt auf seltsame Weise, reist angeblich nach Pisa, wird jedoch im öden Haus in Berlin tot aufgefunden; Angelika wird darüber wahnsinnig; Gabrieles Kind Edmonde „verschwindet auf unbegreifliche Weise aus der Wiege"; die Zigeunerin wird wenig später mit einem Kind, das Gabriele für das ihre ansieht, sterbend aufgefunden); schließlich – Vorgeschichte in der Vorgeschichte – das zweifelhafte Geständnis der wahnsinnigen Angelika gegenüber ihrem Vater, daß sie mit dem Grafen S. nach dessen Verheiratung Beziehungen unterhalten habe und daß das Kind die „Frucht dieses Bündnisses" sei.

5 Ebd., S. 483.

6 Gemeint ist ausschließlich der Erzähler gemäß der Fiktion, ehe er zu erzählen beginnt, nicht der Autor, ehe er zu schreiben beginnt. Was die Entstehungsgeschichte Hoffmannscher Werke betrifft, so muß es gelegentlich offen bleiben, ob der Autor vor dem Schreiben jedesmal schon die gesamte Reihe der Begebenheiten und ihre Verflechtungen überschaubar vor Augen hatte. Vgl. etwa Harich (Bd 1, S. 286) zu den ‚Elixieren': „Man kann ebensowohl annehmen, daß die Familiengeschichte, die die Enthüllung und Auflösung gibt, der erste Einfall war, wie daß sie nachträglich in den Einzelheiten dazukonstruiert wurde."

7 Harich, Bd 2, S. 119.

8 Ebd., S. 120.

9 Ebd., S. 121: „Dr. K. klärt ihm dann den Zusammenhang auf: Er ist mit Edmonde, der Tochter Gabrielens und des verstorbenen Grafen S., zusammengetroffen. Gabriele und Edmonde suchten die unglückliche Angelika auf . . ."

10 Hoffmann, Bd 1, S. 489– 559. – Die Gesamtgliederung ergibt folgendes Bild: 1) (S. 489–491): Historische Einleitung. 2) (S. 491–525): Gegenwartshandlung, bestehend aus Theodors Abenteuern. 3) (S. 525–528): Überleitung und erste Nachzeithandlung (Seraphines Tod) in Form der Andeutung. 4) (S. 528–558): Vorzeithandlung, bestehend aus der Geschichte des Majorats; darin: a) (S. 544): Huberts „Testament", in dem als Vor-Vorzeithandlung die Geschichte von Wolfgangs heimlicher Ehe eröffnet wird, b) (S. 554–557): Huberts „Aufsatz", der die testamentarischen Eröffnungen ergänzt und zugleich Umstände, die im Verlauf der Vorzeithandlung Vergangenheit geworden sind, nachträgt, c) (S. 557): Daniels „schwarze Mappe", die wiederum Huberts „Aufsatz" in seinem Schlußteil ergänzt. 5) (S. 558): Erste Nachzeithandlung (Seraphines Tod) in Form der Enthüllung. 6) (S. 558f.): Zweite Nachzeithandlung und Ausleitung der Erzählung. – Die beiden Nachzeithandlungen sind ausdrücklich als solche gekennzeichnet, die erste mit dem Satz: „Zwei Tage nachdem wir R...sitten verlassen . . .", die zweite mit dem Satz: „Jahre waren vergangen" (S. 558).

11 Begebenheit 1 = S. 557 (Mordszene);
Begebenheit 2 = S. 546f. (Nachtwandel Daniels);
Begebenheit 3 = S. 554 (Tod Daniels);
Begebenheit 4 = S. 558 (Spukszene Franz);
Begebenheit 5 = S. 496f. (Spukszene Theodor);
Begebenheit 6 = S. 499 (Traum V.s);

Begebenheit 7 = S. 500 (Bann durch V.);
Begebenheit 8 = S. 558 (Seraphines Tod);
Begebenheit 9 = S. 559 (Spukszene Bauer).

12 Ebd., S. 539f.
13 Ebd., S. 526f.
14 Ebd., S. 528.
15 Stifter, Bd 7, S. 166.
16 Ebd., Bd 2, S. 183.
17 Ebd., Bd 7, S. 197.
18 Mörike, Bd 2, S. 24.
19 Ebd., S. 34.
20 Zum Begriff „Umschaltelement" („shifter") vgl. Roland Barthes, Historie und ihr Diskurs, S. 172f. – Barthes verweist seinerseits auf R. Jakobson, Essais de linguistique générale, Paris 1963, S. 176ff.
21 Zur Verwendung von Dokumenten in der Fiktion vgl. V. Neuhaus, Typen multiperspektivischen Erzählens, Kap. III: Der Archivroman.
22 Hoffmann, Bd 1, S. 527 und 554.
23 Tieck, Bd 1, S. 666 und 691.
24 Fontane, Bd 4, S. 253.
25 Mörike, Bd 2, S. 33.
26 Stifter, Bd 7, S. 154 und 157.
27 Kaschnitz, Schatten, S. 154–162.
28 Ebd., S. 154 und 162.
29 Hoffmann, Bd 4, S. 487.
30 Ebd., S. 483.

3. Kapitel

1 Dt. Wb., Bd 8, Sp. 196, „Rätsel 2b".
2 Lessing, Bd 11, S. 220 u. ö.
3 Vgl. dazu Weinrichs Text-Definition (Tempus, S. 212).
4 H. Kant, Südsee, S. 152.
5 Ebd., S. 152f.
6 Ebd., S. 153.
7 Ebd., S. 155.
8 Ebd., S. 153. – Die drei Punkte stehen im Text.
9 Ebd., S. 154.
10 Ebd., S. 155.
11 Ebd., S. 156.
12 Ebd., S. 153f.
13 Ebd., S. 154.
14 Ebd.
15 Ebd., S. 156f. – Die drei Punkte stehen im Text.
16 Ebd., S. 165. – Hervorhebung von mir.
17 Hoffmann, Bd 4, S. 677.

18 Vgl. Hoffmann, Bd 1, S. 344 (Sandmann), Bd 2, S. 336 (Kater Murr).
19 Hoffmann, Bd 4, S. 678.
20 Ebd., S. 679.
21 Ebd.
22 Ebd.
23 Ebd.
24 Ebd.
25 Ebd., S. 680f.
26 Ebd., S. 687f. – Zur Deutung des erzählerischen Verfahrens vgl. H. Mayer, Wirklichkeit, S. XLI: „Jäh ... hat sich die erbauliche Geschichte für folgsame Kinder in eine Phantasmagorie der Einsamkeit und des Grauens verwandelt."
27 „Schlagzeile" wird hier allgemein als Bezeichnung für jedwede Überschrift eines Artikels oder einer Nachricht in der Zeitung verwendet, nicht ausschließlich für die Hauptschlagzeile auf dem Titelblatt.
28 Bild-Zeitung, Hamburg, 23. 8. 1966, S. 9.
29 Ebd., 18. 8. 1970, S. 8.
30 Ebd., 24. 8. 1970, S. 4.
31 Zur Definition der Metapher als Abweichung von der semantischen Kongruenz vgl. Leisi, Wortinhalt, S. 68ff., und Els Oksaar, Grammatische Metapher, S. 137.
32 Vgl. Weinrich, Lüge, bes. S. 70; Allemann, Ironie, bes. S. 19–21.
33 Vgl. Todorov, Kategorien, S. 285: „Die Rede der Personen in einem literarischen Werk spielt eine besondere Rolle. Sie bezieht sich wie jede Rede auf eine bezeichnete Realität, aber sie stellt ebenso eine Tat dar, die Tat, diesen Satz auszusprechen."
34 Goethe, Bd 19, S. 104.
35 Ebd., S. 126.
36 Ebd., S. 124.
37 Ebd., S. 126.
38 Ebd.
39 Ebd., S. 127.
40 Goethe, Bd 30, S. 348.
41 Der Spiegel, 27. Jg, 1973, Nr. 4, 22. 1. 1973, S. 31.
42 Klemperer, LTI, S. 93. – Dort die folgenden Zitate.
43 Vischer, Auch Einer, Bd 1, S. 53f.
44 Ebd., S. 122.
45 Ebd., S. 67.
46 Ebd., S. 122.
47 Ebd.
48 Ebd., Bd 2, S. 36.
49 Ebd., S. 37–39.
50 Ebd., Bd 1, S. 93.
51 Vischer, Kritische Gänge, Bd 6, S. 530.
52 Kaschnitz, Ferngespräche, S. 66.
53 Zur zwangsläufigen „Unbestimmtheit" vgl. Iser, Appellstruktur, bes. S. 14ff.
54 Der erste Satz bzw. der ganze Komplex aus den ersten drei Sätzen ist in Harwegs Terminologie ein „Textfortsetzungssatz", und ein solcher nimmt sich an einer Stelle, wo nur ein „Textanfangssatz" zu erwarten ist, zwangsläufig rätselhaft aus.

Vgl. Harweg, Pronomina und Textkonstitution, S. 152ff., sowie Antal-Maurer-Harweg, S. 309. – Zum Pronomen am Textanfang als Spannungsmittel vgl. W. Schneider, S. 142–144, dagegen aber auch die Möglichkeit von „Pronominalfiguren“ (Stanzel, S. 48).

55 Klopstock, Wortfolge, S. 1030.

56 Vgl. Norbert Millers Unterscheidung zwischen „mediam in scenam“ und „mediam in actionem“ (Miller, S. 122).

57 Goethe, Bd 19, S. 96f.

58 Ebd., S. 101.

59 Die drei Punkte stehen bei Th. Mann im Text.

60 Der Anfangsdialog hat bekanntlich seinen besonderen symbolischen Sinn im Bezug zu den Worten der Sesemi Weichbrodt „Es ist so!“ am Schluß des Romans. Daß die Korrespondenz von Anfang und Ende vom Autor intendiert ist, geht bereits aus den ersten Aufzeichnungen zu den ‚Buddenbrooks‘ hervor. Vgl. Scherrer, Buddenbrooks-Urhandschrift; Herman Meyer, Zitat, S. 14f.; Lämmert, Buddenbrooks, S. 190f.; Böckmann, Thomas Mann, S. 154ff.

61 Stifter, Bd 2, S. 229.

62 Ebd., Bd 7, S. 105ff.

63 Hoffmann, Bd 4, S. 346.

64 Chesterton, Dt. Übers., S. 101; der Abschnitt lautet im Original (‚The Vanishing of Vaudrey‘): „Sir Arthur Vaudrey, in his light-grey summer suit and wearing on his grey head the white hat which he so boldly affected, went walking briskly up the road by the river from his own house to the little group of houses that were almost like outhouses to his own; entered that little hamlet, and then vanished completely as if he had been carried away by the fairies“ (S. 148).

65 Vischer, Auch Einer, Bd 1, S. 314.

66 Goethe, Bd 16, S. 214f.

67 Ebd., S. 214.

68 Wieland, Bd 14, S. 117. – Zum „Wirtshaus“ als literarischem Topos vgl. das Gespräch am Anfang von Hauffs Novelle ‚Die letzten Ritter von Marienburg‘: „Sind wir denn Leute aus einer neumodischen Novelle, daß wir gleich anfangs, des Tages nämlich, in einem Wirtshaus sitzen müssen, als ob es außer der Kirche und der Weinstube kein öffentliches Leben mehr geben könnte!“ Und auf die Frage nach dem Grund für diesen Vergleich: „gestehen Sie selbst, seit Tieck mit Marlow und Green (in ‚Dichterleben‘) im Wirtshaus zusammenkamen, glauben sie alle, es könne keinen schicklicheren Ort geben, um eine Novelle anzufangen“ (Hauff, Bd 5, S. 254f.).

69 Wieland, Bd 30, S. 220f.

70 Es ist dies übrigens ein Rätsel hart an der Grenze zur Lüge, allerdings zur „literarischen Lüge“, die, wie Weinrich (Lüge, S. 68ff.) gezeigt hat, das Lügensignal gleich mitliefert. Die Grenze zur Lüge im außerliterarischen Sinn, das heißt hier zur bewußten Irreführung des Lesers, wird in dieser Erzählung erst im folgenden überschritten, wenn der Erzähler es sich gefallen läßt, ohne perspektivische Begründung, von dem, wie sich später herausstellt, maskierten Jüngling geradewegs als von „dem Alten“ zu sprechen (S. 222).

71 Vgl. Stanzel, S. 39ff.

72 Fontane, Bd 4, S. 131.
73 Ebd., S. 134.
74 Ebd., S. 135.
75 Ebd., S. 136.
76 Hauff, Bd 5, S. 265f. und 276.
77 Ebd., S. 265.
78 Eichendorff, Werke (Bong), Bd 4, S. 36. – Dort die folgenden Zitate.
79 Der Begriff „Unterinformation" läßt sich mit Weinrichs Definition der Frage (Textlinguistik, S. 72) erläutern: „Jede Frage bezieht sich auf Vorinformation. Sie erklärt jedoch diese Vorinformation für unzureichend und bittet um eine Ergänzung, also um Nachinformation. Der Gesprächspartner gibt sie: das ist die Antwort. Die Frage kann demnach als eine Brücke zwischen Vorinformation und Nachinformation aufgefaßt werden." Die Unterinformation ist dementsprechend als eine Vorinformation aufzufassen, die der Hörer oder Leser nicht nur für unzureichend erklären kann, sondern die er für unzureichend erklären muß, eine bereits als unzureichend gekennzeichnete Vorinformation.
80 Eichendorff, Werke (Bong), Bd 3, S. 129.
81 Ebd., S. 130.
82 Ebd.
83 Ebd., S. 131.
84 Ebd., S. 132.
85 Ebd., S. 134.
86 Ebd., S. 135.
87 Ebd., S. 137.
88 Ebd., S. 140.
89 Ebd.
90 Ebd.
91 Ebd.
92 Ebd., S. 139.
93 Ebd., S. 133.
94 Ebd., S. 141.
95 Ebd., S. 140.
96 Vgl. dazu das 2. Kap., Abschn. 3 dieser Arbeit.
97 Stifter, Bd 7, S. 197.
98 Ebd., S. 201.
99 Ebd., S. 212f.
100 Ebd., S. 195f.
101 Ebd., S. 211.
102 Ebd., S. 197.
103 Ebd., S. 224f.
104 Schiller an Goethe, 25. 4. 1797. – Briefwechsel, S. 379.
105 Hoffmann, Bd 4, S. 483. – Die Wendung funkelt übrigens von erzählerischer Ironie. Zum einen, da die Gegenwartshandlung mit dem eingeschalteten Bericht gerade an einem ihrer Kulminationspunkte unterbrochen wird: die Doppelgänger treffen hier zum ersten Mal aufeinander und bleiben, wie es heißt, „vor Entsetzen erstarrt in den Boden festgewurzelt stehen" (S. 483), so daß der Leser an dieser Stelle eher

daran interessiert sein dürfte, die Auflösung der aufs höchste gespannten gegenwärtigen Situation zu erfahren als die freilich lange schon erwartete Vorgeschichte; zum andern insofern, als die hier verwendete Einleitungsformel zugleich auf die Einleitung des zweiten Kapitels anspielt, das nach dem undurchsichtigen ersten allerdings schon der Ort hätte sein können, die Vorgeschichte zu eröffnen, und das in der Tat auch so beginnt, als würde es diese Lesererwartung befriedigen, nämlich mit den Worten „Es ist nötig, dem geneigten Leser zu sagen, daß ..." (S. 450), dann aber lediglich Nebenumstände, und zudem ihrerseits vorerst undurchsichtige, mitteilt. – Zu Hoffmanns erzählerischen Manipulationen vgl. auch den Kommentar des Hrsg. (Bd 4, S. 885 f.).

106 Grillparzer, 1. Abt., Bd 13, S. 39.

107 Vgl. Wölcken (S. 42): „Für die Geschichte der Detektiverzählungen ist bemerkenswert, daß die Enträtselungsarbeit des Lesers sich bereits in den Erzählungen Poes nicht nur auf Tatsachen der Handlung stützen kann, sondern vor allem auf den Stil des Schriftstellers." – Vgl. auch Maurers Bemerkung zum Detektivroman als „Großstruktur" gegenüber der Kleinform des Rätsels: „... den ‚Täter' findet am ehesten, wer die spezifischen Verrätselungstechniken des Autors kennt, nicht notwendigerweise, wer die größere detektivische Sachkenntnis hat" (Antal-Maurer-Harweg, S. 299, Anm.). – Alewyn dagegen, der seinen ersten Beitrag über den Detektivroman noch ‚Das Rätsel des Detektivromans' genannt, ihn dann aber beim Wiederabdruck in ‚Die Anfänge des Detektivromans' umbenannt hat, wendet sich in seinem zweiten Beitrag gegen den Gebrauch des Begriffes Rätsel in diesem Zusammenhang (Anatomie, S. 387) und spricht stattdessen von „Geheimnis". Er versteht dieses jedoch nicht nur als das zentrale Motiv der Handlung, sondern auch im Sinn der Haltung des Autors gegenüber dem Leser. Bei solcher Gelegenheit definiert er „Geheimnis" gerade so, wie in der vorliegenden Abhandlung der Begriff Rätsel verstanden wird: „Ein Geheimnis ist ein Sachverhalt, der Fragen aufwirft, auf die eine unmittelbare Antwort nicht erhältlich ist" (Anatomie, S. 381).

108 Schema A:

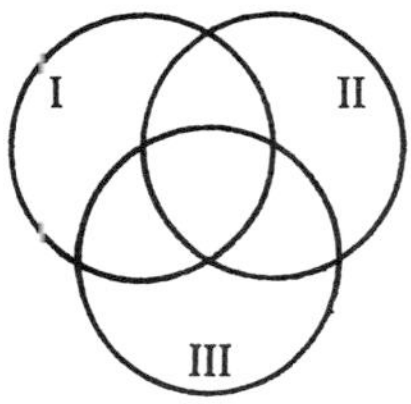

I = Analytische Handlungen
II = Hysteron-Proteron-Konstruktionen
III = Rätsel-Lösungs-Konstruktionen

109 Schema B:

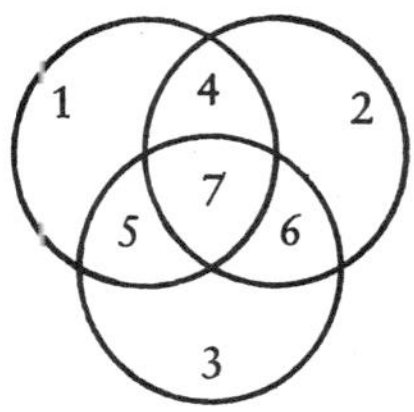

110 Vgl. Lämmert, Bauformen, S. 104 ff.

111 Vgl. Alewyns Begriff „Geheimnisroman" (Anatomie, S. 380).

112 Vgl. Stifter, Bd 9, S. 162.
113 Storm, Bd 8, S. 28.

4. Kapitel

1 Schiller an Goethe, 2. 10. 1797. – Briefwechsel, S. 480.
2 Vgl. dazu auch Szondi, Theorie des modernen Dramas, S. 22ff., bes. S. 24: „Die analytische Technik wird . . . bei Sophokles vom Stoff selbst gefordert . . ."
3 Ebd., S. 28.
4 Ebd., S. 29. – Ähnlich schon Spielhagen zu ‚Nora' (Beiträge, S. 309f.)
5 Goethe an Schiller, 19. 4. 1797. – Briefwechsel, S. 374. – Vgl. Ludwig, Studien, Bd 2, S. 100: „Das Drama kann nicht vor- und zurückgehen in der Zeit. Die Erzählung kann, was an verschiedenen Orten zu derselben Zeit geschah, nacheinander darstellen, das nachher Geschehne früher, als das vorher Geschehne, und umgekehrt. . . . Das Gesetz der Erzählung ist die Phantasie in der Gestalt der Erinnerung; als solche kann sie vor und zurück und über die ganze Erde hin schreiten."
6 Zitiert nach Butor, Repertoire 2, dt. Übers., S. 65. – Frz. Ausgabe (Répertoire II, S. 91): „Vous rencontrez au milieu d'un salon un homme que vous avez perdu de vue depuis dix ans: il est premier ministre ou capitaliste, vous l'avez connu sans redingote, sans esprit public ou privé, vous l'admirez dans sa gloire vous vous étonnez de sa fortune ou de ses talents; puis vous allez dans un coin du salon, et là, quelque délicieux conteur de société vous fait, en une demi-heure, l'histoire pittoresque des dix ou vingt ans que vous ignoriez. Souvent cette histoire scandaleuse ou honorable, belle ou laide, vous sera-t-elle dite le lendemain, ou un mois après, quelquefois par parties."
7 Butor, Repertoire 2, dt. Übers., S. 65. – Frz. Ausgabe (Répertoire II, S. 90): „Dès qu'il y a deux personnages importants, et qu'ils se séparent, nous serons obligés de quitter quelque temps les aventures de l'un pour savoir ce que l'autre a fait pendant la même période."
8 Zitiert nach Butor, Repertoire 2, dt. Übers., S. 65. – Frz. Ausgabe (Répertoire II, S. 91): „Il n'y a rien qui soit d'une seul bloc dans ce monde, tout y est mosaïque. Vous ne pouvez raconter chronologiquement que l'histoire du temps passé, système inapplicable à un présent qui marche."
9 Wieland, Bd 30, S. 219–262.
10 Tieck, Bd 4, S. 641–694.
11 Vgl. Marianne Thalmann, Tieck, S. 149–151.
12 Tieck, Bd 4, S. 656–662.
13 Ebd., S. 670.
14 Ebd., S. 689.
15 Dasselbe Verfahren wendet Tieck in diesem Roman schon bei der Einführung Tassos an (I, 4). Wie Bracciano gerät Tasso durch den Dichter Caporale in den Kreis der Accoromboni; wie jener wird er als Fremder vorgestellt; wie dort entfaltet sich hier ein freimütiges Gespräch, in dem Vittoria Tasso unbefangen widerspricht. Auch hier läßt Tieck sich den Überraschungseffekt der Enthüllung nicht entgehen. Als in einer improvisierten poetischen Akademie die Reihe an Tasso kommt, seinen

Beitrag zum Thema „Die Gewalt der Liebe“ zu liefern, heißt es: „Er fing an zu lesen, von Erminien und ihrer Liebe, als Vittoria ahnungsvoll rief: ‚Und der Name Eures Werkes?‘ – ‚Das befreite Jerusalem‘, sagte der Fremde, wie beschämt und etwas errötend. – ‚Oh, um Gottes willen!‘ sagte Vittoria, laut schreiend – ‚so seid Ihr ja jener Torquato Tasso, von dessen Gedicht schon ganz Italien spricht...‘“ (S. 586). Auch hier wird schließlich das Inkognito auf dieselbe Weise begründet. Caporale, der für diese Maskerade verantwortlich ist, erklärt Vittoria: „Wußtet Ihr, wer dieser Unbekannte war, hättet Ihr Euch gewiß nicht mit ihm gezankt. So aber seid Ihr nun wie alte Bekannte und ich bin mit mir zufrieden, daß ich es durchgesetzt habe: denn er wollte erst gar nicht einwilligen, weil er meinte, es setze Eitelkeit und Stolz voraus, so inkognito in eine liebe Familie einzutreten“ (S. 586).

5. Kapitel

1 Mörike, Bd 2, S. 33.
2 Ebd., S. 34.
3 Ebd., S. 33.
4 Hauff, Bd 1, S. 92.
5 Ebd., S. 151f.
6 Apel und Laun, Gespensterbuch, S. 71–96.
7 Vogt (Hrsg.), Bd 1, S. 117. – Vgl. dagegen Glockner (Ästhetik, S. 342), der allen Wert auf die „Denksportaufgabe“ legt: „Es darf nicht etwa nur das Hauptinteresse befriedigt werden, während eine Menge geheimnisvoller Vorgänge völlig unaufgeklärt und nach wie vor rätselhaft bleibt.“

6. Kapitel

1 Ludwig, Studien, Bd 2, S. 97–107.
2 Ebd., S. 101.
3 Ebd., S. 106.
4 Musil, Tagebücher, S. 71.
5 Ludwig, Studien, Bd 2, S. 101.
6 Suerbaum, Detektivroman, S. 230. – Vgl. auch Lawson, Spannung, S. 35ff.
7 Wieland, Bd 30, S. 220f. – Vgl. 3. Kap., Abschn. 8 dieser Arbeit.
8 Vischer, Kritische Gänge, Bd 2, S. 154 (zu Sues ‚Mystères de Paris‘).
9 Goethe, Bd 16, S. 215.
10 Wieland, Bd 30, S. 260.
11 Ebd., S. 261.
12 Ebd., S. 260.
13 Ebd., S. 261.
14 Ebd., S. 260.
15 Eichendorff, Werke (Bong), Bd 3, S. 156.
16 Edgar Box, Tod in der Fünften Position, S. 139.
17 Zur Watson-Figur allgemein vgl. bes. Buchloh-Becker, Detektivroman, S. 64f.

18 Alewyn, Anatomie, S. 384f.
19 Vgl. dazu Wienolds Überlegungen zum „Spannungspotential" der Erzählung, das sich aus dem Verhältnis der „Prospektionszustände" des Lesers zu denen der Figuren ergibt (Probleme, S. 121ff.). – Vgl. auch Haslingers Begriff des „Erfahrungs-Ausschnitts" sowie seine Unterscheidung von „Kongruenz" und „Divergenz" der „Ausschnitte" von Leser und Figur in den einzelnen Stadien des Romans (Epische Formen, S. 31ff.).
20 Vischer, Auch Einer, Bd 1, S. 122.
21 Hoffmann, Bd 1, S. 499. – Vgl. auch ebd., S. 526: „niemals – niemals erwähnte er unseres Aufenthalts in R..sitten, und wer mag nicht einsehen, daß ich, aus natürlicher Scheu, mich wohl hütete, ihn geradezu darauf zu bringen".
22 Ebd., S. 467.
23 Ebd., S. 416.
24 Hoffmann, Bd 3, S. 613.
25 Eichendorff, Werke (Bong), Bd 4, S. 28.
26 Ebd., S. 36.
27 Ebd., S. 26.
28 Stifter, Bd 7, S. 166.
29 Ebd.
30 Ebd., S. 183.
31 Ebd., S. 188.
32 Ebd., S. 189.
33 Ebd., S. 190.
34 Vgl. Irmscher, Stifter, S. 320ff., bes. S. 321: „Was zunächst nahezu instinktiv unterbleibt, die Frage nach dem Ziel, wird zuletzt als prinzipielle Haltung bewußt." – Zur analytischen Form und ihrem Sinn bei Stifter vgl. bes. den Abschnitt ‚Analytischer Aufbau', ebd., S. 318f. u. ö.

7. Kapitel

1 Tieck, Bd 4, S. 727–730.
2 Ebd., S. 727.
3 Ebd., S. 729.
4 Kaschnitz, Schatten, S. 171–175.
5 Ebd., S. 172.
6 Ebd., S. 173.
7 Ebd., S. 174.
8 Vgl. Alewyn, Anatomie, S. 377f.: „Der Erzähler ... kann dem Leser Umstände vorenthalten, deren Kenntnis zur Erklärung des Geschehens unentbehrlich ist. Er kann dies unauffällig tun, um dann plötzlich eine Mine springen zu lassen. ... Solche Kunstgriffe gehören in die Kategorie der Überraschung ... Der Erzähler kann aber auch raffinierter verfahren. Er kann dem Leser einen zur Erklärung des gegenwärtigen oder vergangenen Geschehens unentbehrlichen Umstand vorenthalten, aber sich zugleich anmerken lassen, daß er es tut. ... Das ist dann nicht so sehr überraschend als spannend."

9 Wohmann, Ländliches Fest, S. 30–32.
10 Ebd., S. 83–85.
11 Ebd., S. 31.
12 Ebd., S. 32.
13 Ebd., S. 83.
14 Ebd., S. 85. – Zum Motiv der Blindheit und Taubheit vgl. auch Wohmann, Die Sintflut (Gegenangriff, S. 49–67).
15 Wohmann, Selbstverteidigung, S. 35–46.
16 Ebd., S. 42.
17 Ebd., S. 41.
18 Stifter, Bd 7, S. 222.
19 Hauff, Bd 1, S. 153.
20 Hoffmann, Bd 1, S. 24. – Die Schlußformel dürfte in beiden Fällen auf Schillers Wendung „Ich bin der Sonnenwirt" zurückgehen, mit der er den ‚Verbrecher aus verlorener Ehre' beschließt (Bd 2, S. 216). Auch dies ist eine Pointe, aber es ist keine Überraschungspointe, da der Leser an keiner Stelle der Erzählung über die Identität des Sonnenwirts im Zweifel gelassen wird. – Vgl. Schönhaar, der hier mit Einschränkung von Überraschung spricht (S. 79), und dagegen V. Neuhaus (Rezension von Schönhaars Buch, in: arcadia 6, 1971, S. 324, Anm. 13).
21 Tieck, Bd 2, S. 26.
22 Hauff, Bd 5, S. 301f.
23 Ebd., S. 261.
24 Ebd., S. 274.
25 Vgl. Todorov, Poetik, S. 90ff.
26 Vogt (Hrsg.), Bd 1, S. 134.

8. Kapitel

1 Ludwig, Werke, Bd 3, S. 258–263.
2 Ebd., S. 258.
3 Ebd.
4 Ebd.
5 Ebd.
6 Ebd.
7 Ebd.
8 Ebd., S. 259.
9 Ebd., S. 261.
10 Ebd.
11 Ebd.
12 Ebd.
13 Ebd., S. 262.
14 Ebd.
15 Ebd., S. 262f.
16 Vogt (Hrsg.), Bd 1, S. 169.
17 Ludwig, Werke, Bd 3, S. 244.

18 Ebd., S. 243.
19 Brentano, Bd 2, S. 33.
20 Ebd., S. 31.
21 Ebd.
22 Ebd.
23 Ebd., S. 32.
24 Ebd.
25 Ebd., S. 33.
26 Ebd., S. 30f.
27 Zum Begriff „Novellenmärchen" vgl. Anm. 42 zu diesem Kapitel.
28 Eichendorff, Werke (Meyer), Bd 2, S. 313.
29 Ebd., S. 314.
30 Ebd.
31 Ebd., S. 320.
32 Eichendorff, Werke (Bong), Bd 3, S. 109.
33 Ebd., S. 96.
34 Ebd., S. 109.
35 Ebd., S. 112f.
36 Ebd., S. 119.
37 Ebd., S. 122.
38 Ebd., S. 123.
39 Ebd., S. 126.
40 Eichendorff, HKA, Bd 12, S. 19.
41 Ebd., S. 21.
42 Ebd., Bd 13, S. 78.
43 Eichendorff, Werke (Meyer), Bd 2, S. 319.
44 Frisch, Homo faber, S. 47f.
45 Ebd., S. 50.
46 Ebd., S. 54.
47 Ebd., S. 48.
48 Ebd., S. 49, vgl. S. 47.
49 Vgl. dazu beispielsweise Alewyns Begriff der „Verfremdung" von anfangs bestehender „Normalität und Sekurität" (Anatomie, S. 397).
50 Hoffmann, Bd 3, S. 354.
51 Linhartová, Diskurs, S. 21.

9. Kapitel

1 Brentano, Bd 2, S. 31–32.
2 Zur Terminologie vgl. Pütz, Zeit im Drama, S. 14f.
3 Freud, Das Unheimliche, S. 267f.
4 Schiller an Goethe, 2.10.1797. – Briefwechsel, S. 480.
5 Vgl. Görner (Memorabile, S. 86): „Man pflegt in der Regel in der Enthüllung nur ein ‚analytisches' Moment zu erblicken, weil von Staffel zu Staffel allmählich immer mehr bis zur vollen Klarheit der Sachverhalt zerlegt wird, und das mit Recht. Aber im

selben Maße ist die Enthüllung ein synthetisches Element, denn alles Enthüllte wird im Drama *aktuell*, alles Frühere kommt in *einem* Punkte, an dem einen Tage zusammen, *als ob* es schon immer die Richtung auf diesen Tag hin gehabt hätte; alle Voraussetzungen vereinigen sich zu einem Ganzen eben hier in dem Trauerspiel. Enthüllung ist Lösung, aber sie ist im selben Maße Erfüllung." Ähnlich Schadewaldt (Antikes, S. 297) in bezug auf die ‚Braut von Messina': „Sie ist, wie der ‚Ödipus', eine ‚dramatische Analysis' wie schon die ‚Maria Stuart', aber ... eine solche, in die zugleich eine progressive Handlung hinein entworfen worden ist. ... die Handlung der ‚Braut von Messina' ist, wie die des ‚König Ödipus', eine Enthüllungshandlung ..."

6 Fontane, Bd 4, S. 143f.

7 Vgl. Fontane, Unveröffentlichte Aufzeichnungen und Briefe, S. 731. Brief an Friedrich Fontane vom 29.3.1886.

8 Schiller, Bd 5, S. 144. Die Piccolomini III, 9, V. 1899f.

10. Kapitel

1 Hoffmann, Bd 3, S. 929.

2 Ebd., S. 941. – Die Erzählung erschien im 4. Bd der ‚Serapionsbrüder' (1821) zum ersten Mal und ist hier ohne Titel. In späteren Ausgaben wird sie meist, nicht eben zutreffend, ‚Der Vampir' (R. Frank), ‚Vampirismus' (Ellinger) oder ‚Eine Vampir-Geschichte' (Maaßen) genannt, vor welchem Fehler schon Lothars Bemerkung im Nachgespräch hätte bewahren können, ganz abgesehen davon, daß derartige Spezifizierungen des Titels wie auch die Titelgebung ‚Die Hyänen' (Harichs Ausgabe von 1924) die Pointe der Erzählung ausplaudern und ihr ein Gutteil ihrer Spannung nehmen. Einen neutralen Titel (‚Cyprians Erzählung') verwendet demgegenüber Martin Gregor-Dellin in seiner Sammlung unheimlicher Geschichten ‚Die schwarze Kammer' (1972) – wie auch schon ein französischer Übersetzer (‚Le comte Hippolyte' – vgl. Maaßen, HKA, Bd 8, S. LXXXIII). Maaßen vermerkt allerdings (ebd.), daß er seine Titelgebung nicht für gut hält, „da es ratsam gewesen wäre, durch die Überschrift nicht auf den Inhalt hinzudeuten"; er habe sich jedoch nicht entschließen können, die Erzählung mit einem neuen Titel zu versehen, um nicht den Eindruck eines neuentdeckten Werks zu erzeugen. In seiner Einleitung spricht er korrekt von der „grauenhaften Geschichte von einer Leichenfresserin".

3 Hoffmann, Bd 3, S. 941.

4 Ebd.

5 Ebd. – Die Quellenfrage ist bisher nicht genau geklärt. – Im Zusammenhang mit der hier vertretenen These der Distanzierung ist Maaßens Vermutung aufschlußreich, daß Hoffmann durch den Hinweis auf eine Vorlage „seine Leser zu täuschen versucht, aus Besorgnis, man könne ihm diesen mehr als heiklen Stoff zum Vorwurf machen" (Maaßen, HKA, Bd 8, S. LXXXIV). – Ähnlich argumentiert Ellinger: „Nach den Andeutungen, die über den Charakter der Quelle gegeben werden, hat Hoffmann alle nicht seinem eigentlichen Zwecke dienenden Bestandteile der Vorlage so weit zurücktreten lassen, als es ohne Zerstörung des Zusammenhangs möglich war, und die Teilnahme auf die allmähliche Entschleierung des Unheils zusammen-

gedrängt, das durch die grausige, vampirische Leidenschaft von Mutter und Tochter über den Grafen gebracht wird" (Hoffmann, Werke [Bong], Bd 5, S. 39). – Von anderer Seite her wird die Distanzierungsthese durch Harichs Bemerkung unterstützt: „Um den widerlichen Eindruck zu distanzieren, übte er bei der Niederschrift eine stilistische Selbstzucht, die seine Diktion der besten Prosa Goethes nähert" (Harich, Bd 2, S. 307).

6 Hoffmann, Bd 3, S. 940.
7 Ebd.
8 Ebd., S. 939.
9 Ebd., S. 932.
10 Ebd., S. 930.
11 Ebd., S. 931.
12 Ebd., S. 927.
13 Rezension in den „Heidelberger Jahrbüchern" von 1821, mitgeteilt von Maaßen, HKA, Bd 8, S. LXXXVI.
14 Goethe, Tagebuchaufzeichnung vom 21.5.1827. – dtv-Gesamtausgabe, Bd 44, S. 154.
15 Fontane, GW, II. Serie, Bd 7, S. 80.
16 Ebd., II. Serie, Bd 11, S. 251 f.
17 Ebd., S. 323 f.
18 Zitiert bei Petersen, Altersroman, S. 13 f.
19 Fontane, GW, II. Serie, Bd 11, S. 128 f.
20 Fontane, Bd 4, S. 251 f.
21 Ebd., S. 253.
22 Ebd., Bd 8, S. 213.
23 Halm, Bd 4, S. 125–149.
24 Doderer, Erzählungen, S. 305 f.
25 Zitiert bei Daiber, S. 864.
26 Schiller, Bd 2, S. 193.

11. Kapitel

1 Goethe, Bd 30, S. 178 (in bezug auf Cagliostro).
2 Hauff, Bd 1, S. 203.
3 Ebd., S. 202 f.
4 Ebd., S. 203.
5 Ebd., S. 204.
6 Ebd., S. 86.
7 Ebd., S. 79.
8 Ebd., S. 80.
9 Ebd., S. 81 f.
10 Ebd., S. 82.
11 Ebd., S. 83.
12 Ebd., S. 79.

13 Ebd., S. 86.
14 Ebd., S. 78.
15 Ebd., S. 202f.
16 Ebd., S. 64.
17 Freud, Das Unheimliche, S. 265.
18 Ebd.
19 Hohler, Ostermundigen, S. 46.
20 Ebd., S. 48.
21 Ebd.
22 Ebd., S. 49.
23 Ebd., S. 50.
24 Bienek, Werkstattgespräche, S. 43.
25 Kaschnitz, Schatten, S. 23.
26 Ebd., S. 26.
27 Ebd.
28 Ebd.
29 Ebd.
30 Ebd., S. 27.
31 Ebd., S. 15.
32 Ebd., S. 26.
33 Freud, Das Unheimliche, S. 265f.
34 In Gregor-Dellin, Gespenstertruhe, S. 401–409.
35 Ebd., S. 409.
36 Hohler, Ostermundigen, S. 43.
37 Ebd., S. 41.
38 Ebd., S. 43f.
39 Brentano, Bd 2, S. 33.
40 Wieland, Bd 32, S. 361, Anm.
41 In Gregor-Dellin, Gespenstertruhe, S. 424–426.
42 Ebd., S. 426.
43 Vgl. Berendt, Parapsychologie, S. 104.
44 Kaschnitz, Schatten, S. 157. Hervorhebungen hier und im folgenden von mir.
45 Ebd., S. 162.
46 Ebd. – Der Druckfehler („ihrer" statt „Ihrer") wurde im Zitat korrigiert. – Ein weiteres Erratum ist die Namensverwechslung Teichmann/Hoesslin. Laut S. 154 berichtet Frau Teichmann der Erzählerin von dem Vorfall im Haus, laut S. 162 Frau Hoesslin.
47 Ebd., S. 162.
48 Es gibt sogar Gegenindizien. Über den Indizien, die auf den Kausalzusammenhang der beiden Begebenheiten hindeuten, ist nicht zu übersehen, daß die Parallelität nicht ganz genau aufgeht: Die Erzählerin beteuert, bei der Vergegenwärtigung des Erlebnisses im Meer gerade nicht an ihre Tochter gedacht zu haben: „Und keineswegs, so viel man auch denken kann in Sekunden, keineswegs denke ich jetzt, Costanza ist da, das Leben ist nicht sinnlos, ich bin nicht allein auf der Welt" (S. 161) – was aber natürlich auch bedeuten kann, daß sich die Bindung an das Leben unbewußt in der Mutter-Tochter-Bindung konkretisiert.

49 Lessing, Bd 9, S. 229. Hamburgische Dramaturgie, 11. Stück.
50 Etwa an den im 8. Kapitel herangezogenen Erzählungen Eichendorffs ‚Die Zauberei im Herbste' und ‚Das Marmorbild', an Tiecks ‚Blondem Eckbert' oder auch an Hoffmanns ‚Ödem Haus', wo das mehr oder weniger Unglaubliche allemal mithilfe der analytischen Form in spätere Phasen der Erzählung abgedrängt wird.
51 Kaschnitz, Schatten, S. 157.

12. Kapitel

1 Offenbar um die Rätselspannung zu retten, führen manche Hauff-Ausgaben die Erzählung unter dem Titel ‚Der junge Engländer' (so die von Alfred Weile besorgte Ausgabe der Sämtl. Werke, Berlin: A. Weichert o. J.; so auch die von Alfred Kubin illustrierte Ausgabe der Märchen, München und Leipzig: Georg Müller o. J.). Vgl. auch Henze-Bachmanns Oper ‚Der junge Lord'.
2 Die Beziehung zwischen Theodors Vision und Edmonde spielt an dieser Stelle der Erzählung keine Rolle.
3 Kaschnitz, Schatten, S. 38–48.
4 Wieland, Bd 30, S. 262.
5 Ebd., S. 6.
6 Ebd., S. 262.
7 Ebd.
8 Fontane, Bd 15, S. 349f. – Hier überdies ironischerweise auf die Ereignisse vom 18./19. März 1848 bezogen.
9 Hebel, S. 56–60.
10 Eichendorff, Werke (Bong), Bd 4, S. 290–295.
11 Apel und Laun, Gespensterbuch, S. 451–472.
12 Castelli, Bd 7, S. 110–123.
13 Apel und Laun, Gespensterbuch, S. 249–261.
14 Terminus nach Diederich, Von Gespenstergeschichten, S. 66.
15 Vgl. Hoffmann, Bd 1, S. 464.
16 Freud, Das Unheimliche, S. 263.
17 Ebd., S. 265.
18 Hebbel, Bd 8, S. 262–273.
19 Ebd., S. 272.
20 Ebd., S. 273.
21 Ebd., S. 263.
22 Ebd., S. 263f.
23 Ebd., S. 264.
24 Ebd., S. 267.
25 Ebd., S. 269.
26 Ebd.
27 Ebd.
28 Ebd., S. 262f.
29 Ebd., S. 269.
30 Ebd., S. 265.

31 Ebd.
32 Ebd., S. 268 und S. 435.
33 Ebd., S. 272.
34 Ebd., S. 273.
35 Ebd.
36 Ebd., S. 375. Wien, 10.1.1849.
37 Ebd., S. 377. Penzing, 2.5.1851.
38 Ebd., S. 374. Wien, 3.1.1848.
39 Ebd., S. 363f. München, April oder Mai 1837.

Zitierte Textausgaben

Apel, Johann August, und Friedrich *Laun:* Gespensterbuch. Leipzig o. J.

Box, Edgar: Tod in der Fünften Position. Hamburg 1962. (rororo thriller 2015.)

Brentano: Werke. Hrsg. v. Max Preitz. Leipzig und Wien 1914. (Meyers Klassiker.)

Butor, Michel: L'Emploi du Temps. Paris 1957. – Dt.: Der Zeitplan. Übers. v. Helmut Scheffel. München 1960.

Canetti, Elias: Alle vergeudete Verehrung. Aufzeichnungen 1949–1960. München 1970. (Reihe Hanser 50.)

Castelli, I. F.: Sämtliche Werke. Wien 1844–45.

Chesterton, Gilbert Keith: The Secret of Father Brown. Leipzig o. J. (Tauchnitz Edition. Coll. of British and American Authors 4804.) – Dt.: Das Geheimnis des Pater Brown. Detektivgeschichten. Übers. v. Alfred P. Zeller. München-Zürich 1966. (Knaur 130.)

Doderer, Heimito von: Die Erzählungen. Hrsg. v. Wendelin Schmidt-Dengler. München 1972.

Eichendorff: Sämtliche Werke. Historisch-kritische Ausgabe. Begr. v. Wilhelm Kosch und August Sauer, fortgef. v. Hermann Kunisch. Regensburg 1908 ff.

Ders.: Werke. Hrsg. v. Ludwig Krähe. Berlin-Leipzig-Wien-Stuttgart o. J. (Bong.)

Ders.: Werke. Hrsg. v. Adolf v. Grolmann. Leipzig o. J. (Meyers Klassiker.)

Fontane: Gesammelte Werke. Berlin 1905–1910.

Ders.: Sämtliche Werke. Hrsg. v. Edgar Groß und Kurt Schreinert. München 1959 ff. (Nymphenburger Ausgabe.) [Zitiert wird, wenn nicht anders vermerkt, nach dieser Ausgabe.]

Ders.: Unveröffentlichte Aufzeichnungen und Briefe. In: Sinn und Form 13, 1961, S. 704–749.

Frisch, Max: Homo faber. Ein Bericht. Frankfurt/M. 1963. (Bibliothek Suhrkamp 87.)

Goethe: Sämtliche Werke. Jubiläums-Ausgabe. Hrsg. v. Eduard von der Hellen. Stuttgart-Berlin o. J.

Gregor-Dellin, Martin (Hrsg.): Die Gespenstertruhe. Geistergeschichten aus aller Welt. München 1967. (Bücher der Neunzehn 151.)

Grillparzer: Sämtliche Werke. Historisch-kritische Ausgabe. Hrsg. v. August Sauer und Reinhold Backmann. Wien 1909–1948.

Halm, Friedrich: Werke. Hrsg. v. Rudolf Fürst. Berlin-Leipzig-Wien-Stuttgart o. J. (Bong.)

Hauff: Werke. Hrsg. v. Max Drescher. Berlin-Leipzig-Wien-Stuttgart o. J. (Bong.)

Hebbel: Sämtliche Werke. Historisch-kritische Ausgabe. Hrsg. v. Richard Maria Werner. Berlin 1901–1903.

Hebel, Johann Peter: Werke. Hrsg. v. Paul Alverdes. München o. J.

Hoffmann, E. T. A.: Sämtliche Werke in fünf Einzelbänden. Mit Nachworten und Anmerkungen von Walter Müller-Seidel, Friedrich Schnapp, Wolfgang Kron und Wulf Segebrecht. München 1960–1965. [Bd 1: Fantasie- und Nachtstücke; Bd 2: Die Elixiere

des Teufels. Lebensansichten des Katers Murr; Bd 3: Die Serapions-Brüder; Bd 4: Späte Werke; Bd 5: Schriften zur Musik. Nachlese.]
Hohler, Franz: Der Rand von Ostermundigen. Erzählungen. Darmstadt-Neuwied 1973.
Johnson, Uwe: Mutmaßungen über Jakob. Frankfurt/M. 1959.
Ders.: Zwei Ansichten. Reinbek 1968. (rororo 1068.)
Kant, Hermann: Ein bißchen Südsee. Gütersloh o. J.
Kaschnitz, Marie Luise: Lange Schatten. Erzählungen. Hamburg 1960.
Dies.: Ferngespräche. Erzählungen. Frankfurt/M. 1966.
Kleist: Sämtliche Werke und Briefe. Hrsg. v. Helmut Sembdner. München 1965.
Klopstock: Ausgewählte Werke. Hrsg. v. Karl August Schleiden. München 1962.
Lessing: Sämtliche Schriften. Hrsg. v. Karl Lachmann. 3. Aufl., bes. von Franz Munkker. Stuttgart 1886–1924.
Linhartová, Věra: Diskurs über den Lift. Frankfurt/M. 1967. (edition suhrkamp 200.)
Ludwig, Otto: Werke. Hrsg. v. Viktor Schweizer. Leipzig und Wien o. J. (Meyers Klassiker.)
Mann, Thomas: Gesammelte Werke. Frankfurt/M. 1960.
Maupassant, Guy de: Pierre et Jean. Paris 1959. [Vorrede: ‚Le Roman', S. 3–23.]
Mörike: Werke. Hrsg. v. August Leffson. Berlin-Leipzig-Wien-Stuttgart o. J. (Bong.)
Musil, Robert: Tagebücher, Aphorismen, Essays und Reden. Hrsg. v. Adolf Frisé. Hamburg 1955. (Gesammelte Werke in Einzelausgaben.)
Pinget, Robert: Monsieur Mortin. Frankfurt/M. 1966. (edition suhrkamp 158.)
Poe, Edgar Allan: Tales. Hrsg. v. John H. Ingram. Leipzig 1884. (Tauchnitz Edition. Coll. of British Authors 2212.)
Schiller: Sämtliche Werke. Säkular-Ausgabe. Hrsg. v. Eduard von der Hellen. Stuttgart und Berlin o. J.
Schiller-Goethe: Der Briefwechsel zwischen Schiller und Goethe. Hrsg. v. Emil Staiger. Frankfurt/M. 1966.
Stifter: Gesammelte Werke. Hrsg. v. Max Stefl. Augsburg 1953 ff. [Bd 1, 2, 3: Erzählungen in der Urfassung; Bd 4: Witiko; Bd 5: Der Nachsommer; Bd 6: Studien I; Bd 7: Studien II; Bd 8: Die Mappe meines Urgroßvaters u. a.; Bd 9: Bunte Steine. Späte Erzählungen.]
Storm: Sämtliche Werke. Hrsg. v. Alfred Biese. Leipzig o. J.
Tieck: Werke. Hrsg. v. Marianne Thalmann. München 1963–1966. [Bd 1: Frühe Erzählungen und Romane; Bd 2: Die Märchen aus dem Phantasus. Dramen; Bd 3: Novellen; Bd 4: Romane.]
Vischer, Friedrich Theodor: Auch Einer. Eine Reisebekanntschaft. Stuttgart-Leipzig ^{3}1884.
Ders.: Kritische Gänge. Hrsg. v. Robert Fischer. München ^{2}1920–1922.
Werner, Zacharias: Der vierundzwanzigste Februar. Hrsg. v. Johannes Krogoll. Stuttgart 1967. (Reclam UB 107.)
Wieland: Werke. Berlin o. J. (Hempel.)
Wohmann, Gabriele: Ländliches Fest. Erzählungen. München 1971. (dtv sonderreihe 92.)
Dies.: Selbstverteidigung. Prosa und anderes. Neuwied und Berlin 1971.
Dies.: Gegenangriff. Prosa. Neuwied und Berlin 1972. (Sammlung Luchterhand 55.)

Benutzte Literatur

Alewyn, Richard: Die Anfänge des Detektivromans. In: Žmegač (s. d.), S. 185–202. – Erstdruck u. d. T.: Das Rätsel des Detektivromans. In: Definitionen. Essays zur Literatur. Hrsg. v. Adolf Frisé. Frankfurt/M. 1963, S. 117–136.

Ders.: Anatomie des Detektivromans. In: Vogt (s. d.), Bd 2, S. 372–404. – Erstdruck: Die Zeit, Nr. 47/48, 22. und 29. 11. 1968, jeweils LIT S. 10f.

Allemann, Beda: Ironie als literarisches Prinzip. In: Ironie und Dichtung. Hrsg. v. Albert Schaefer. München 1970 (Beck'sche Schwarze Reihe 66), S. 11–37.

Antal, László, Karl *Maurer* und Roland *Harweg:* Bedeutung und Inhalt. In: Poetica 3, 1970, S. 284–309.

Barthes, Roland: Historie und ihr Diskurs. In: alternative 11, 1968, H. 62/63, S. 171–180.

Berendt, Heinz C.: Parapsychologie. Stuttgart-Berlin-Köln-Mainz 1972. (Urban-Taschenbücher 143.)

Bienek, Horst: Werkstattgespräche mit Schriftstellern. München 1962.

Bloch, Ernst: Verfremdungen I. Frankfurt/M. 1962. (Bibliothek Suhrkamp 85.)

Böckmann, Paul: Der Widerstreit von Geist und Leben und seine ironische Vermittlung in den Romanen Thomas Manns. In: Ironie und Dichtung. Hrsg. v. Albert Schaefer. München 1970 (Beck'sche Schwarze Reihe 66), S. 143–171.

Buchloh, Paul G., und Jens P. *Becker:* Der Detektivroman. Studien zur Geschichte und Form der englischen und amerikanischen Detektivliteratur. Mit Beiträgen von Antje Wulff und Walter T. Rix. Darmstadt 1973.

Butor, Michel: Répertoire II. Paris 1964. – Dt.: Repertoire 2. Probleme des Romans. Übers. v. Helmut Scheffel. München 1965.

Daiber, Hans: Nachahmung der Vorsehung. In: Merkur 23, 1969, S. 856–866.

Diederich, Benno: Von Gespenstergeschichten, ihrer Art und Technik. Leipzig 1903.

Diersen, Inge: Darbietungsformen des Erzählens. In: Weimarer Beiträge 13, 1967, S. 630–660.

Forster, E. M.: Ansichten des Romans. Frankfurt/M. 1962. (Bibliothek Suhrkamp 30.)

Freud, Sigmund: Das Unheimliche. In: Freud, Gesammelte Werke, Bd 12. Frankfurt/M. ^{3}1966, S. 227–268.

Freytag, Gustav: Die Technik des Dramas. Leipzig ^{12}1912.

Friedemann, Käte: Die Rolle des Erzählers in der Epik. Leipzig 1910. (Untersuchungen zur neueren Sprach- und Literaturgeschichte N. F. 7.)

Garte, Hansjörg: Kunstform Schauerroman. Eine morphologische Begriffsbestimmung des Sensationsromans im 18. Jahrhundert von Walpoles ‚Castle of Otranto' bis Jean Pauls ‚Titan'. Diss. phil. Leipzig 1935.

Glockner, Hermann: Zur Ästhetik der Detektivgeschichte. In: Glockner, Die ästhetische Sphäre. Bonn 1966, S. 339–345.

Görner, Otto: Vom Memorabile zur Schicksalstragödie. Berlin 1931. (Neue Forschung 12.)

Harich, Walther: E. T. A. Hoffmann. Das Leben eines Künstlers. Berlin o. J.

Harweg, Roland: Pronomina und Textkonstitution. München 1958.

Haslinger, Adolf: Epische Formen im höfischen Barockroman. Anton Ulrichs Romane als Modell. München 1970.

Heuser, Magdalene: Fontanes ‚Cécile'. Zum Problem des ausgesparten Anfangs. In: ZfdPh 92, 1973, Sonderheft, S. 36–58.

Irmscher, Hans Dietrich: Adalbert Stifter. München 1971.

Iser, Wolfgang: Die Appellstruktur der Texte. Unbestimmtheit als Wirkungsbedingung literarischer Prosa. Konstanz 1970. (Konstanzer Universitätsreden 28.)

Ders.: Der implizite Leser. Kommunikationsformen des Romans von Bunyan bis Beckett. München 1972. (UTB 163.)

Jolles, André: Einfache Formen. Darmstadt 1969. (Reprografischer Nachdruck der 4., unveränd. Aufl., Tübingen 1968.)

Keller, Werner: Gewissen und analytische Form in Ibsens Gesellschaftsdrama. In: Festschrift für Friedrich Beißner. Hrsg. v. Ulrich Gaier und Werner Volke. Bebenhausen 1974, S. 180–196.

Killy, Walther: Wirklichkeit und Kunstcharakter. München 1963.

Klemperer, Victor: „LTI". Die unbewältigte Sprache. Aus dem Notizbuch eines Philologen. München 1969. (dtv 575.)

Koch, Werner (Hrsg.): Selbstanzeige. Schriftsteller im Gespräch. Frankfurt/M. 1971. (Fischer Taschenbuch 1182.)

Koopmann, Helmut: Das rätselhafte Faktum und seine Vorgeschichte. Zum analytischen Charakter der Novellen Heinrich von Kleists. In: ZfdPh 84, 1965, S. 508–550.

Lämmert, Eberhard: Bauformen des Erzählens. Stuttgart 1955. 4., unveränd. Aufl. 1970.

Ders.: Thomas Mann. Buddenbrooks. In: Der deutsche Roman. Vom Barock bis zur Gegenwart. Struktur und Geschichte. Hrsg. v. Benno von Wiese. Düsseldorf 1963, Bd 2, S. 190–233.

Lawson, Majorie F.: Spannung in der Erzählung. Bonn 1934. (Mnemosyne 19.)

Leisi, Ernst: Der Wortinhalt. Seine Struktur im Deutschen und Englischen. Heidelberg ^{2}1961.

Ludwig, Otto: Studien. Hrsg. v. Adolf Stern. Leipzig 1891.

Marsch, Edgar: Die Kriminalerzählung. Theorie, Geschichte, Analyse. München 1972.

Mayer, Hans: Die Wirklichkeit E. T. A. Hoffmanns. In: E. T. A. Hoffmann, Poetische Werke. Berlin 1963, Bd 1, S. V–LV.

Meske, Gunnar: Die Schicksalskomödie. Trivialdramatik um die Mitte des 19. Jahrhunderts am Beispiel der Erfolgsstücke von Charlotte Birch-Pfeiffer. Diss. phil. Köln 1971.

Meyer, Herman: Das Zitat in der Erzählkunst. Zur Geschichte und Poetik des europäischen Romans. Stuttgart 1961.

Miller, Norbert: Der empfindsame Erzähler. Untersuchungen an Romananfängen des 18. Jahrhunderts. München 1968.

Müller-Seidel, Walter: Versehen und Erkennen. Eine Studie über Heinrich von Kleist. Köln-Graz ^{2}1967.

Naumann, Manfred, u. a. Vff.: Gesellschaft, Literatur, Lesen. Literaturrezeption in theoretischer Sicht. Berlin-Weimar 1973.

Neuhaus, Volker: Typen multiperspektivischen Erzählens. Köln-Wien 1971. (Literatur und Leben N. F. 13.)
Oksaar, Els: Zur Frage der grammatischen Metapher. In: Festschrift für Hugo Moser zum 60. Geburtstag. Hrsg. v. Ulrich Engel, Paul Grebe und Heinz Rupp. Düsseldorf 1969, S. 131–145.
Petersen, Julius: Theodor Fontanes Altersroman. In: Euphorion 29, 1928, S. 1–74.
Pütz, Peter: Die Zeit im Drama. Zur Technik dramatischer Spannung. Göttingen 1970.
Schadewaldt, Wolfgang: Antikes und Modernes in Schillers ‚Braut von Messina'. In: Jahrbuch der Deutschen Schillergesellschaft 13, 1969, S. 286–307.
Scherrer, Paul: Bruchstücke der Buddenbrooks-Urhandschrift und Zeugnisse zu ihrer Entstehung. In: Die Neue Rundschau 69, 1958, S. 258–291.
Schlegel, August Wilhelm: Die Kunstlehre. Hrsg. v. Edgar Lohner. Stuttgart 1963. (Sprache und Literatur 5.)
Schneider, Wilhelm: Stilistische deutsche Grammatik. Freiburg-Basel-Wien [2]1960.
Schönhaar, Rainer: Novelle und Kriminalschema. Ein Strukturmodell deutscher Erzählkunst um 1800. Bad Homburg-Berlin-Zürich 1969.
Schramke, Jürgen: Zur Theorie des modernen Romans. München 1974. (Edition Beck.)
Schultheis, Werner: Dramatisierung von Vorgeschichte. Assen 1971.
Spielhagen, Friedrich: Beiträge zur Theorie und Technik des Romans. Leipzig 1883.
Stanzel, Franz K.: Typische Formen des Romans. Göttingen 1964. (Kleine Vandenhoeck-Reihe 187.)
Suerbaum, Ulrich: Der gefesselte Detektivroman. Ein gattungstheoretischer Versuch. In: Žmegač (s.d.), S. 221–240.
Szondi, Peter: Theorie des modernen Dramas. Neuaufl. Frankfurt/M. 1963. (es 27.)
Thalmann, Marianne: Ludwig Tieck. „Der Heilige von Dresden". Berlin 1960. (Quellen und Forschungen N. F. 3.)
Todorov, Tzvetan: Die Kategorien der literarischen Erzählung. In: Strukturalismus in der Literaturwissenschaft. Hrsg. v. Heinz Blumensath. Köln 1972 (Neue Wiss. Bibl. 43), S. 263–294.
Ders.: Poetik der Prosa. Frankfurt/M. 1972. (Ars poetica 16.)
Ders.: Einführung in die fantastische Literatur. München 1972.
Vogt, Jochen (Hrsg.): Der Kriminalroman. Zur Geschichte und Theorie einer Gattung. München 1971. (UTB 81/82.)
Weinrich, Harald: Tempus. Besprochene und erzählte Welt. Stuttgart 1964. (Sprache und Literatur 16.)
Ders.: Linguistik der Lüge. Heidelberg 1966.
Ders.: Textlinguistik: Zur Syntax des Artikels in der deutschen Sprache. In: Jahrbuch für Internationale Germanistik 1, 1969, H. 1, S. 61–74.
Ders.: Literatur für Leser. Essays und Aufsätze zur Literaturwissenschaft. Stuttgart-Berlin-Köln-Mainz 1971. (Sprache und Literatur 68.)
Wienold, Götz: Probleme der linguistischen Analyse des Romans. Zugleich eine Studie zu Kriminalromanen Patricia Highsmiths. In: Jahrbuch für Internationale Germanistik 1, 1969, H. 1, S. 108–128.
Wölcken, Fritz: Der literarische Mord. Eine Untersuchung über die englische und amerikanische Detektivliteratur. Nürnberg 1953.

Žmegač, Viktor (Hrsg.): Der wohltemperierte Mord. Zur Theorie und Geschichte des Detektivromans. Frankfurt/M. 1971.

Buchanzeigen

Edition Beck

Einzeluntersuchungen zur Sprach- und Literaturwissenschaft, Geschichte und Philosophie in Paperbackausgaben

Peter Dronke: Die Lyrik des Mittelalters
Eine Einführung. Aus dem Englischen von Peter Hasler.
1973. VI, 297 Seiten

Walther Killy: Elemente der Lyrik
2., durchgesehene Auflage 1972. IX, 190 Seiten

Paul Rilla: Lessing und sein Zeitalter
1973. 464 Seiten

Jost Schillemeit: Bonaventura. Der Verfasser der ‹Nachtwachen›
1973. 125 Seiten

Jürgen Schramke: Zur Theorie des modernen Romans
1974. 196 Seiten

Albrecht Schöne: Emblematik und Drama im Zeitalter des Barock
2., überarbeitete und ergänzte Auflage 1968.
248 Seiten mit 63 Abbildungen im Text und 4 Tafeln

Christian Wagenknecht: Weckherlin und Opitz
Zur Metrik der deutschen Renaissancepoesie.
Mit einem Anhang: Quellenschriften zur Versgeschichte des 16. und 17. Jahrhunderts.
1971. VI, 126 Seiten

Peter Wapnewski: Waz ist minne
Studien zur Mittelhochdeutschen Lyrik
1975. 200 Seiten mit 2 Abbildungen

Robert Weimann:
‹New Criticism› und die Entwicklung bürgerlicher Literaturwissenschaft
2., durchgesehene und ergänzte Auflage 1974. 342 Seiten

Ralph-Rainer Wuthenow: Das erinnerte Ich
Europäische Autobiographie und Selbstdarstellung im 18. Jahrhundert.
1974. 248 Seiten

Verlag C.H.Beck München

Wirkung der Literatur

Deutsche Autoren im Urteil ihrer Kritiker
Herausgegeben von Karl Robert Mandelkow

Band 1: Lessing – ein unpoetischer Dichter
Dokumente aus drei Jahrhunderten
zur Wirkungsgeschichte Lessings in Deutschland.
Herausgegeben, eingeleitet und kommentiert von Horst Steinmetz.
1969. 598 Seiten. Leinen

Band 2: Schiller – Zeitgenosse aller Epochen
Dokumente zur Wirkungsgeschichte Schillers in Deutschland.
Herausgegeben, eingeleitet und kommentiert von Norbert Oellers.

Teil I: 1782–1859
1970. 608 Seiten. Leinen

Teil II: 1860–1964
Etwa 640 Seiten. Leinen [Erscheint im Herbst 1975]

Band 3: Benn – Wirkung wider Willen
Dokumente zur Wirkungsgeschichte Benns
Herausgegeben, eingeleitet und kommentiert von Peter Uwe Hohendahl.
1971. 512 Seiten. Leinen

Band 4: Hofmannsthal im Urteil seiner Kritiker
Dokumente zur Wirkungsgeschichte
Hugo von Hofmannsthals in Deutschland.
Herausgegeben, eingeleitet und kommentiert von Gotthardt Wunberg.
1972. 612 Seiten. Leinen

Band 5: Goethe im Urteil seiner Kritiker
Dokumente zur Wirkungsgeschichte Goethes in Deutschland.
Herausgegeben, eingeleitet und kommentiert von Karl Robert Mandelkow.

Teil I: 1773–1832
1975. LXXVI, 606 Seiten. Leinen

Teil II: in Vorbereitung

Verlag C. H. Beck München